고치고 더한

대학시절의 글쓰기 1

학술적 글쓰기와 친해지기 편

최규수 지음

명지대학교출판부

책을 내며

대학시절 자신에게 필요한 글쓰기 실력을 배양하는 것은 현명한 대학생의 생존 전략으로 중요하다. 대학생에게 글쓰기는 다양한 유형의 과제 작성뿐만 아니라 졸업 후 사회인으로 전문적 역할을 수행함에 있어서도 중요한 부분이 되기 때문이다.

급변하는 시대 대학생의 위상과 역할이 달라졌다 하여도 그 구심점이 학문 활동이어야 함은 부인할 수 없는 사실이다. 이 책은 대학생의 학문 활동에 중심이 되는 학술적 글쓰기의 기본 이해를 돕고자 기획되었고, 무엇보다 대학에서 부딪치는 다양한 유형의 리포트 작성에 대한 실제적 이해를 도모하는 데 관심을 두고 있다.

제1부와 2부가 학술적 글쓰기의 세계를 소개하며 다소 생소할 수 있는 형식과 절차에 대한 논의라면, 제3부와 4부는 철저히 대학생의 학술적 글쓰기에 대한 논의로 구체화하였다. 특히 3부에서 학술적 글쓰기의 기본기로 내건 '제대로 표현하고, 요약하고, 인용하기'에 대한 강조는 대학시절에 필요한 학술적 글쓰기 훈련을 스스로 실천할 수 있도록 실제적인 효율성을 높이는 쪽으로 보완하였다. 4부에서 다루고 있는 요약보고서와 서평, 감상문의 작성 포인트 역시 해당 유형의 작성법에 대한 체감지수를 높일 수 있도록 과정별 예시를 보다 구체적으로 풍부하게 제시하였다.

문득 돌아보니 어느새 이곳까지 와있구나 싶게, 아득하면서도 아늑한 시간들이다. 2001년 명지대에 부임하여 '글쓰기 선생'으로 살아온 시간들이 결코 짧지 않게 느껴지는 이즈음, 그래도 글쓰기 교육에 대한 나의 생각은 그때나 지금이나 변함없다.

교육에 대한 열정과 관심이 크다 하여 반드시 성과가 비례하는 것은 아니며, 오히려 글쓰기 교육을 전담해야 하는 책임감이 학문적 운신의 폭을 제한하는 만큼 교육 현장에서 부딪치는 고민은 치열해지고 모색은 더욱 진지해지고 있다는 것—그래서 대학마다 글쓰기 교육의 중요성을 강조하며 이 방면의 관심들이 훨씬 높아졌다고는 해도, 문제를 지나치게 단순화시켜 소박한 대안으로 귀결되는 경향에 직면하면 실천할 수 있는 방안에 대한 갈망이 보다 커질 수밖에 없다는 점이다.

아마도 글쓰기 교육 자체만을 보기 시작하면서 의외로 그 방면의 해야 할 일도, 할 수 있는 일도 많음을 깨달았기 때문이리라. 한 학기 〈글쓰기〉 강좌를 통해 대학생활에 필요한 글쓰기의 기본 토대를 익히는 것만으로는 불충분하여, 자발적인 선택을 통해 지속적이고도 체계적인 작문 훈련이 가능할 수 있도록 '글쓰기 로드맵'을 완성하기까지 꽤 오랜 시간이 흘렀다. 이제는 그러한 로드맵을 충실히 수행할 안정된 교재가 필요한 시점이라 판단하였고, 이에 〈대학시절의 글쓰기〉라는 제목으로 일련의 글쓰기 교재들을 기획하게 되었다.

차분하면서도 차갑지 않기를, 따뜻하더라도 너무 뜨겁지는 않기를 소망하였음에도 대학시절에는 어쩐지 어설프게 뜨겁거나 어느새 식어버린 기억의 편린들로 가득하다. 그래도 그 시절에 어떤 식으로든 글쓰기에 집중할 수 있었던 시간들이 있어 참으로 다행이다! 무엇을 어떻게 쓸 것인가 고민하는 시간만큼은 오롯이 나에 집중할 수 있어서… 이상하게 외롭지 않았고, 괜시리 용기가 났다. 그래서 '대학시절의 글쓰기'라는 명명에는, 그 시절의 씁쓸하고 쓸쓸했던 시간들을 돌아보며 스스로부디 잘 살아주기를 소망하였던 애틋함이 담겨 있다.

다시 한 권의 책을 내며 도움을 받은 명지대학교 출판부의 신명용 선생님과, 특히 강의 현장에서 다양한 형태로 호흡을 맞추며 이 책의 골격과 구상에 도움을 준 학생들에게 감사의 마음을 전한다. 또한, 새로운 대학생활을 의욕적으로 시작하며 자신의 꿈을 펼쳐갈 새내기들에게 든든한 대학시절의 벗이 되기를 희망한다.

이제, 봄 사랑 벚꽃 말고 200%로 전념할 무엇인가를 찾아야 할 때이다.

2017년 6월

崔 圭 穗

목 차

제1부 대학생활에 필요한 글쓰기 가이드

제2부 리포트 작성의 단계별 접근

대학생이 되면 더 이상 글쓰기를 안 해도 될 것이라 생각하기 쉽지만, 우리의 경험을 돌아보면 결코 그렇지 않다. 오히려 대학생활에 제대로 적응하기까지 글쓰기와 관련하여 겪은 어려움이 크고, 그 어려움은 피해갈 수도 없다. 재능이 부족하다거나 관심이 없다는 이유로 피해갈 수 없는 게 대학생활에서의 글쓰기이다.

그렇다고 실용적인 글쓰기라면 무어든 대학생에게 다 필수적인 것은 아니다. 우리에게 우선적으로 요구되는 글쓰기는 대학시절의 학업을 제대로 뒷받침할 수 있는 것들이다. 대학생의 위상이 변하고 대학에서 해야 할 일들이 예전에 비해 상당히 다양해졌다고 해도 여전히 대학은 학문을 하는 곳이기 때문이다.

제1부
대학생활에 필요한 글쓰기 가이드

이 책의 첫 장을 열면서 학술적 글쓰기와 친해질 것을 권하는 이유가 바로 여기에 있다. 대학생의 기본 임무 중의 하나가 다름 아닌 공부에 있고, 그러한 공부는 단순 암기나 반복적인 베끼기가 아니라 다양한 유형의 글쓰기를 통해 검증된다. 학술적 글쓰기의 세계를 이해하면 대학에서 부딪치는 글쓰기의 막막하고도 막연한 어려움이 사라지고, 오히려 그 안에서 우리에게 주어진 글쓰기의 영역을 제대로 해결해나갈 자신감을 얻게 될 것이다.

제1장 대학에서 글쓰기와 공부의 관계 따지기

우리가 대학에서 경험하는 글쓰기는 매우 다양하다. 책을 읽은 후 서평을 쓰고, 영화와 연극을 보고 감상문을 쓴다. 시험 때마다 답안 작성을 해야 하는 것도 중요한 글쓰기의 하나가 되었으며, 과목마다 부과되는 다양한 주제의 리포트를 써야 되는 경우는 보다 더 흔해졌다. 대학에서 우리는 숱한 글쓰기를 통해 체험과 지식을 정리하고, 글쓰기를 통해 생각하고 표현하고 학문하며 성장한다.

대학생활에서 지속적으로 부딪치는 글쓰기는 창작 위주의 글쓰기라기보다는 대학생활과 학업에 필요한 글쓰기라는 점에서 보다 일상적으로 우리 곁에 존재한다. 우리에게 글쓰기는 지적(知的)인 창조 행위일 뿐 아니라 생활 그 자체이며, 글을 쓰는 능력은 곧 생존 능력이나 마찬가지이게 된다.

이러한 글쓰기의 요구는 대학생의 기본 임무 중의 하나가 다름 아닌 공부에 있고, 그러한 공부는 단순 암기나 반복적인 베끼기가 아니라 다양한 유형의 과제를 통해 검증된다는 사실을 알려주는 것이기도 하다. 곧, 대학생의 위상이 변하고 대학에서 해야 할 일들이 예전에 비해 상당히 다양해졌다고 해도 여전히 대학은 학문을 하는 곳이라는 인식이 깔려 있다는 것이다.

이 책에서 학술적 글쓰기와 친해질 것을 우선적으로 권하는 이유가 바로 여기에 있다. 학술적 글쓰기의 세계를 이해하면, 대학생활에서 부딪치는 글쓰기의 막막하고도 막연한 어려움이 사라지게 된다. 오히려 그 안에서 우리에게 주어진 글쓰기의 영역을 제대로 해결해나갈 자신감을 얻게 될 것이다.

대학에서 어떻게 공부할까의 문제

대학생이 되어 '어떻게 공부할까'의 문제는 '어떻게 대학생활을 보낼까' 하는 문제와 연결되고, 궁극적으로는 대학에서 '어떻게 글쓰기의 문제를 해결할 것인가'에 대한 고민과도 연결된다.

다음의 〈예시 1〉을 읽고 제목에서 내건 읽기와 쓰기의 철저한 훈련이 왜 현명한 대학생의 생존 전략이 되는 것인지 그 이유를 살피고, 구체적으로 제시된 방법에 대해 검토해보자. 나아가 이 글에서 제시한 주장을 토대로 대학생활에 필요한 비전과 동기를 새롭게 구상해보자.

예시 1 **읽기와 쓰기, 현명한 대학생의 생존 전략**

1.

이제부터 대학생이다, 라고 생각하는 순간 인생의 목표가 사라진 듯한 정신적 공황기를 겪어본 적이 있는지? 놀고 마시는 생활도 잠시, 이러한 생활에 대학생의 꼬리표를 붙이는 것에 씁쓸한 의문을 가져본 적은 없는지? 그렇다고 청년실업의 위태로운 압박감 속에 이제 막 험난한 입시지옥의 터널을 빠져나온 내가 다시금 취업전선에 뛰어들 준비를 해야 된다는 데에 회의가 든 적은 없는지? 그렇다면 대학 4년을 '어떻게' 보내야 하는가? 대학에서 과연 '무엇'을 할 것인가?

우리를 괴롭히는 질문은 끝이 없고, 이는 사실 대학생의 이중적 위상에서 생겨난다. 사회적 '성인'의 대접을 받는다는 점에서 학생이 아니지만, 최소한 4년의 기간은 자신이 선택한 전공 분야의 학업에 전념해야 한다는 점에서 '학생'이기 때문이다. 무게중심이 '학생'에 있다면 이제까지와는 다른 방법으로 공부해야 한다. 그래서 대학생활의 시작부터가 어떻게 공부할 것인가 하는 학문적 욕구에서 비롯되어야 하고, 대학은 이에 대한 구체적인 오리엔테이션이 충분히 효율적으로 이루어질 수 있게 배려해야 한다.

2.

어떻게 공부할 것인가의 문제는 어떻게 읽고 쓸 것인가의 문제와 연결되므로, 무엇보다 독서의 개념을 재정립하는 것이 필요하다. 대학에서의 독서는 여가활동의 선택적 문제가 아니며, 학문 활동의 근간을 이루는 중요한 문제이기 때문이다. 학문과 독서를 분리하는 협소한 개념에서 탈피하여 삶의 실천적 문제로 독서를 인식할 수 있어야 한다. 대학 4년 동안 '얼마나' '어떻게' 독서하였는가가 결국, 대학생활의 성패를 좌우한다고 해도 과언이 아니다.

이를 위해 독서 환경의 비효율적이고 타율적인 면을 직시하여 대학 4년을 '올인'할 수 있게 재정비하는 것이 필요하다. 대학에서 자신이 선택한 전공 분야는 단지 타이틀로 존재하는 것이 아니라, 졸업하여 그 분야의 전문인이 된다는 이야기이므로 이를 위한 주체적인 독서계획을 세우는 것이 중요하다. 대학 4년의 기간을 몇 단계로 나누어 차분히 독서계획을 세우는 것은 어떤 강의를 어떻게 들을 것인가와 연결되기에 수동적인 수업자세에서 탈피하게 마련이다. 물론 현실적인 요구사항–예를 들어 영어 공부, 배낭여행뿐만 아니라 결혼, 취직, 재테크 등 무시할 수 없는 관심사 역시 독서주제에 포함될 수 있다.

이때 주제로 설정되었다 함은 독서를 통해 정보 수집이 이루어져야 함을 의미하는데, 구체적인 독서과정에서는 '왜'와 '어떻게'의 차원에서 진지한 물음을 던지는 것이 필요하다. '왜 영어 공부를 해야 하지? 어떻게 하면 영어 공부를 잘 할 수 있을까?'와 같이 일견 단순해 보이는, 실용적인 주제라도 이상의 질문이 덧보태지면 독서주제에 대한 깊이가 생기게 마련이다. 학기별 · 학년별 · 시기별로 또는 관심영역별로 독서에 관한 계획을 세우되, '언제까지 몇 권 읽기'식이 아니라 '이 주제에 관해 이 정도까지는 알아보기'식이 되어야 한다. 그리고 이런 식의 독서주제 잡기가 결국은 대학생의 학문 활동에서 가장 기본이 되는 탐구정신과 연결됨은 물론이다.

3.

보다 효율적인 독서가 되려면 제한된 시간에 잘 읽어내는 독서 기술이 필요하다. 나의 경우 3단계 정도로 독서 작업을 진행하는 편이다. 먼저 한 권의 책이 지닌 외부적 정보–예를 들면 서지사항 정도–를 파악하는데, 이 과정에서 해당 주제에 관한 참고 목록이 만들어진다. 도서관이나 서점 등에서 발로 뛰며 찾아내는 이러한 리서치 작업은 해당 주제에 관해 알고 싶은 정보를 제공하는 선에서 나아가, 알아야 하고 알면 더 좋은 정보까지 제공해주므로 레퍼런스를 정리하는 것만으로도 해당 주제에 관한 지식의 윤곽을 그릴 수 있게 된다.

다음으로 책의 가치를 판가름하는 내부적 정보를 훑어보는데, 서문 후기 서평 등을 가볍게라도 읽어보면 좀 더 구체적인 판단이 가능해진다. 특히 목차를 보면서 책의 내용을 예견하며 독서의 워밍업을 하는데, 이때 중요한 것은 책에 대한 나의 예상치와 기대치를 맞춰보는 일이다. 이것이 이른바 '독서브리핑'으로, 한 권의 책을 손에 쥐고 이렇게 브리핑을 하는 것은 독서의 효율성을 높이는 중요한 습관이 된다. 한 권의 책을 읽기 전에 이 책이 어떤 맥락에서 내게 필요하며 특히 어떤 부분을 주목해야 될 것인지를 아는 것은 효율성을 높이는 중요한 지점이 아닐 수 없기 때문이다.

다소 번거로워 보이지만, 이러한 기초 작업 후에 비로소 본격적인 독서를 하게 되는데, 독서가 단지 독서로만 끝날 때는 비효율적이다. 어떠한 글을 읽건 내게 필요한 정보를 찾았을 때 단지 머리로만 '기억'하는 것이 아니라 종이 위에 '기록'해두는 것은 찾아낸 정보를 재활용할 수 있게 하는 중요한 행위가 된다. 논문 작성법에서 흔히 볼 수 있는 자료카드법은 엄밀히 말하면 독서법이라 할 수 있다. 대학생활에서 독서가 학문 활동의 기초이자 탐구열을 확산시키는 작업이라고 본다면 독서 기록에 대한 훈련도 병행되어야 한다.

4.

이렇게 준비된 상태에서만이 대학에서 요구하는 다양한 글쓰기의 문제가 해결된다. 영감과 상상력에 의존하기보다 자기 안에 축적된 지식과 정보를 논리적인 사고과정으로 전환시키는 것이 바로 대학에서의 글쓰기이다.

특히 학술적 글쓰기의 중요한 특징은 주제에 관해 지식과 사고를 동시에 요구한다는 데 있다. 강의내용을 단지 요약 정리하는 것이 아니라, 소화한 상태에서 지식의 저변을 확대하고 자신의 논리를 잘 보여주는 것이 필요하다. 특히 논리를 세우기 위해 타인의 지식과 견해를 가져오는 이른바 인용의 형식이 필수적인데, 이를 통해 엄격한 지식의 세계를 경험하게 된다. 대학에서 어떻게 공부할 것인가 고민하는 이들에게 어떻게 읽을 것인가를 먼저 이야기하는 이유가 바로 여기에 있다.

대학에서의 글쓰기는 전공에 상관없이 대학생으로 살아가기 위한 필수 요소이자 학문 활동의 중요한 파트너라 생각해야 한다. 대학을 졸업하면 학사학위를 주는 이유를 떠올려보기 바란다.

전인적 수련을 쌓을 수 있는 기간이 대학 이전에는 사실상 불가능하고 대학 이후에는 차원이 달라지는 만큼 대학시절에 어떻게 읽고 쓸 것인가 하는 문제에 대한 심사숙고와 실천이 중요하다. 이제 그대의 실천만이 남았을 뿐, 혼란스런 질문은 더 이상 필요 없다.

대학생활에 밀착된 글쓰기에 도전하기

글쓰기는 자신의 자유로운 사고를 바탕으로 하여 자신의 감정이나 생각, 의견 등을 문자 언어로 표현하고 전달하는 의사소통의 중요한 방식이다. 한 편의 글을 제대로 잘 쓸 수 있다는 것은 상황과 목적에 맞게 자신의 의사 표현을 적절히 할 수 있다는 것을 의미한다. 이는 학술적 글쓰기를 제대로 하기 위한 기본 전제가 되기도 한다.

중요한 것은 우리에게 쌓인 내공이 좋은 글을 쓰게 도와준다는 점이다. 글쓰기의 이론을 안다고 해서 연습 없이 좋은 글을 쓸 수 있는 것은 아니며, 한 번 좋은 글을 썼다고 해서 언제나 좋은 글이 거저 만들어지는 것도 아니기 때문이다. 그러므로 자신의 글쓰기 습관을 새롭게 정리하면서 대학생활에 밀착된 글쓰기에 도전하는 자세가 중요하다.

이제 본격적으로 학술적 글쓰기에 대한 연습을 시작하기 전에, 다음의 〈예시 2〉를 살피면서 잠시 글쓰기의 기본기에 해당되는 여러 가지 사항들을 점검하는 시간을 가져보자. 물론, 내용의 측면에서 필자가 주장하는 바에 대하여 자신의 소감을 간략하게라도 정리해두면 더욱 유익할 것이다.

예시 2 고등학생이 알았으면 하는 대학생에 대한 팁

최근 인터넷에 올라온 '19세와 20세의 차이'라는 글이 뜨거운 호응을 받았다. 말 그대로 19세와 20세의 차이점을 재치 있게 쓴 글이다. 고작 한 살 차이인데 뭐가 그렇게 다를까 싶지만, 고등학생과 대학생은 다른 점이 꽤 많다. 특히 성인이 되면서 생기는 차이점이 매우 크게 느껴진다. 나는 대학생이 고등학생과 다른 이유 두 가지를 지금의 고등학생이 알았으면 하는 차원에서 생각해보았다.

우선, 여유로움이 다르다. 고등학생 때는 모두가 아침부터 야간자율학습까지 거의 비슷한 시간표를 갖고 공부에 매진한다. 반면 대학생은 맘대로 시간표를 짤 수 있어서 공강을 만들 수 있고 고등학생에 비해 주당 수업시간도 훨씬 적다. 자유로운 시간에 자신이 하고 싶은 공부, 취미활동, 독서 등을 할 수 있다. 예를 들어, 나는 주4일 학교에 나오고 일주일에 17시간 정도 수업을 듣는다. 방과 후에 취미로 피아노 학원도 다니고 배드민턴도 치며 여가활동을 즐기고 있다. 고등학생이라면 시간이 없어서 하기 힘들 것이다. 하지만 시간이 많은 만큼 대학생은 스스로 시간 관리를 철저하게 해야 한다. 자칫 하면 정말 '잉여'가 될 수 있기 때문이다.

다음으로, 자유로움이 다르다. 고등학교 때는 제약이 많다. 염색, 파마, 귀걸이, 화장 등을 할 수 없고 학교에서 교복을 입어야 한다. 또 담임선생님이 계셔서 항상 나를 관리해주신다. 혼을 내시거나 칭찬을 하시거나 상담도 하며 좋은 유대관계를 갖는다. 대학생이 되면 복장은 물론 머리도 마음대로 할 수 있고 술, 담배도 합법적으로 할 수 있다. 수업도 골라 들을 수 있다. 고등학교 때보다 제약이 적고, 할 수 있는 것은 오히려 많아졌다. 하지만 그런 만큼 너무 풀어질 수 있다. 아무도 나에게 무언가를 강요하지 않지만 나를 관리해주는 사람도 없기 때문이다. 또한 고등학교 때와 달리 담임선생님이 없기 때문에 과제를 안 해도, 수업을 빠져도 교수님께 혼이 나는 경우는 없다. 자신이 해야 할 일을 스스로 찾아서 하고 성인으로서 책임감을 갖고 행동해야 한다.

대학교 신입생이었던 작년, 학교에 적응하는 데 꽤나 고생을 했다. 내 친구들 또한 대학생활에 적응을 못해 고생했다고 한다. 이제 와 생각해보니 고등학교 때와 너무 다른 환경에 혼란스러웠던 것 같다. 고등학교 때 품었던 대학생에 대한 환상과 내가 대학생이 되어 접한 현실이 너무나 달라서 어리둥절했다. 지금의 고등학생들도 그럴 것이다. 그들이 아무것도 모르고 대학에 온다면 나처럼 소위 '멘탈 붕괴'라는 것을 경험할지도 모른다. 그래서 그들이 이 글을 읽고 대학생에 대한 팁을 얻었으면 좋겠다는 소망을 덧붙인다.

제2장 학술적 글쓰기와 친해지기

학술적 글쓰기라 할 때 우선적으로 떠오르는 것이 바로 '논문(論文)'이고, 학자들의 연구하는 모습이다. 논문이란 어떠한 주제에 대한 학술적인 연구 결과를 체계화하여 일정한 형식에 따라 작성한 글을 말한다.

'학술(學術)'이라는 말부터가 '학문적 서술'이라는 의미를 함축하고 있으므로, 학술적 글쓰기가 학문의 세계와 밀접할 것이라 짐작하는 것은 당연하다. 우리들의 글쓰기 역시 이것과 무관하지는 않다. 대학을 '학문의 상아탑'이라 일컫는 만큼 자신의 전공 분야에 대한 전문화된 지식을 함양하고 지적(知的) 토론을 하는 활동이 대학에서는 일상화되어 있기 때문이다.

학술적 글쓰기의 전제

흔히 '리포트(report)'나 '보고서', 또는 '과제'라 일컫는 글쓰기는 '학술적 글쓰기'의 범주에 속하는데, 이는 다음과 같은 학술적 글쓰기의 전제를 충족시켜야 하기 때문이다.

첫째, 학술적 글쓰기는 사실을 기록하는 것에 그치지 않고, 이에 대한 분석과 비판, 평가가 종합된다는 점이다. 학술적 글쓰기에서는 나의 의견을 세우되 남의 의견과 관련시키는 서술방식이 큰 비중을 차지한다. 따라서 학술적 글쓰기에서는 기존 논의의 검토와 인용의 형식을 익히는 것이 중요하며, 이런 점에서 단순한 정보 전달에 그치는 글쓰기와는 구별되게 마련이다.

둘째, 어떠한 주제에 대한 학술적인 연구 결과를 체계화하여 일정한 형식에 따라 작성한 글이라는 점이다. 이를 위해 해당 주제에 대한 정확한 지식의 정리와 그에 대한 이해를 토대로 학술적 근거를 제시하여 입론하는 글쓰기 훈련이 중요해진다. 따라서 대학에서의 학업 성취 능력을 확인하기 위한 글쓰기 훈련으로 강조되는 논술문과는 구별되게 마련이다.

이 장에서는 본격적인 학자들의 글쓰기로 학위논문과 연구논문에 대해 설명한 후, 대학생의 입장에서 쓸 수 있는 학술적 글쓰기로 텀 페이퍼와 리포트에 대해 소개하고자 한다.

학위논문

'학위논문(學位論文)'은 대학원에서 정해진 학업과정(석사학위과정, 또는 박사학위과정)을 이수한 사람이 학위를 취득하기 위한 목적으로 특정 주제에 관해 연구한 결과를 담은 논문을 말한다.

석사학위과정을 수료한 후 석사학위논문을 제출하고 일정한 심사과정을 거쳐 통과된 경우 석사학위(碩士學位, a master's degree)를 수여받는다. 박사학위(博士學位, a doctor's degree) 역시 마찬가지의 과정을 거치며, 석사학위과정에 비해 훨씬 심화된 교육내용과 심사과정을 거치게 마련이다.

학부생들의 경우에도 대학 4년의 학업과정을 수료하면 학사학위(學士學位, a bachelor's degree)를 받고 졸업하게 된다. 학사학위논문은 대학교의 졸업논문으로, 대학시절 4년간 이룬 학문탐구의 결과로 내놓는 것이다. 자료를 수집하여 분석하고 탐색한 결과를 체계적으로 정리하는 작업을 종합적으로 서술하며, 인용과 주석의 작업을 수행하고 참고문헌 목록을 작성하는 등 논문작성 규약에 따른 일정한 형식을 갖추는 것을 기본으로 한다.

예전에는 '졸업논문 제도'라는 것을 시행하여 대학 졸업 자격을 확인하는 형식적 절차 중 하나로 중요하게 여겼지만, 지금은 상황이 크게 달라졌다. 학사모를 쓰고 졸업하는 풍경은 변함없지만, 예전과 달리 학사학위를 위한 논문을 요구하는 대학은 크게 줄었기 때문이다.

연구논문과 저서

'연구논문(硏究論文)'은 '학술논문(學術論文)'이라고도 하는데, 한 가지 주제에 대한 학술적인 연구 결과를 담은 학술적 글쓰기이다. 대개의 경우 학위논문을 마친 학자들, 혹은 학위과정 중에 있는 연구자들이 자신의 연구 성과를 한 편의 논문 분량에 맞게 조정하여 발표하게 된다.

학자들의 연구 성과를 담은 연구논문은 주로 학회지나 학술 잡지에 발표하여 공개적인 검증과정을 밟게 된다. 학자들이 발견한 새로운 사실들을 동료 학자들에게 알리고 잘못된 부분은 비판받음으로써 그 분야의 지식 확장에 기여한다는 점에서 학술적 글쓰기에서 가장 큰 비중을 차지한다고 할 수 있다.

한 편의 연구논문은 학문 분야나 학회에 따라 다르나, 일반적으로 원고지 100매에서 150매 정도를 기준으로 삼는다. 그래서 연구 주제가 넓고 심화되어 완성된 원고의 분량이 방대할 경우에는 처음부터 한 권 혹은 그 이상의 단행본으로 기획하여 출판하기도 한다. 이를 '저서(著書)'라고 한다. 이미 발표한 연구논문을 모아 한 권의 단행본으로 엮어내기도 한다.

◆ 텀 페이퍼와 리포트

앞서 제시한 학자들의 학위논문과 연구논문이 체계와 형식을 보다 엄격하게 갖춘 본격적인 학술적 글쓰기라면, 텀 페이퍼(term paper)와 리포트(report)는 학생의 입장에서 이루어지는 학술적 글쓰기라 할 수 있다.

'텀 페이퍼'는 학습자가 자신의 능력이나 흥미에 적합한 주제를 선택하여, 그 주제에 대해 자기 나름대로 자료를 수집 · 분석 · 종합하여 작성하는 학술적 글쓰기라고 할 수 있다. 본격적인 연구논문에 비해 분량이 적기 때문에 '소논문(小論文)'이라 부르기도 하는데, 고학년 대학생의 전공과목의 기말 과제나 대학원생들의 기말 보고서 등이 이에 해당된다. 경우에 따라서는 '주제탐구 보고서' 혹은 '연구 보고서'라 칭하기도 한다.

본격적인 학술논문은 아닐지라도 논문의 격식을 갖출 것이 요구되므로, 이를 작성하기 위해서는 해당 주제에 대한 연구 방법, 정보 수집 방법, 자료의 조합과 분석 방법 등에 대한 철저한 이해가 있어야 한다.

'리포트'는 과목별로 담당교수가 부여한 과제에 대하여 제출하는 학술적 글쓰기를 총괄하여 부르는 것이다. 교수자가 구체적인 주제를 정해주거나, 몇 가지 주제 중에서 학생들이 택일하는 식으로 작성되는 것이 일반적이다. 과제형 글쓰기를 모두 포괄하는 것인 만큼 범위나 유형, 목적이 다양하고 그에 맞는 작성 방법 역시 다양할 수 있다.

리포트 작성이 연구논문 작성의 제1단계라면 졸업논문 작성은 제2단계라고 할 수 있다. 학문하는 자세와 논문 작성법에 익숙하지 못한 학생들로 하여금 연구 방법을 고민하고 연구 결과를 보고하는 방법을 연습하는 목적으로 부과되는 과제물이라는 점에서 리포트 역시 학자들의 연구논문과 일맥상통하기 때문이다.

그런 의미에서 학생들이 스스로의 노력에 의하여 리포트를 작성하는 것은 지적(知的)인 독립성을 쌓아가는 것뿐만 아니라 장차 훌륭한 연구논문을 스스로 해결해나가는 데 큰 도움이 되리라 생각한다.

제3장 리포트를 잘 쓰려면

리포트를 잘 쓰려면 어떻게 해야 할까? 무엇보다 리포트라는 글쓰기 형식이 무엇인지를 알고 접근하는 것이 필요하다. 앞서 살핀 학술적 글쓰기의 세계에 대한 이해가 기본 토대가 되어, 이제부터 본격적인 리포트 작성법을 배우게 될 것이다. 이에 앞서 몇 가지 사항을 덧붙이고자 한다.

◆자신의 글쓰기 습관 돌아보기

리포트는 기본적으로 논리적인 글쓰기라 이해하면 쉽다. 리포트의 내용이 아무리 창의적이고 획기적이라 하더라도 이를 읽는 독자에게 글쓴이의 생각이 제대로 전달되지 않는다면 아무런 의미가 없다. 따라서 리포트를 잘 쓰려면 명확하고 구체적이며 일관된 논리를 갖추어야 한다. 여기에 더하여 서술이 명료하고 다른 사람들이 쉽게 읽고 이해할 수 있도록 작성해야 한다.

그런 의미에서 리포트 작성은 자신이 터득한 지식이나 수집한 자료를 정리하여 체계화하고, 명확하고 논리적으로 표현할 수 있는 훈련의 과정이라 할 수 있다. 자료의 수집과 평가, 체계적인 논리구성에 이르기까지 글쓴이의 지적(知的) 사고와 능력이 총동원되어야 하며, 이러한 과정을 통해 도출된 결론은 그것이 이미 알려진 사실일지라도 스스로의 힘으로 얻어냈다는 데에 큰 의의를 갖게 된다.

이를 위해 평소 독서를 많이 하고 꾸준히 글을 쓰는 습관을 들일 필요가 있음을 강조하고 싶다. 사유할 수 있고 음미할 수 있는 책을 천천히 읽는 독서습관이 뒷받침되면 아무래도 대학생에게 요구되는 지적(知的) 사고를 확장하는 일이 훨씬 수월해지기 때문이다.

다음의 〈예시 3〉은 '논리적으로 글을 쓴다'는 것의 의미에 대하여 조언한 내용들이다. 다음에 제시한 질문과 답변을 참고하여 논리적인 글쓰기 습관을 돌아보는 시간을 가져보자. 물론, 이를 토대로 보다 발전적인 글쓰기 훈련을 계획할 수 있어야 한다.

예시 3

	질문	보충설명
(1)	판단의 근거가 무엇인지를 명확하게 나타내는 편인가요? 예 "~라는 점에서/내가 아는 중학교 교사에 따르면~/~바빠졌다고 한다"	논리적이라는 것은 판단의 근거가 단순한 착상 이상의 것일 때 쓸 수 있는 말이다. 근거가 무엇인지를 명시함으로써 독자로 하여금 무엇에 기초하여 말하는지 분명히 알 수 있도록 한다.
(2)	이유가 여러 가지일 경우는 미리 몇 가지라고 말해두거나, 설명을 몇 가지 측면에서 해야 할 경우에도 미리 말해두는 편인가요? 예 "그 이유를 장점과 단점 두 가지로 나누어 설명하겠다."	이것은 독자에게 논점을 미리 알려두는 효과가 있다. 동시에 필자 스스로도 몇 가지 논점으로 쓸 것인지 미리 결정하도록 이끌어준다.
(3)	자신의 입장을 밝히는 경우 근거에 기초하여 추론하는지, 아니면 단정적으로 말하는 것인지를 분명히 알 수 있도록 하는 편인가요? 예 "~은 문제일 것이다/~이 문제이다"	단정할 수 없는 경우에는 이러저러한 근거에 기초하여 추론하고 있다고 표현하는 것이 바람직하다.

(4)	다른 논점으로 옮겨갈 때는 그것을 드러내는 말을 하는 편인가요? 예 "또 다른 문제점은~/다른 측면에서는~"	논점이 바뀐 것을 알리기 위해 단락을 바꾸거나, 바뀐 것을 알리는 표현을 해두는 것이 친절한 글쓰기가 된다. 그래야 독자들도 이제 다음 논점으로 옮겨가는구나 하고 마음의 준비를 할 수 있게 되어 가독성을 높이게 된다.
(5)	문장과 문장이 어떤 관계에 있는지를 명확히 보여주는 편인가요? 예 접속사를 살펴보기	무엇보다 문맥에 맞게 적절한 접속사를 선택하는 것이 중요하다. 그러나 "~지만"과 같은 연결은 논리를 불분명하게 만들기 때문에 자주 쓰지 않는 것이 좋다.
(6)	나의 글에 대한 타인의 평가를 신중하게 받아들이는 편인가요? 예 "~애매하다/~불명확하다/~논거가 불충분하다/~논리의 비약이 있다" 등	이런 경우, 대개는 자신의 글쓰기에서 차분히 설득한다기보다는 성급하게 결론을 내리고 있다거나, 나한테는 자명해 보이는 논리의 전제라 속단하여 이에 대한 서술을 생략한 경우일 수 있다. 따라서 논리의 전개방식, 논증의 엄밀함에 대하여 되돌아보는 여유가 필요하다.

리포트 평가자의 평가기준 살피기

다음으로 리포트의 독자가 되는 담당교수자의 평가기준을 구체적으로 검토하는 일이 중요하다. 교수자들은 나름대로의 평가기준을 가지고 학생들이 제출하는 리포트를 평가하며, 이는 곧 해당 과목의 해당 주제에 대한 학업적 평가와도 직결되기 때문이다.

교수자별로 개별적인 상황과 기준에 따라 매우 다양한 평가기준이 있을 수 있지만, 공통적인 요소들도 발견할 수 있다. 다음에 제시한 〈예시 4〉를 읽고 평가기준의 중요한 요소가 되는 기본항들을 추출해보기로 하자.

예시 4

하위(下位)의 평가를 내리는 독자의 반응
① 아무리 읽어봐도 무슨 이야기를 하고 있는지 알 수가 없네그려! ② 내가 이 과제를 왜 제시했는지 주제를 이해한 흔적이 전혀 보이지 않아! ③ 글의 구성이 엉망이야. 비슷한 내용이 반복되고 상반된 내용도 섞여 있네! ④ 문단 구성도 제대로 되어 있지 않구먼! ⑤ 정확한 문장 쓰기의 기본을 안 지킨 데다, 오타(誤打)까지 많다니!
중위(中位)의 평가를 내리는 독자의 반응
① 글의 짜임새는 있지만, 내용이 지루해서 논점을 부각시키지는 못하고 있네! ② 성의 있게 쓰기는 했지만, 누구나 다 아는 내용을 써놓아서 아쉽구먼! ③ 자신의 의견을 밝히는 것은 좋은데, 주제를 뒷받침하는 근거가 미약하군! ④ 가끔씩 문장이 깔끔하게 다듬어지지 않은 경우도 있지만, 자신의 생각을 자연스럽고도 명확하게 펼쳐나갈 수 있게 노력하고 있는 게 보이네!
상위(上位)의 평가를 내리는 독자의 반응
① 내가 이 과제를 왜 내주었는지 의도를 간파하고, 스스로 이에 부합되는 흥미로운 주제의식을 명확히 보여주고 있어 좋군! 잘했어! ② 더구나 설득력 있게 근거를 갖추려고 공부도 많이 해서, 논의될 만한 내용을 잘 담고 있네! 칭찬해줘야지! ③ 무엇보다 문체가 깔끔하고, 한 편의 글로 잘 완결되어 읽기가 아주 편했어! 이 학생이 누군지 얼굴이 궁금하구먼!

학업과정의 파트너로 학술적 글쓰기를 훈련하기

리포트의 형식과 체계, 준비하는 요령을 알았다고 해서 곧바로 좋은 리포트를 쉽게 쓸 수 있는 것은 아니다. 상위의 평가 요건을 처음부터 충족시키기는 대단히 어려운 일이기 때문이다. 무엇보다 4년간의 대학 생활이 학술적 글쓰기에 익숙해지는 과정적 훈련의 의미를 지니는 이상 '첫 술에 배부르기' 또한 쉽지 않을 것이다.

그런 의미에서 효율적인 학업과정의 파트너로 학술적 글쓰기를 훈련하는 이유를 정리해두는 것이 필요하다. 무작정 리포트를 쓰면서 익숙해지기를 막연하게 바라기보다는 대학생에게 학술적 글쓰기의 기본 이해가 필요한 이유를 보다 명확하게 정리해두는 것이 보다 중요하기 때문이다.

우선, 학술적 글쓰기의 구성과 형식, 절차는 리포트에 그대로 축소되어 적용된다는 점을 기억하자. 학술적 글쓰기에서는 표지 부분에서부터 목차, 본문 작성 등에 이르기까지 독자와 약속된 바에 따르는 형식적인 규칙성이 강한 편이기 때문이다. 상황에 따라 이러한 형식적 규칙을 제대로 갖추어 리포트를 작성하는 것이 필요하다.

다음으로, 좋은 리포트를 쓰기 위해서는 학자들의 글쓰기에서와 마찬가지로 문제 해결 능력이 중요하다는 점을 기억하자. 곧, 과제에 대한 지식과 이해, 자료 수집과 정리의 안목, 논리적 사고가 요구된다. 이를 위해서는 수동적인 과제 작성 태도에서 벗어나, 젊은이다운 지적 호기심과 학문적 열정을 다시금 정비하는 것이 필요하다.

마지막으로, 표현 능력을 계발하는 것이 필요하다는 사실을 기억하자. 리포트를 잘 쓰기 위해서는 글쓰기의 기초적인 능력을 점검하고, 특히 대학생 수준에 맞게 자신의 사고와 의견을 표현할 수 있어야 한다. 당연히 이를 해결하기 위한 글쓰기의 훈련이 중요해지게 마련이며, 대학마다 신입생 시절부터 글쓰기 훈련을 강조하는 이유 또한 바로 여기에 있다.

연 습

다음은 리포트 작성과 관련하여 궁금한 사항들을 모은 것들이다. 아마도 이 책으로 공부를 하는 중에도 리포트 과제는 끊임없이 부과되고 있을 것이다. 해당 조언을 미리 찾아 읽으면, 조금은 덜 막막하고 더 든든하지 않을까? 낯설다고, 지레 피하거나 겁내지는 말자!

예시

새내기들의 리포트 작성, 이것이 궁금하다!	조언 찾기
Q. 리포트 제출 시 표지를 어떻게 작성하나요? 고등학교 때와는 다른 형식의 글이라 생소하고 낯설어 부담이 큽니다. 리포트 제출 시 표지에서부터 기본적으로 갖추어야 할 기본 형식에 관하여 알려주세요.	• 형식 갖추기 (pp. 34~74) • 권두 부분 (pp. 34~37)
Q. 리포트의 구성방식이 궁금해요. 리포트는 '서-본-결'로 작성해야 한다는 이야기를 들었는데, 단계별로 어떻게 써야 하는지를 몰라서 헤매고 있습니다.	• 본문 부분 (pp. 41~47) • 초고 작성 부분 (pp. 115~130)
Q. 참고문헌을 정리하는 것이 은근 까다롭네요. 참고문헌이 반드시 필요한가요? 또, 다양한 자료를 찾아서 읽고는 있지만, 참고문헌으로 정리할 때 어떻게 하는지 잘 모르겠어요.	• 후미 부분 (pp. 47~51) • 자료 수집 (pp. 80~96) • 참고문헌 작성 시 달라지는 지점들 (pp. 204~205)
Q. 표절이 나쁜 건가요? 고등학교 때는 제 글과 타인의 글을 구분하지 않고 글을 쓰고는 했습니다. 리포트 작성 시 주석을 달지 않고 타인의 글을 베끼면 잘못된 건가요?	• 인용 훈련이 중요한 이유(pp. 175~178) • 보충(pp. 219~222)

새내기들의 리포트 작성, 이것이 궁금하다!	조언 찾기
Q. 감상문 과제가 어렵습니다. 대학생 수준에 맞게 감상문 쓰는 방법을 알고 싶습니다. 느낀 점을 쓴다고 썼는데 초등학생의 일기 같다는 지적을 받으니 너무 속상해요. 서평과는 어떻게 다른가요?	• 감상문 (pp. 266~294) • 학술적 글쓰기에 어울리는 문체가 있다 (pp. 124~130)
Q. 자료 수집 방법과 정리 방법을 알고 싶습니다. 자료를 찾는 게 막막합니다. 정보화 시대로 많은 자료를 수집할 수 있게 되었지만, 방대한 자료 속에서 어떻게 해야 제가 원하는 신빙성 있는 자료를 수집할 수 있으며, 수집한 자료는 어떻게 정리하고 분류해야 하는지 궁금합니다.	• 자료 수집 (pp. 80~96) • 효율적으로 자료를 정리하는 노하우 (pp. 89~96)
Q. 리포트에 어울리게 쓰려면 어떻게 해야 하나요? 원래부터 글쓰기를 못한다고 생각했기에, 리포트는 작성하기 전부터 절로 위축됩니다. 그래도 제 생각을 체계적이고 논리적으로 밝히고 싶은데, 리포트라 하니 왠지 멋지게 써야 될 것 같아 자연스럽게 표현하는 것이 어렵습니다. 또 머릿속에는 많은 생각이 떠오르는데, 이러한 생각을 글로 표현하는 것은 너무 힘이 듭니다.	• 제대로 표현하기 (pp. 150~171) • 학술적 글쓰기에 어울리는 문체가 있다 (pp. 124~130) • 목차 구상 (pp. 99~112)
Q. 전문지식이 부족해서 어려움을 겪고 있습니다. 전문지식이 부족해서인지 글을 쓰기도 전에 포기하거나 주제가 대폭 축소되는 경우가 종종 있었습니다. 리포트 작성 시 요구되는 전문적인 안목을 갖추려면 어떻게 해야 하나요?	• 리포트를 잘 쓰려면 (pp. 21~25) • 보충(pp. 29~31) • 자료 수집 (pp. 80~96)
Q. 리포트 작성순서/시간배분에 관해 알려주세요. 리포트 과제가 주어졌을 때 무엇부터 시작해야 할지 막연하며, 기한을 맞추는 것이 어렵습니다. 늘 시간에 쫓기다 보니 노력과 정성을 다하지 못하는 경우가 많아 안타깝습니다.	• 절차 따르기 (pp. 54~74) • 리포트를 잘 쓰려면 (pp. 21~25)
Q. 리포트의 서식 지정은 어떻게 해야 할까요? 리포트는 지켜야 할 형식이 매우 많아 어렵습니다. 글자체와 크기와 같은 서식 지정 방법에 관해 구체적으로 알려주세요.	• 퇴고 (p. 145)

새내기들의 리포트 작성, 이것이 궁금하다!	조언 찾기
Q. 리포트 주제 선정이 어렵습니다. 너무 포괄적이지도, 세부적이지도 않게 주제를 선정하라는 이야기를 들었지만, 구체적인 기준을 알기 어렵습니다. 좋은 리포트 주제와 나쁜 리포트 주제의 사례도 제시해 주세요. 아참, 주제는 고민할 필요 없이 교수님이 제시해준 것을 곧바로 쓰면 되지 않나요?	• 주제 선정 (pp. 54~74) • 리포트를 잘 쓰려면 (pp. 21~25)
Q. 리포트 작성 시 분량은 어느 정도가 적절한가요? 교수님께서 내주신 주제로 리포트를 작성할 때 어느 정도의 분량이 적당한지 모르겠습니다. 아무래도 점수를 잘 받으려면 다른 학생들보다 분량이 많은 것이 무조건 유리하지 않을까요? 그런 생각으로 저는 찾은 자료를 무조건 다 제시하다 보니 항상 분량이 많은 편이기도 해요.	• 주제 선정 (pp. 54~74) • 자료 수집 (pp. 80~96) • 목차 구상 (pp. 99~112)
Q. 리포트의 인용 방법에 대해 알려주세요. 리포트를 작성할 때, 다른 사람의 글을 그대로 베끼면 안 된다고 배웠습니다. 그러나 리포트를 작성하다 보면, 다른 사람의 글이 꼭 필요한 경우가 있습니다. 다른 사람의 글을 인용하고자 할 때는 어떤 형식과 방법이 필요한지 알려주세요. 또, 인용하는 방법을 몰라서 곤란하다면, 아예 다른 책을 보지 않고 제 생각만 쓰면 되지 않을까요?	• 제대로 인용하기 (pp. 175~218) • 인용 훈련이 중요한 이유 (pp. 175~178)
Q. 요약문 쓰는 방법을 알고 싶어요. 이런 종류의 책을 읽어본 적이 없어서 매번 고생하게 됩니다. 난해한 글을 읽고 요약하는 방법을 알고 싶습니다.	• 제대로 요약하기 (pp. 223~238) • 요약 보고서 (pp. 244~252)
Q. 리포트의 퇴고 방법에 관해 알려주세요. 리포트를 모두 작성하고 퇴고할 때 맞춤법이나 띄어쓰기만 체크하곤 합니다. 이외에도 마지막으로 체크해야 할 사항에 관해 알려주세요.	• 퇴고 작업 (pp. 141~145) • 리포트를 잘 쓰려면 (pp. 21~25)

보 충

다음은 〈대학생이 알아야 할 것들〉이라는 제목으로 《지성과 패기》라는 잡지(1995년 3 · 4월호)에 연재된 글의 일부이다. 대학생활 전반을 개괄하면서 대학시절에 읽어야 할 책들을 소개한 이 글을 참고하여, 대학시절의 공부와 독서에 큰 그림을 그려보자.

대학에서의 학습, 그리고 학문의 세계 – 대학에서의 학습은 어떻게 다른가?

1.

어느덧 겨울도 다 지나가고 새 봄이 찾아왔다. 이제 캠퍼스는 97학번의 신입생들로 활기가 넘친다. 많은 대학생들이 새로운 학년을 맞이하여 보람찬 대학생활을 보내고자 다짐할 것이다. 대학생활은 여러 영역과 분야가 있지만 역시 무엇보다 공부가 중요하다.

게다가 대학의 공부는 다음의 면에서 이전의 공부와 다르다. 첫째, 대학 공부는 기본적으로 자율적인 학습이다. 둘째, 전공과목 위주의 전문 교육이다. 셋째, 스스로 찾아보는 노력을 요구한다. 넷째, 눈앞의 목표를 추구하는 것이 아니라 궁극적으로 진리 탐구를 지향하는 끝없는 지적 추구의 과정이다. 이런 점을 감안해 이번 호에서는 대학에서의 학습과 학문이라는 주제를 다루고자 한다.

2.

흔히 교육이란 '고기를 주는 것'보다는 '고기를 잡는 방법을 가르쳐주는 것'이 되어야 한다고 말한다. 단편적인 지식의 습득보다 효율적이고 능동적이며 생산적인 학습 방법을 터득하는 것이 더욱 바람직하기 때문이다. 따라서 대학 공부의 특성을 빨리 파악하여 많은 정보를 효과적으로 조직화하고 이해하는 대학생이 되어야 한다.

『대학에서의 공부, 어떻게 다른가?』(서울대, 1994)는 바로 그런 의도에서 만들어진 책이다. '대학 공부의 노하우(know-how) 안내'라는 부제가 그 성격을 잘 말해준다. '대학 공부를 효과적으로 하는 방법은 없을까?'라는 문제의식에서 출발해, 어떻게 공부하는 것이 효과적인가를 학습하도록 도와주자는 의도로 쓰인 책이다.

이 책은 W. 포크(W. Pauk)의 『How to Study in College』를 주로 참고하고, 이와 관련된 심리학 서적들과 2차에 걸친 예비용 프로그램의 경험과 자료에서 우리 상황에 적합하도록 수정한 것이다. 그 내용은 강의를 듣고(2장), 노트 필기를 하고(3장), 교재를 읽고(4장), 내용을 숙달하고(5장), 시험을 보는 방법(8장)을 통하여 대학 공부를 보다 효율적으로 해나갈 수 있도록 도움을 준다. 또한 기억력(6장), 집중력(7장), 스트레스 대처(9장), 시간 관리(10장)에 대한 안내를 통하여 전반적인 학습 능력을 향상시키고자 하고 있다. 「심리학의 원리를 이용하자」라는 제목으로 달린 부가적인 읽을거리도 매우 도움이 된다.

3.

"공부만 하고 놀지 않으면 바보가 된다."는 뜻의 영어 속담이 있다. 때로 적당히 노는 것도 필요하지만, 한 가지 권하고 싶은 것은 공부하기 싫을 때 읽는 책을 지니라는 점이다. 학문의 세계에서 나름으로 일가를 이룬 사람의 자서전이나 평전 등이 도움이 된다. 자신을 반성하게도 만들며, 학습 방법의 힌트도 얻고 학문의 길에 대한 안내도 되기 때문이다. 그런 성격의 책을 몇 가지 소개한다.

흔히 학술에서 최고 권위의 상이라면 '노벨상'을 꼽는다. 그런데 노벨상에는 수학 분야가 없다. '필즈상(Fields prize)'은 바로 '수학의 노벨상'이라고 할 만한 상이다. 아니 그보다 더욱 받기 어렵다. 첫째, 4년에 한 번 시상되며, 둘째는 40세 이전의 학자만을 대상으로 한다. 다시 말해 제아무리 뛰어난 업적을 내더라도 40세가 넘으면 '말짱 꽝'이라는 말씀이다.

일본인으로서 필즈상을 수상한 히로나카 헤이스케의 저서 『학문의 즐거움』(김영사, 1993)은 수학자로서 자신의 삶과 연구 활동에서의 여러 면을 말하고 있다. 저자는 이 책에서 학문하는 즐거움과 기쁨에 대해 말한다. '배움의 길 · 창조의 여행 · 도전하는 정신 · 자기 발견'이라는 네 개의 장으로 구성된 이 책을 통해 독자들은 학문과 인생에 대한 저자의 메시지를 발견할 수 있을 것이다. 평범한 저자가 어떻게 커다란 연구 업적을 남겼는지 잘 보여주는 이 책은 수학의 전문

연구자를 지망하는 학생은 물론 여타 전공의 평범한 학생에게도 감동을 주리라 생각한다.

조동일의 『우리 학문의 길』(지식산업사, 1993)은 우리 학계에서 근래에 이루어진 또 하나의 성취라고 본다. 저자는 우리 학계가 현재 학문의 의존에서 자립으로, 수입에서 생산으로 방향을 바꾸어, 당장 절박하게 제기되고 있는 과제를 스스로 해결하는 창의력을 발휘하면서 세계 학문 발전의 새로운 방향을 개척하는 데 앞장서야 하는 시기에 이르렀다고 한다. 저자는 논리로 이루어진 진실을 탐구하는 행위로서 학문은 그 결과로서 실천의 지침인 이론을 마련하며, 독백이 아니라 대화를 통해 이루어져야 한다고 말하고 있다. 그러면서 우리 학문의 길을 '우리 학문의 고민 · 위상 · 각성 · 과제 · 성과'라는 주제로 나누어 모색하고 있다. '우리 학문의 길'이 '우리 자신을 위한 민족 학문의 길'에서 '우리가 이룩하는 세계 학문의 길'로 확대되어야 한다는 두 가지 과업을 상호 해결하고자 하는 저자의 노력은 매우 소중한 것이다.

마지막으로 소광희의 공저 『현대의 학문 체계: 대학에서 무엇을 배울 것인가』(민음사, 1994)를 추천한다. 그 내용은 동서양의 학문 이념, 학문의 성립 근거, 학문의 역사적 변천, 새 학문의 탄생과 그 사회적 배경, 현대의 학문 등이며, 특히 공학과 인문학 등을 고려하면서 학문 세계의 내적인 질서를 아홉 주제로 다루고 있다. 이 책은 먼저 동서양의 학문 이념을 살펴보고, 역사의 천이(遷移)에 따라 전래의 학문이 어떻게 경신되며 새 시대 새 사회의 등장과 함께 새 학문이 어떻게 탄생했는지를 조감하며, 서구의 학문이 우리에게는 어떻게 수용되었고, 현재 우리가 당면한 학문론적인 고민은 무엇인지를 검토한다. 대학생활을 통해 반드시 읽어야 할 책의 하나라고 하겠다. 최소한 자기 전공과 관심에 관계된 글만이라도 먼저 읽기 바란다.

끝으로, 강의실만이 아니라 도서관과도 친숙해지라는 충고를 하고 싶다. 아울러 공부도 잘하고 놀기도 잘하는 학생이 되기를 바란다. 논다는 것은 어떤 점에서는 쉬는 동안의 여유를 통해 새로운 활력과 에너지를 비축하는 일이기 때문이다.

학위논문 작성법은 학술적 글쓰기의 형식과 절차를 이해하는 데 적절하고도 필수적인 가이드라인이 된다. 이 장에서는 학술적 글쓰기의 형식과 절차에 대한 이해를 다음과 같이 풀어나가고자 한다.

먼저, 학위논문의 형식을 중심으로 필수적으로 갖추어야 할 학술적 글쓰기의 특징을 살피고자 한다. 다만, 전공영역별, 학교별 학위논문의 구체적인 작성 지침은 해당 대학원에서 확인하는 것이 필요하다. 리포트 작성의 경우에는 담당교수자의 과제 작성 안내 지침에 따라 제시된 형식적 요소를 적절하게 조절하면 될 것이다.

제2부
리포트 작성의 단계별 접근

다음으로, 학술적 글쓰기를 완성하기 위한 절차를 5단계로 나누어 살피고자 한다. 짜임새 있는 학술적 글쓰기를 위해서는 절차마다 요구되는 기본 지침을 충분히 소화할 수 있게 연습하는 것이 중요하다. 무엇보다 이러한 절차적 요구사항을 제대로 수행할 수 있어야만 학술적 글쓰기의 형식적 요건을 충족시킬 수 있음을 명심하기 바란다.

제1장 형식 갖추기

1. 권두 부분

학위논문에서는 권두 부분에 다음과 같은 구성요소를 갖추는 것이 일반적이다.

먼저, 〈예시 1〉과 같이 표지를 작성하는 것이 필요하다. 표지는 학위논문의 서지사항을 알려주는 지점으로, 논문 제목을 포함한 기본 사항을 학교에서 정한 표지 양식에 맞춰 작성한다.

예시 1 **학위논문의 표지**

이화여자대학교 대학원
1995학년도
박사학위 청구논문

松江 鄭澈 詩歌의 美的 特質 研究
- 작품 수용 양상을 중심으로 -

國語國文學科
崔圭穗
1996

다음으로, 학위논문의 심사 및 인준에 대한 증빙서류를 보여주는 부분이 필요하다. 〈예시 2〉의 제출서와 〈예시 3〉의 인준서를 보면, 해당 학위논문의 심사일자 및 심사위원들의 명단과 서명, 심사 결과에 대한 인준 기록을 살필 수 있다.

예시 2 제출서

松江 鄭澈 詩歌의 美的 特質 硏究

- 작품 수용 양상을 중심으로 -

이 論文을 博士學位 論文으로 提出함

1996年 4月

梨花女子大學校 大學院

國語國文學科 崔 圭 穗

예시 3 인준서

崔圭穗의 博士學位 論文을 認准함

指導敎授 成 基 玉

審査委員

梨花女子大學校 大學院

마지막으로, 〈예시 4〉와 같이 논문개요를 작성하여 제시하는 것이 필요하다. 논문개요는 논문의 내용을 논의과정과 연구 결과 중심으로 요약하여 보여주는 것으로, 논문의 후미(後尾) 부분에서는 이 부분이 외국어로 번역되어 연구 성과를 외국의 학자들과 공유할 수 있게 된다.

예시 4 논문개요

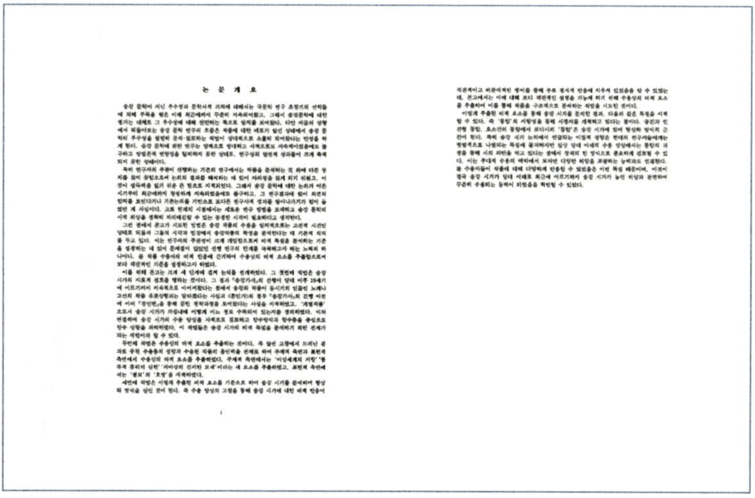
논 문 개 요

리포트의 경우

리포트의 경우에는 권두 부분에서 필수적으로 요청되는 부분이 표지 한 장으로 제한된다. 학교나 학과에 따라, 과목이나 담당교수자에 따라 규정된 리포트 양식이 다양할 수 있지만, 표지에는 〈예시 5〉와 같은 사항을 담는 것이 기본이며, 〈예시 6〉과 같이 작성하면 된다.

예시 5

영역	질문	내용
A영역	수강 과목명과 과제 목적은?	학기/과목명/과제 유형
B영역	이번 리포트에서 중점을 둔 부분은?	제목/(필요한 경우)부제
C영역	제출자의 소속과 성명은?	학과 · 학년/학번/이름
D영역	누구에게, 언제 제출하는가?	담당교수명/제출일

예시 6 **리포트의 표지 사례**

내용	영역
2014년 1학기 심화글쓰기 주제탐구보고서	A
〈아주 가끔은〉에 나타난 신세대의 가치관에 대하여 – 특히 개성과 저항의 논리를 중심으로 –	B
국문학과 1학년 1234567 장 혜 성	C
담당교수명: 노수동 교수님 제출일: 2014년 4월 7일	D

쪽글과제의 표지 사례

한두 장 분량의 쪽글과제를 제출해야 되는 경우에는 과제의 분량이 적은 만큼 표지를 따로 붙이기 어렵다. 그렇다고 표지 자체를 생략하기는 곤란하므로, 〈예시 7〉과 같이 간략한 표지 형식을 응용하는 것이 보다 효율적이다.

예시 7

2014년 2학기/ 심화글쓰기/ 감명깊은 소설 읽고 소감문 작성하기	A
담당교수명: 오들희 교수님/ 제출일: 2014년 11월 20일	D
〈완득이〉에 대한 공감백배	B
경영학과 2학년 2345678 박수하	C

〈완득이〉는 질풍과도 같은 반항과 노도와도 같은 방황이 어딘가 익숙한 청소년기를 거쳐온 독자라면 누구라도 그랬을 법한 공감대를 토대로, 지나온 청소년기를 유추하게 하는 매력을 지닌 작품이라 할 수 있다.

이 작품이 소중한 이유는 학교와 집, 또는 학원을 쳇바퀴처럼 왕복할 수밖에 없는 우리네 삶에서 자칫 놓치기 쉬운 우리 사회의 편견과 경쟁시대의 문제점을 경쾌하지만 가볍지 않게, 진지하지만 어둡지 않게 대면케 하는 데 있다.

그리고 공감의 폭은 작가 스스로 밝힌 자신의 자화상이 그대로 '완득이'에 오버랩되면서 더욱 커지게 된다. 작가 김려령은 스스로의 청소년기를 돌아보며 〈완득이〉라는 작품에서 정해진 길을 맹목적으로 따라가는 대신 세상과 온몸으로 부딪쳐 자신만의 길을 찾아가며, 온실의 화초는 절대 알지 못할 생활 감각과 인간미, 낙천성을 가진 아이의 이야기를 완성하였다고 한다.

이렇게 그의 작품세계를 하나하나 살피자면, 증조할머니에게 옛이야기를 들으며 자란 것을 자양분으로 하여 진지한 주제의식을 놓지 않으면서도 흥미진진하게 이야기를 풀어나가는 필력이 돋보이는 작가라는 평이 허투루 나온 게 아님을 알 수 있다. 스쳐 지나기 쉬운 우리 주변의 아이들에게, 청소년들에게 섬세하면서도 상투적이지 않은 관찰과 해석을 보여주는 작가의 유쾌한 품새에 감사와 감탄의 마음을 보낸다.

2. 목차 부분

'목차(目次)' 부분은 논문의 구성과 전개를 요약한 것으로, 논문의 축도(縮圖)라 하는 만큼 한눈에 알아볼 수 있도록 논리적 체계로 짜여져야 한다.

논문 작성법에서는 목차 부분을 완성하는 데 필요한 여러 규칙을 제시하고 있는데, 구체적인 목차 작성법에 대해서는 다음 장에서 살펴보기로 하고, 여기에서는 목차의 예시만을 보이기로 한다.

예시 8 학위논문의 목차 사례

차 례

i

리포트의 경우

목차 부분을 필수적으로 요구하는 학위논문과는 다르게, 학생들의 리포트에서는 과제의 종류나 분량에 따라 목차를 작성하기도 하고, 생략하기도 한다. 물론, 목차 부분이 생략된다 하더라도 목차 작성법에서 요구되는 기본적인 틀 짜기 과정이 생략되는 것은 아니다. 대개 5장 이상의 분량으로 작성되는 리포트의 경우에는 목차를 따로 작성해주는 것이 가독성을 높이는 한 방편이 된다.

〈예시 9〉는 앞선 표지 부분에서 보인 〈예시 6〉의 목차이다.

예시 9 **리포트의 목차 사례**

목 차

Ⅰ. 서론

Ⅱ. 〈아주 가끔은〉에 나타난 인물상
1. 개성을 중시하는 면
2. 기존 질서에 비판적인 면

Ⅲ. 신세대의 관점에서 본 〈아주 가끔은〉
1. 신세대 윤리관의 특성
2. 〈아주 가끔은〉속 화자와 신세대의 공통점

Ⅳ. 결론

참고문헌
부록: 〈아주 가끔은〉 노래가사 전문

〈예시 10〉은 쪽글과제의 표지 형식에 이어서 목차 부분만을 간략히 제시하는 방법으로, 이 경우 표지와 목차 부분을 따로 한 장씩 할애하지 않기 때문에 리포트의 전체 분량을 조절할 수 있는 장점을 갖게 된다.

예시 10 **쪽글과제의 표지 형식에 이어 작성하는 경우**

2014년 1학기/ 심화글쓰기/ 주제탐구보고서
담당교수명: 노수동 교수님/ 제출일: 2014년 4월 7일

〈아주 가끔은〉에 나타난 신세대의 가치관에 대하여
– 특히 개성과 저항의 논리를 중심으로 –

국문학과 1학년 1234567 장 혜 성

목 차

Ⅰ. 서론

Ⅱ. 〈아주 가끔은〉에 나타난 인물상
1. 개성을 중시하는 면
2. 기존 질서에 비판적인 면

Ⅲ. 신세대의 관점에서 본 〈아주 가끔은〉
1. 신세대 윤리관의 특성
2. 〈아주 가끔은〉속 화자와 신세대의 공통점

Ⅳ. 결론

참고문헌
부록: 〈아주 가끔은〉 노래가사 전문

Ⅰ. 서론

대중가요에는 노래를 부르거나 듣는 사람들의 생각과 느낌이 반영된다. 그러므로 대중가요를 분석하면 그 시대 대중의 의식과 정서를 이해할 수 있다. 이 글은 최근

– 1 –

3. 본문 부분

'본문(本文)' 부분은 학술적 글쓰기의 핵심으로, 서론에서 결론에 이르기까지 논문의 내용을 포괄하는 지칭이다. 곧, 문제를 제기하고 연구 방법 및 논의과정을 소개하는 서론 부분, 제기된 문제를 논증하며 내용을 채워가는 본론 부분, 문제 제기에서부터 본론까지의 내용을 요약하고 소감 등을 밝히며 논의를 마무리하는 결론 부분을 모두 총괄하여 '본문'이라고 지칭하는 것이다.

학위논문의 본문을 제시하는 것은 현실적으로 불가능하므로, 이 글에서는 앞서 제시한 〈예시 9〉의 목차를 토대로 쓰인 리포트의 사례를 보이고자 한다.

◈ 본문 작성 시 유의사항

먼저, 일반적인 글쓰기에서와 다르게 일정한 규칙에 따라 부호와 표제를 붙이면서 내용을 서술한다는 점이다. 앞의 〈예시 9〉에서처럼 목차 부분을 작성하였다면, 목차에서 제시된 부호와 표제를 다시 반복하면서 해당되는 부분마다 그에 맞는 내용을 서술하여주는 것이 일반적이다.

다음으로, 학술적 글쓰기에서 요구되는 인용의 방법에 따라 주석의 형식을 갖추고 있다는 점이다. 인용과 주석 형식에 대해서는 제3부에서 후술하겠지만, 대학에서의 리포트는 다음의 〈예시 11〉에서처럼 타인의 글을 인용하고, 그 출처를 밝혀주는 주석의 방법을 기본으로 삼는다.

예시 11

Ⅰ. 서론

대중가요에는 노래를 부르거나 듣는 사람들의 생각과 느낌이 반영된다. 그러므로 대중가요를 분석하면 그 시대 대중의 의식과 정서를 이해할 수 있다. 이 글은 최근 사회 · 문화적인 관심을 끌고 있는 '신세대'의 가치관 문제에 초점을 맞추어, 신세대 가요 중 하나인 〈아주 가끔은〉(신해철, 1996)을 대상자료로 선택하였다.

〈아주 가끔은〉은 노래하는 이의 의지와 감정, 논리가 가사에 뚜렷이 드러날 뿐 아니라, 그 작사자가 젊은 층에게 영향력을 발휘하는 사람이라는 점에서 적합한 소재라고 여겨진다.

이 글은 다음과 같은 순서로 전개된다. 먼저 Ⅱ장에서는 대상자료인 〈아주 가끔은〉의 가사를 살펴본다. 이때 가사에서 형상화된 화자(話者)의 두 가지 특성, 즉 개성을 중시하는 측면과 기존 질서에 비판적인 측면에 중점을 둔다. 이어 Ⅲ장에서는 신세대의 의식구조와 대상자료 사이의 관련성을 따져본다. 신세대의 가치관을 자유주의로 정의한 기존 연구 결과를 활용하여, 그 같은 양상이 〈아주 가끔은〉의 화자에게서 발견되는지 확인하는 작업이다.

Ⅱ. 〈아주 가끔은〉에 나타난 인물상

1. 개성을 중시하는 면

〈아주 가끔은〉의 화자는 자신을 바라보는 주위의 시선에 불만을 토로한다. 그의 파격적인 옷차림을 보는 사람들의 눈길이 곱지 않은 것이다.

> 대낮에 길을 걷다 보면 썰렁함을 느껴/ 왜 그렇게 황당한 표정으로 날 쳐다들 보는지/ 물론 내 치마 길이가 좀 짧긴 짧지만/ 내 색채 감각이 좀 대담하긴 하지만[1]

1 〈아주 가끔은〉은 영화 〈정글 스토리〉(1996년 개봉작)에 나오는 노래로, 신해철이 작사하였다. 이 글에서 인용하는 가사는 1998년 발매

의상은 한 사람의 개성을 드러내는 방법 중 하나이다. 단 그러한 개성의 표출은 사회의 일반적인 정서 또는 금기(禁忌)사항을 벗어나지 않는 범위에서만 용인되는 경우가 많다. 그러나 화자는 이 같은 상식을 정면으로 부정한다.

> 그게 뭐 대수라고 하늘이 무너지니/ 그저 나 자신이 소중한 것뿐이야 뭘 봐/ 난 집에 혼자 있을 때는 책도 봐/ 내 할 일은 알아서 해 왔다고 생각해

화자의 입장에서, 옷차림을 빌미로 자신에게 가해지는 사회적인 압력은 아무런 타당성이 없다. 화자는 자율성을 갖춘 인간이며, 옷차림은 그와 별개로 자기 취향과 정체성을 전달하는 도구인 것이다. 따라서 화자는 옷차림에 대해 간섭받거나 통제당할 이유가 없다고 생각한다. 좋고 나쁨, 옳고 그름의 기준은 어디까지나 자신이 설정할 문제이기 때문이다.

> 남을 위해 사는 건지 나를 위해 사는 건지/ 헷갈려하지 마 한 평생을 후회하느니/ 한 번쯤 미친 척 하는 게 나아

나의 인생을 남이 대신 살아줄 수 없다는 것이 화자의 신념이다. 그가 도발적인 옷차림을 하는 이유도 여기에 있다. 즉 외부의 규준에 순응해 스스로를 억제하기보다는, 본연의 욕구와 감성에 충실한 편이 합리적이라는 뜻이다. 이런 면을 볼 때 〈아주 가끔은〉의 화자는 사회 규범보다 자신의 개성을 중요하게 여기는 인물이라고 할 수 있다.

2. 기존 질서에 비판적인 면

주변의 이목을 거스르고라도 자신의 멋을 추구하겠다는 화자의 주장은, 그가 구체적인 사례를 거론하는 과정에서 새로운 차원으로 전환된다.

된 신해철의 앨범 ≪It's Revolution!≫에 수록된 것으로, 이후 인용된 가사의 출처는 모두 이에 준한다.

> 한 평생 남의 눈치만 보면서 살아오다/ 아주 그게 뼛속까지 박혀 버린 인종들 있잖니/ 그 사람들의 공통적인 특징이 뭔지 알아/ 남들도 자기처럼 살기를 바라는 거지 쳇

화자는 사회적 평판에 얽매이기를 원하지 않는다. 그런데 옛 관습에 물든 사람들은 지난 시대의 잣대로 (자신을 포함한) 타인을 구속하려 한다. 그래서 화자는 자신에 대한 부정적인 인식 자체가 그들이 강제하는 잘못된 규범이 적용된 결과라고 주장한다. 더욱이 그런 낡은 규범이 통제력을 잃고 잊혀져가는 상황에서, 화자는 일탈에 대한 부담을 갖지 않는다.

> 그렇게 산다고 누가 상주니 또 누가 상 준다고/ 그거 받아 어따 쓰니/ 난 아무 생각 없이 사는 걸로 보이겠지/ 그게 너의 편견이고 교만이고 한계야 잘 가

화자는 규범과 타협하거나 그것을 의식할 이유가 없음을 분명히 한다. 갈등의 원인을 제공한 것은 자기가 아니라 사회규범이므로, 어떠한 비난도 무시할 수 있다는 자신감인 것이다. 화자는 다른 사람들에게도 이 점을 밝히고 싶어 한다.

> 넌 마음 속 깊은 곳까지 세뇌되어 버렸어/ 석회처럼 딱딱해진 너의 영혼을 해방시켜줘

화자는 아직도 낡은 규범에 묶여 변화를 주저하는 이들이 많다는 것을 알고 있다. 그래서 화자는 주변 사람들에게 현실을 개인 중심에서 바라볼 것을 요구한다. 지금까지의 규율에 얽매이지 말고 그것을 극복해내라는 주문인 것이다. 다소 선동적인 의미마저 담겨진 이러한 주장은 결국 〈아주 가끔은〉의 화자가 기존 질서에 비판적이며 또한 도전적인 인물임을 보여준다.

앞서 본 것처럼, 화자는 자기 의견을 개진하면서 그것을 뒷받침하는 근거를 내세우고 있다. 이는 화자의 의도가 감각적인 욕망 표출보다는, 그것을 매개로 자기의 논리나 삶의 철학을 강조하는 데 있음을 증명

한다. 이제부터는 그러한 화자의 논리체계 또는 사고방식이 어떤 배경에서 비롯되었는지 알아볼 필요가 있을 것이다.

Ⅲ. 신세대의 관점에서 본 〈아주 가끔은〉

1. 신세대 윤리관의 특성

신세대의 사고방식을 이해하기 위해서는 먼저 그들의 가치관을 살펴보아야 한다. 기존 연구 결과는 신세대의 가치 성향을 자유주의적 윤리관으로 정의하는데 이는 인간의 천부적(天賦的) 권리인 자유와 평등을 옹호하는 자유주의 사상[2]에서 비롯된다. 신세대의 가치관이 자유주의적이라는 근거는 이러하다.

첫째, 신세대는 개인주의적 기호를 추구하는 '개성의 세대'이다.[3] 개성은 남과 구별되는 고유의 특성을 강조하는 개념이므로 그것은 개인주의를 기반으로만 실현될 수 있다. 특히 개인주의는 자유주의 사상에 내재된 '동등한 인간으로서의 기본권(자유와 평등)'을 실현하는 전제라는 점에서 자유주의와 맥을 같이 한다.

둘째, 신세대는 기존의 권위에 순응하지 않는 반(反)권위주의적인 세대이다. 이는 기성세대를 규율해온 사회의 가치체계가 새로운 세대의 의식을 반영하지 못하는 데서 빚어진 현상이다. 신세대는 자신들의 가치관과 상충하는 기존의 권위와 질서를 비판하곤 하는데, 이 점은 새로운 사상을 구현하기 위해 전근대적인 체제에 저항한 자유주의의 역사와도 관련성이 있다.[4]

---

2 R. C. 매크리디스, 『현대정치사상』, 이은호 · 이신일 역(박영사, 1999), 22면.

3 이승환, 「세대 차이와 윤리의식의 변화」, 『계간사상』 제14권 제3호(사회과학원, 2002), 154면.
여기서 개인주의란 개인의 경험과 이해관계에 근거한 판단을 존중하여 그것을 인간의 행동 원리로 삼는 사상을 일컫는다.

4 R. C. 매크리디스, 앞의 글, 23면. 이 글에서 저자는 자유주의는 18세기 서유럽의 봉건체제 하에서, 지식인과 신흥자본가의 이익을 옹호하고 확대하는 구호로 등장하였다. 자유주의는 특히 시민혁명 이후 피지배층이 위계적인 신분질서를 타파하는 이념적 토대로 기능하

개인주의적이고 반권위주의적인 성향이 신세대의 자유주의 윤리관이라면, 그와 유사한 자기중심적이고 비판적인 태도 또한 같은 맥락에서 이해할 수 있을 것이다. 다음 항목에서는 〈아주 가끔은〉의 가사가 그러한 신세대의 윤리관과 연관될 수 있는지를 알아본다.

2. 〈아주 가끔은〉 속 화자와 신세대의 공통점

〈아주 가끔은〉을 노래하는 화자의 사고방식은 앞서 제시한 신세대적 윤리관에 부합한다.

먼저, 자기 개성을 주장하며 사회와 마찰을 빚는 화자의 모습은 집단의 획일적 규범보다 개인의 권리를 우선시하는 신세대의 개인주의를 상징한다. 즉 화자가 복장 규제에 반발하는 이유는 단지 자신의 선호를 고집하기 위해서가 아니라, 그런 압력 자체가 개성의 억압이자 개인주의적 사고방식을 무시하는 처사라고 여기기 때문이다.

기존 질서에 대한 화자의 비판적 태도 또한 신세대의 반권위주의적 성향으로 해석할 수 있다.[5] 특히 비판의 대상이 특정 집단으로 좁혀지면서 현실을 극복하려는 화자의 의지는 더욱 강해진다고 한다.[6] 불합리한 기존 질서뿐 아니라 그것을 강요하는 이들의 행태가 화자의 저항의지를 가중시키는 것이다.

요컨대 〈아주 가끔은〉에 등장하는 화자는 자유주의적 윤리로 무장한 신세대의 전형(典型)에 해당한다. 그는 주위의 시선에 아랑곳없이 자유분방한 옷차림으로 거리를 활보하는 젊은이로서, 자신의 개성과 판단 능력을 중시하는 개인주의자이다. 나아가 그는 전통적인 명분과 도덕의 한계를 지적하는 비판자이며, 기존 질서에 맞서는 도전자라고도 할 수 있다.

게 된다고 말하고 있다.

5 화자가 '기존의 규범을 내세워 자신에게 간섭하는 사람들'을 지적한 것은, 그의 문제의식이 과거의 질서를 대행(代行)하는 기성세대로 확대된 결과로 볼 수 있다. 이러한 세대 간 갈등의 경향은 신세대의 새로운 가치추구 자체가 기성세대에 대한 강한 불신을 내포하고 있음을 말해준다.

6 박영상, 「한국사회의 갈등구조와 커뮤니케이션」, 『한국의 사회와 문화』 제24집(한국정신문화연구원, 1995), 184면.

Ⅳ. 결론

이 글의 논의 내용은 다음과 같이 요약할 수 있다. 서론에서는 연구의 의의와 대상자료 및 연구 방법을 제시하였다. Ⅱ장에서는 대상자료를 분석한 결과, 화자가 개성을 중시하며 기존 질서에 비판적인 인물임을 밝혀내었다. 이어 Ⅲ장에서는 신세대의 가치관이 자유주의적 윤리에 근거하며 대상자료의 화자 또한 그 같은 특성을 지니고 있음을 입증하였다. 〈아주 가끔은〉은 무엇보다도 신세대가 추구하는 가치와, 그들이 자신의 주장을 정당화하는 방식을 보여주는 대표적인 가요라는 데 의미가 있다.

이번 과제를 통해 신세대의 가치관에 대해 좀 더 집중하여 고찰할 수 있었음은 큰 소득이라 할 수 있다. 나를 돌아보는 시간이 되었기 때문이다. 하지만 한편으로는 논리적인 글쓰기의 어려움을 절감하는 계기도 되었다. 글을 구상할 때의 의욕이 그것의 완성도와 직결되지 않음을 깨달았던 것이다. 정돈된 생각에서 짜임새 있는 글이 나오는 이치를 명심했더라면 하는 아쉬움이 든다.

4. 후미 부분

학위논문에서는 후미 부분에서 다음 두 가지를 충족시켜야 한다.

첫째, 참고문헌이다. 한 편의 논문 작성에 참고가 되었던 문헌 자료의 서지사항(書誌事項)을 일목요연하게 목록화하는 것으로, 참고문헌의 분량이 많을 경우 단행본(單行本)과 논문(論文)으로 나누거나, 국내서(國內書)와 국외서(國外書)로 구분하거나, 자료 부분과 연구논저 부분으로 나누어 정리하기도 한다.

둘째, 외국어로 작성하는 초록(抄錄)이다. 권두에서 보인 논문개요 부분을 외국어로 번역해놓는 것이다. 대개의 경우 영어로 작성하기에

'영문초록(Abstract)'이라고 하며(〈예시 12〉), 학과에 따라 중국어, 일본어, 독일어 등으로도 작성할 수 있다(〈예시 13〉).

예시 12 영문초록

Abstract

The Effects of the Patterns of Negativity in News Reporting on Reader's Attitude

Song, Mi Jin
Dept. of Mass Communications
The Graduate School of
Ewha Womans University

The basic assumption on this study is based on the patterns of negativity in news' reporting could affect reader's attitude toward issues and sources. In other words, the assumption is connecting two different assumptions : the one is that every negative article in news reporting could not affect reader's negative attitude, the other is that content in news reporting could affect reader's attitude toward issues and sources in news reporting.

In order to test the theoretical assumption, this study divided the negative news into two categories as objective and biased ones. The objective and negative news provides impartial and diverse viewpoints on the key subjects using fact-oriented headlines, objective wordings or quotations, and concrete expressions. The biased and negative news offers subjective and biased viewpoints on the peripheral subjects using evaluation-oriented headlines, emotional wordings and negative symbols. The study assumes that these different patterns of negativity affect accordingly on the reader's attitudes toward the issues and news.

The study also presumes the issue involvements of reader have influence on the process of recognizing negative information. If a reader recognizes the

- 113 -

예시 13 중문초록

리포트의 경우

리포트에서는 다음의 〈예시 14〉처럼 참고문헌 부분만을 작성하게 된다.

예시 14

참 고 문 헌

박영상, 「한국사회의 갈등구조와 커뮤니케이션」, 『한국의 사회와 문화』 제24집 (한국정신문화연구원, 1995).
이동연, 『대중문화연구와 문화비평』(문화과학사, 2002).
이영미, 『서태지와 꽃다지』(도서출판 한울, 2002).

이혜숙 · 손우석, 『한국 대중음악사』(리즈 앤 북, 2003).

R. C. 매크리디스, 『현대정치사상』, 이은호 · 이신일 역(박영사, 1999).

부록 부분에 대한 이해

논문 작성자가 필요하다고 판단되면, 논문 작성에 동원되었던 설문지, 통계치, 대상자료 등의 원자료를 논문의 마지막 부분에 첨부하는 것이 가능하다. 이렇게 첨부되는 부분을 부록 부분이라 부르는데, 이 부분은 본문의 분량으로 산정하지 않는다.

리포트의 경우에도 다음의 〈예시 15〉처럼 부록 부분을 활용하여 대상자료의 전문(全文)을 제시하는 것이 가능하다.

예시 15

● 부록: 대상자료 〈아주 가끔은〉에 대하여

1. 기본 정보

작사: 신해철 작곡: 신해철 편곡: 신해철
앨범정보: ≪It's Revolution!≫
발매: 1998.10.01. 배급: 케이앤씨뮤직

2. 가사 전문

대낮에 길을 걷다 보면 썰렁함을 느껴
왜 그렇게 황당한 표정으로 날 쳐다들 보는지
난 집에 혼자 있을 때는 책도 봐
내 할 일은 알아서 해 왔다고 생각해

물론 내 치마 길이가 좀 짧긴 짧지만
내 색채 감각이 좀 대담하긴 하지만
그게 뭐 대수라고 하늘이 무너지니
그저 나 자신이 소중한 것뿐이야 뭘 봐

때로는 미쳐 보는 것도 좋아 가끔 아주 가끔은
그렇게 놀란 표정하지 말고 눈을 감아
그댄 자신 안에 갇혀 있어
이젠 문을 열고 세상을 봐

한 평생 남의 눈치만 보면서 살아오다
아주 그게 뼛속까지 박혀 버린 인종들 있잖니
그 사람들의 공통적인 특징이 뭔지 알아
남들도 자기처럼 살기를 바라는 거지 쳇

그렇게 산다고 누가 상주니 또 누가 상 준다고
그거 받아 어따 쓰니
난 아무 생각 없이 사는 걸로 보이겠지
그게 너의 편견이고 교만이고 한계야 잘 가

때로는 미쳐 보는 것도 좋아 가끔 아주 가끔은
그렇게 뻣뻣하게 굴지 말고 일어나봐
그댄 자신 안에 갇혀 있어
이젠 문을 열고 세상을 봐

그댄 자신 안에 갇혀 있어
이젠 문을 열고 세상을 봐

이건 아주 무서운 일이야
넌 마음 속 깊은 곳까지 세뇌되어버렸어
석회처럼 딱딱해진 너의 영혼을 해방시켜줘

남을 위해 사는 건지 나를 위해 사는 건지
헷갈려하지 마 한 평생 후회하느니
한 번쯤 미친 척 하는 게 나아

그댄 자신 안에 갇혀 있어
이젠 문을 열고 세상을 봐
그댄 자신 안에 갇혀 있어
이젠 문을 열고 세상을 봐

그댄 자신 안에 갇혀 있어
이젠 문을 열고 세상을 봐

연 습

다음의 〈예시〉들을 참고하여, 자신이 수강하는 담당과목 교수자의 학술적 글쓰기를 찾아 훑어보고 소감을 밝혀보자.

예시 1

박길준, 「미국 통일컴퓨터정보거래법(UCITA)의 고찰: 지적재산권법과 계약법의 관계를 중심으로」(석사학위논문, 연세대학교, 2003).

이 논문은 디지털 사회에서의 무형 재산에 대한 권리인 지적재산권 거래에 관한 입법론을 계약법적 관점에서 서술하고 있습니다. 특히 상업적 용도의 지적재산권 거래를 옹호하며 디지털 선진국이라 할 수 있는 미국의 사례를 중심으로 살펴본 뒤, 우리나라의 관련 입법에 대한 구체적 입법론을 제안하고 있습니다. 법학도 이미 실용주의 학풍이 지배하고 있는 것 같습니다. 이 정도의 자세한 내용이라면 실제의 입법안의 기초자료로서 참조될 수도 있을 것 같습니다. 역시 공부 열심히 해야겠다는 생각이 드는군요.

예시 2

홍성식, 「1960년대 한국문학 논쟁 연구」(박사학위논문, 명지대학교, 1999).

무슨 논문을 할까 이것저것 훑어보면서 고민하다가, 문득 지금 배우고 있는 전공 교수님이 떠올라서 검색해보았더니 정말 교수님의 논문이 있더라구요. 신기했어요. 더구나 정말 운 좋게도 바로 전 시간에 배운 내용에 관한 논문이어서 많은 도움이 되겠구나 하고 접했는데, 분량이 150페이지라는 데에서 덜컥 겁부터 났지요. 그래도 차근차근 훑어보았는데요, 초록이라는 부분은 평소에 전혀 접해보지 못한 부분이기도 하고 분량도 적어서 다 읽어보았는데, 왠지 서론과 비슷한 느낌을 받았어요. 서론처럼 해당 논문의 목적과 다루고자 하는 대상,

연구의 의의 등을 개괄적으로 써둔 부분 같았는데, 서론과 어떤 점에서 차이를 갖기에 형식상 따로 구분해두는 것인지 궁금했습니다. 국문학과 논문이기에 한자어에 대한 압박과 걱정을 먼저 하고 있던 터였지만, 실제 접해보니 의외로 한자어는 그다지 많지 않았습니다. 그래서 좋았어요.

예시 3

Park, Junu, "The Interface between intellectual property law and competition : a new commercial law for a balanced use of information in Korea"(Ph. D. diss., Washington University, 2000).

학부생 조교인 제가 모셨던 교수님의 학위논문을 찾아보고 싶은 마음이 생겨서 찾아보았습니다. 이 논문은 한국의 정보산업발전에 따른 산업재산권 보호의 기능을 일반론으로 풀어내고 있는 글입니다. 평소 치밀한 성품의 소유자인 필자의 글답게 깔끔하고 자세하게 목차가 잘 정리되어 있습니다. 소감이라면, 넓은 시야를 가지고 공부해야겠다는 자극을 받았다는 점, 영어 공부를 열심히 해야겠다는 점을 들 수 있습니다.

제2장 절차 따르기

1. 주제 선정

예를 들어, '추천도서'에 대하여 리포트를 작성한다고 생각해보자. 이때 제시된 주제에 대해 별다른 고민 없이 리포트를 작성하게 되면, 〈예시 1〉에서처럼 수집한 자료를 그저 나열하는 선에서 리포트를 완성하게 된다.

예시 1

제목: 추천도서에 대하여

Ⅰ. 서 론

Ⅱ. 본 론

1. 대학생이 읽을 만한 자기계발서와 재테크 추천도서
2. 배경지식 쌓을 만한 대학생 교양도서 추천
3. 경영학 공부에 도움이 되는 도서 추천
4. 예비대학생이 안 읽었다면 무시당할 정도로 중요한 필독도서 추천
5. 24살 무식한 대학생을 위한 인문학 도서 추천
6. 대학생 권장도서 중 고전과 역사 부문 추천

Ⅲ. 결 론

이렇게 손닿는 대로 찾아낸 자료를 한데 모아놓는 식으로 리포트를 작성하는 것은 논리적인 글쓰기를 실천하는 데 가장 큰 방해가 된다. 이는 본론으로 제시한 1항에서 6항까지의 내용들에 유기적인 연관성이

없고, 중복된 항목들도 있다는 점에서 더욱 그렇다. 일견 정보 제공은 많아 보이지만, 이런 짜임새로 구성된 글이라고 한다면 추천도서에 관한 필자의 주장이나 논의과정을 구체적으로 확인하는 것은 불가능해 보인다.

문제는 교수자가 제시한 지점, 곧 '추천도서에 대하여' 리포트를 쓰라는 것을 리포트의 주제 제시라고 생각하는 태도에 있다. 교수자는 수업시간에 다루어진 내용을 정확히 이해하고 있는가 하는 지식 확인의 과정에서 리포트 과제를 부여하게 되는데, 바로 지식 확인의 출발점에서 제시되는 화제가 바로 '추천도서에 대하여'이다. 그런 의미에서 '추천도서에 대하여'는 주제라기보다는 차라리 소재에 가깝다.

리포트는 '추천도서'에 대한 것이라면 어느 것을 선택해도 무방하지만, 나름대로 고민하여 보다 구체적인 주제를 선정하지 않으면 방대한 자료의 바다에서 수고롭게 헤매기 쉽다. 따라서 〈예시 1〉에서와 같은 나열식 공부에서 벗어나, 제시된 주제를 어떻게 다뤄야 할지, 찾은 자료를 어떻게 정리하여 정해진 분량에 맞출 것인지 등에 대해 고민하는 시간이 필요하다.

1-1 나열식 공부에서 벗어나려면

주제의 명확성을 살리는 게 중요

다음의 〈예시 2〉는 〈예시 1〉에서 지적받은 문제점을 보완하여 수정한 목차이다. 〈예시 2〉에서는 막연하게 '추천도서에 대하여' 조사하는 것이 아니라 '추천도서만이 좋은 책인가?'라는 문제의식을 논의의 출발점으로 삼았다.

이러한 문제의식은 Ⅱ장에서 세 가지 사항으로 세분화되어 구체적으로 다루어지고 있다. 이러한 논지 전개를 통해 결론 부분에서 "추천도서는 읽어보면 좋은 책일 뿐, 반드시 읽어야 되는 책은 아니라"는 글쓴이의 입장을 피력하게 될 것이라 예상된다.

예시 2

제목: 추천도서만이 과연 좋은 책인가?

Ⅰ. 서 론

Ⅱ. 추천도서만이 과연 좋은 책인가?

1. 추천도서만을 좋은 책이라 생각하는 현세대의 독서현상
2. 추천도서는 어떻게 선정되는가?
3. 추천도서만을 읽게 되면 나타나는 문제점

Ⅲ. 결 론

이제 〈예시 2〉의 목차대로 완성한 리포트의 사례인 〈예시 3〉을 차분히 읽어나가면서 리포트 작성의 출발점으로 주제 선정을 어떻게 하고 있는지 살펴보기로 하자.

예시 3

Ⅰ. 서론

추천도서가 범람하는 시대이다. 신문을 보면 베스트셀러, 추천도서 광고가

눈에 들어오고, 도서관에 가도 대학생이 읽어야 할 추천도서 목록이 가득하다. 추천도서만 읽다가 대학생활이 끝날 것 같은 기분이 들 정도이다.

추천도서란 대한독서협회나 대학도서관, 대형서점들이 매년, 매월, 각계각층의 사람들이 꼭 읽어야 할 책을 분야별로 선정한 도서들을 말한다. 추천도서는 독서를 시작하려는 사람들이 많이 참고하고, 초보자가 아니더라도 책을 선택하게 만드는 요소로 작용한다.

베르너 파울슈티히의 정의에 따르면, 베스트셀러란 짧은 기간 동안 여러 판을 찍을 정도로 특별히 성공한 책이거나 일정한 기간에 최고의 매상을 올린 책이라 할 수 있다.[1] 일반적으로 정의되어 있는 개념을 봐도 베스트셀러는 얼마나 많이 팔렸는가를 기준으로 삼을 뿐, 책의 내용과는 큰 상관관계가 없음을 알 수 있다. 따라서 요즘 추천도서들이 대부분 베스트셀러 위주로 구성되는 것을 보면서 이것이 과연 좋은 책인지에 대해 의심을 가질 수밖에 없다.

하루에도 수십, 수백 권의 책이 출판되고, 또 그만큼 폐기된다고 한다. 그 모든 책을 전부 읽어본 사람이 추천도서를 선정하는 게 아닐 것이다. 유명인의 추천이나 판매부수, 기타 부가적인 요소가 많이 포함되어 현재의 추천도서 목록이 만들어졌다. 무엇보다 저자의 명성 등이 큰 비중을 차지하는 만큼 추천도서 목록이 곧 양서라고 믿기에는 한계가 있는 듯하다.

Ⅱ. 추천도서만이 과연 좋은 책인가?

1. 추천도서만을 좋은 책이라 생각하는 현세대의 독서현상

예전 어느 방송국의 〈책을 읽읍시다!〉라는 프로그램이 폭풍 같은 시청률을 기록한 적이 있었다. 이 프로그램에서는 매주 1권의 추천도서를 가지고 시민들에게 그 책을 읽어봤는지 물어보곤 했다. 읽은 사람이면 독서를 많이, 그리고 잘 하고 있는 사람처럼 칭찬해주고, 안 읽은 사람들은 독서를 잘 하지 않는 사람으로 평가하곤 했다. 다른 책을 읽고 있어도 해당 추천도서를 읽지 않으면 "이 책, 꼭 읽으세요."라고 강조하던 MC들의 모습을 보면서, 각자의 독서 취향이 있는데도 불구하고 반드시 추천도서

1 베르너 파울슈티히, 『베스트셀러의 진실』, 이임자 역(경인문화사, 1998), 10면.

만을 읽으라고 강요하는 느낌이 들었고, 프로그램에 소개된 책이 열풍을 일으키는 모습을 보면서 썩 좋은 풍경은 아니라는 생각을 한 적이 있다.

또 다른 예로, 서울대 도서관에서 '동서양의 고전 200선'을 뽑아 필독도서로 추천한 후 필독도서 대출현황을 조사해보니 추천도서 중 3권을 빼고는 대부분 대출순위가 낮았다고 한다.[2] 당시 언론에서는 서울대생을 비롯한 대학생들이 독서를 제대로 하지 않는다는 뉘앙스로 보도했다. 도서관의 전체 대출빈도는 낮아지지 않고 필독도서의 순위만 낮았을 뿐인데, 책을 읽지 않는 대학생들이 되어버린 셈이다.

도서관에서도 자료를 선택하는 사회적 기준을 금서와 추천도서로 나눈다고 한다.[3] 도서관 사서들은 해당 도서가 각 기관에 의해 추천, 검증되었다고 생각하기 때문에 먼저 도서관에 비치한다는 것이다.

신기한 것은 조선시대에도 추천도서 목록이 있었다는 점이다. 조선 시대의 추천도서 목록은 당파별로 나누어졌는데, 상대편의 이론이 담긴 책은 배척하고 우리의 이론만이 좋다고 쓰인 책을 위주로 목록을 만들어 생각을 편협하게 만드는 결과를 낳고 말았다.[4]

요즘도 대중교통을 이용하다 보면 유명한 추천도서들이 눈에 많이 들어온다. 모든 사람들이 비슷한 책을 읽고 비슷한 내용의 대화를 나누는 것 같아서 현세대의 독서에 잘못된 영향을 주는 것 같다. 이러한 점을 볼 때 추천도서만을 읽는 독서방식은 잘못하면 생각의 획일화 등을 가져올 수 있다.

2. 추천도서는 어떻게 선정되는가?

앞서 말한 바와 같이 추천도서는 책의 판매부수, 유명인 및 각 유명기관의 추천목록을 모아서 만들어진다.

초등학교 저학년을 대상으로 하는 추천도서 및 독서 실태를 다룬 논문

---

2 권광희, 「대출통계로 본 대학생의 독서경향에 관한 연구」(석사학위논문, 동국대학교, 2002), 45~48면.

3 정현태, 「공공도서관의 지적자유에 관한 연구」(박사학위논문, 연세대학교, 2000), 64면.

4 한송이, 「조선후기 당파별 추천도서에 관한 연구」(석사학위논문, 이화여자대학교, 2010), 120면.

에서는 사서들이 초등학교 저학년에게 추천도서를 위주로 읽게 하는 경향이 나타남을 지적하고 있다.[5] 프랑스의 폴 아자르는 초등학교 저학년들의 추천도서에 필요한 기준을 제시하였다. 그 기준을 요약하면, 예술의 본질을 갖춘 책, 현실적인 책이 아니더라도 아이들의 머릿속에서 즐거움을 줄 수 있는 책, 감수성을 눈 뜨게 하는 책, 용기를 존중하고 놀이의 소중함을 인정하는 책, 지식을 주는 책, 높은 도덕성을 지닌 책이라야 한다는 점이다. 이 6가지 기준을 제시하면서 제목만 보고 책을 고르는 것에 대해서 경계하고 있다.[6]

바람직한 추천도서의 선정기준을 정리하면 다음과 같다. ① 저자나 엮은이의 권위가 뚜렷해야 한다. ② 작품이 쓰인 역사나 배경이 뚜렷해야 한다. ③ 문장구성이 간결하고 학년 수준에 알맞아야 한다. ④ 도서를 용이하게 구입할 수 있어야 한다. ⑤ 교육과정과 맞아야 한다. ⑥ 진리를 탐구하고 상상력과 창의성을 길러줘야 한다. ⑦ 다양한 세계를 경험할 수 있게 해야 한다. ⑧ 비판적 사고를 기를 수 있어야 한다. ⑨ 반국가적인 색채가 없어야 한다. ⑩ 인생의 보편적인 사실을 생생하게 표현해야 한다. ⑪ 자신이 속한 좁은 집단을 넘어서 세상의 보편적인 경험을 하게 해야 한다. ⑫ 다양한 분야의 지식을 습득하게 해야 한다. ⑬ 시대에 맞는 내용과 지식을 가르쳐야 한다.[7] 비록 저학년의 추천도서를 선정하는 방법이지만 다른 각계각층의 사람들을 위한 목록을 작성할 때도 크게 다르지 않을 것이라 생각한다.

3. 추천도서만을 읽게 되면 나타나는 문제점

첫째, 생각과 가치관의 보편화가 생긴다는 점이다. 같은 책을 읽는다고 모든 사람이 똑같은 생각을 하지는 않을 것이다. 그러나 같은 책을 읽고 완전히 다른 생각이 나오기는 힘들다고 본다. 왜냐하면, 같은 책을 읽고 대화를 하다 보면 생각이 조금 다를 수는 있어도 계속 얘기하다 보면 같은 생각과 사고를 가지고 얘기를 하게 되는 경우가 많이 있는 것 같다.

5 강향옥, 「초등학교 저학년 권장도서 선정에 관한 도서연구」(석사학위 논문, 전남대학교, 2001), 54면.
6 송광택, 『좋은 독서가족 만들기31』(도서출판 줄과추, 1998), 41면, 재인용.
7 같은 책, 47~48면.

둘째, 책에서 얻을 수 있는 게 한정적이라는 점이다. 추천도서만을 읽게 되면 책을 고를 때 타인의 의견을 많이 고려하기 때문에 어느 정도 내용이나 그 책에 담긴 뜻을 알고 읽게 된다는 것이다. 그렇게 되면 이미 배경지식이 있는 상태라 자신의 생각이 적어지고 저자가 전달하려는 메시지만을 그대로 받아들이게 된다. 이렇게 되면 자신의 생각보다는 저자의 생각만을 받아들이고 자신이 책을 읽으면서 느낀 점이 줄어들게 되는 좋지 않은 독서습관을 가지게 된다.

셋째, 책을 고를 때 자율성이 박탈된다는 점이다. 대형 서점의 입구에서 책을 구경하다 보면 늘 먼저 눈에 띄는 것은 베스트셀러, 추천도서 진열대이다. 베스트셀러, 추천도서란 푯말을 보게 되면 사람들은 해당 코너와 그 주위의 책을 위주로 읽어보기 때문에 도서의 선택 범위가 좁아지게 된다. 이런 점에서 구매자들은 도서 선택의 자율성을 빼앗기게 된다.

비록 추천도서가 사람들에게 좋은 책을 소개하기 위해 만들어진 것이기는 하지만, 이런 부작용은 오히려 독자들에게 해를 끼친다. 이러한 문제점을 해결하기 위해서는 독서에 대해 올바른 이해와 더불어 책을 올바르게 선택할 수 있도록 도와주는 독서훈련과 도서선택 훈련이 지속적으로 반복되어야 할 것이다.[8]

Ⅲ. 결론

추천도서는 읽어보면 좋은 책일 뿐, 반드시 읽어야 되는 책은 아니라고 생각한다. 추천도서는 말 그대로 추천하는 도서다. 꼭 읽어야 하는 책이면 '필독도서'라는 이름을 쓸 것이다. 사람들은 추천도서를 필독도서와 착각하고 있는 것 같다.

추천도서를 벗어나서 다른 다양한 책들로 눈을 돌려보면 추천도서에 있는 세상과는 다른 또 다른 세상이 우리를 기다리고 있다. 많은 사람들이 읽는다고 꼭 좋은 책이 아니라, 나에게는 즐거움과 지식을 주는 책이 나를 위한 추천도서가 아닐까 싶다.

8 권광희, 앞의 글, 65~66면.

어떠한 평가를 받았는지 제시하기는 곤란하지만, 일단 틀 자체만으로 보자면 〈예시 1〉에 비해 〈예시 3〉이 훨씬 논리적으로 정돈되어 있다는 인상을 받게 된다. 이는 다름 아닌 주제의 명확성 때문이다. 문체가 다소 거칠고 산만하지만, '추천도서'에 대해 막연하게 좋은 책이라고 생각하는 경향이나 무조건 읽어야 된다는 식의 부담에 대해 비판적인 성찰의 기회를 갖게 해준다는 점은 좋은 태도로 칭찬할 만하다.

물론, 좀 더 좋은 리포트가 되기 위해서는 다음의 〈예시 4〉에서처럼 서로의 글쓰기에 대하여 자유롭게 검토하고 의견을 교환하는 시간이 필요하다. 그리고 〈예시 4〉에서 제시한 수업성원들의 다양한 의견과 조언을 참고하여 보다 명확한 주제 잡기를 해보면 어떨까? 중요한 것은 리포트 작성에 필요한 감각과 안목을 키우는 일이라는 점, 잊지 말아야 하겠다!

예시 4

- '추천도서가 과연 좋은 책인가?'라는 글쓴이의 주장을 뒷받침하기 위해 다양한 자료들이 제시되었지만, 제시된 자료들이 소재 범위에서 벗어나지 못하고 본인이 조사한 자료를 설명하는 수준에서 끝나 아쉬운 점이 있어.

- 독서현상에 대한 자료는 논점을 강화하기에 좋은 내용임에도 자신이 제시한 주제의 대상자료를 전혀 근거화시키지 못한 게 아닐까? 글쓴이는 추천도서에 대해 지속적으로 부정적으로 서술하고 있지만, 추천도서가 주는 장단점에 대해서는 객관적인 정보를 전달하지 않고 있어. 자료 제시를 바탕으로 이후의 분석 작업이 이루어진다면 전달력이 있었을 것이야.

- 다양한 예시를 들어 흥미롭기는 하지만, 예시와 주장이 잘 맞물리지 않는 것 같았어. 추천도서 자체를 비판하는 것인지, 아니면 독서 세태를 비판하는 것인지 글의 논점이 모호해 보였거든.

- 대학생인 우리가 보기에 초등학교 저학년의 추천도서에 관한 사례를 가져온 것은 아무래도 거리감이 있겠지? 저학년의 추천도서 선정방식을 단순히 자신의 추측만으로 모든 사람들에게 적용할 수 있는 기준인 것처럼 일반화한 것은 문제야.

- 〈책을 읽읍시다!〉라는 방송사례 역시 호평을 받은 측면이 있음에도 추천도서를 강요한다는 식으로 부정적인 시각에서만 바라봐 객관적 근거가 불충분한 주장을 내세우고 있는 점도 지적하고 싶어.

- 제목이 '추천도서란 과연 좋은 책인가?'인데, 이 글은 추천도서에 관해 부정적으로만 다루고 있어 글의 객관성을 상실했다고 보여. 글의 내용대로라면 '추천도서란 좋은 책인가?'보다는 '추천도서만을 꼭 읽을 필요가 없다'가 오히려 글의 주제로 적합한 것 같아.

- 필독도서와 베스트셀러, 추천도서에 대한 논의를 모호하게 써 내려가서 전체적으로 일관성이 부족해진 것이 무척 아쉬웠어.

- 논지를 전개하는 순서에 대해서도 아쉬움이 컸어. 목차를 보면, II장의 제목이 "추천도서란 과연 좋은 책인가?"이고, 2항은 "추천도서는 어떻게 선정되는가?"인데, 단순히 방향성만을 봐도 그렇고 논점에 비추어 보아도, 순서를 바꿔 추천도서가 어떻게 선정되는지를 먼저 파악하고 그 이후 좋은 책인지 아닌지를 판단하는 게 더 적합하다고 생각되거든.

- 현세대의 독서현상에 착안하여 과거의 추천도서와 현대의 추천도서를 비교한 후에 두 시대의 추천도서 양상이 같다면 이를 추천도서를 읽는 것이 시대를 불문하고 유익하다는 주장의 근거로 활용할 수 있겠지? 반면에 두 시대의 추천도서 양상이 다르다면 과연 추천도서의 선정기준이 명확한 것인지 따져보고, 명확하지 않다면 시대에 따라 가변적인 만큼 추천도서를 반드시 읽어야 하는 좋은 책이라고 볼 수 없다는 근거로 활용할 수 있을 것 같아.

- 내 의견을 덧붙이자면, 세대별 추천도서 양상의 비교를 통해서 좋은 책이란 세대별로 맞춰서 그 세대에게 더 유익한 내용을 전달해주는 가변성을 지닌 게 더 좋은 책인지, 아니면 어떠한 세대가 읽어도 유익한 내용을 전달해주는 절대성을 지닌 게 더 좋은 책인지에 대한 것도 논점을 해결하는 데 근거로 사용될 수 있으리라 생각해.

주제를 선정하는 요건

리포트 작성에서는 주제를 선정하는 요건으로 다음의 세 가지를 강조하고 있다.

첫째, 완결성(完結性)이다. 아무리 좋은 주제라도 이에 대한 공부를 스스로 충분히 진전시켜 한 편의 글로 완성할 수 없다면 그 주제는 적절하지 않은 것이 된다. 고로, 선정한 주제에 대해서 한 편의 설득력 있는 글로 완결할 수 있는지를 타진해보는 것이 필요하다.

둘째, 유익성(有益性)이다. 리포트 작성은 과제 제출에만 의미가 있는 것이 아니라 해당 과제를 통한 학업 성취에도 의미가 있다는 점에서 자신의 지적(知的) 성장을 돕는 유익한 시간이 되어야 한다. 그런 의미에서 해당 주제가 일회적이고 소모적인 신변잡기에서 벗어나 지적 성취감을 얻을 수 있는지를 잘 따져보아야 한다.

그렇다면, 다음의 〈예시〉들은 해당 요건을 충족시키고 있는지 살펴보자. 꼼꼼히 살펴보고, 나라면 어떻게 쓸 수 있을지 아이디어를 내고 의견을 메모해두면 훨씬 더 적극적인 공부가 될 것이다.

예시 5

제목: 학생들이 지각을 하는 이유

Ⅰ. 서론

Ⅱ. 학생들이 지각을 하는 이유
1. 수업시간과 지각의 상관관계
2. 통학거리와 지각의 상관관계
3. 수강과목과 지각의 상관관계

예시 6

제목: 성공적인 다이어트의 비법

Ⅰ. 서론

Ⅱ. 다이어트의 잘못된 상식
1. 칼로리 계산? NO!
2. 땀과 살의 비례?
3. 식욕은 위 크기와 관련 있나?

Ⅲ. 지각하는 학생의 특징
1. 부족한 시간관리
2. 부족한 성적관리
3. 핑계 대는 습관

Ⅳ. 지각에 대한 학년별 인식
1. 새내기의 경우
2. 복학생의 경우
3. 졸업반의 경우

Ⅴ. 결론

4. 특정부위의 살만 뺄 수 있을까?

Ⅲ. 다이어트의 포인트
1. 어떻게 운동할까?
2. 어떻게 먹어야 할까?
3. 어떻게 유지할까?

Ⅳ. 결론

셋째, 참신성(斬新性)이다. 이미 다 알려진 내용이나 시의성이 떨어지는 주제를 단순히 반복하여 서술하는 것은 무의미한 일이 되기 쉽다. 이를 위해서는 남이 이미 해버린 결과물을 그대로 가져오기보다 기존 논의에서 놓치고 있거나 새로운 면모를 부각시킬 만한 부분을 찾아내는 것이 중요하다.

그렇다면, 다음의 〈예시〉들은 해당 요건을 충족시키고 있는지 살펴보자. 이 경우에도 나라면 어떻게 쓸 수 있을지 아이디어를 내고 좀 더 논의를 풍성하게 해줄 지점을 찾아두면 훨씬 더 적극적인 공부가 될 것이다.

예시 7

제목: 세종대왕을 통해 본 리더의 조건

Ⅰ. 서론

Ⅱ. 리더십의 정의

예시 8

제목: 혈액형 성격학에 대하여

Ⅰ. 서론

Ⅱ. 혈액형 성격학의 발생 배경

Ⅲ. 훌륭한 리더의 근본 요소 1. 인격 2. 판단력 3. 직관력 Ⅳ. 리더십 함양을 위해 필요한 것들 Ⅴ. 결론	Ⅲ. 혈액형 성격학이 유행하게 된 이유 1. 심리학적 요인 2. 사회적 요인 Ⅳ. 혈액형 성격학에 대한 올바른 대처 Ⅴ. 결론

1-2 논점을 제대로 잡아야 하는 이유

리포트 작성 시 주제를 거창하게 잡으려는 경향이 있는데, 이는 많은 것을 다루어야 아는 것도 많아 보이고 공부도 많이 했다는 평가를 받을 것이라 생각하기 때문이다. 하지만, 이렇게 다루려는 주제의 범위가 넓어지면 그만큼 자료를 찾는 데 시간과 노력의 투자가 더욱 요구될 뿐만 아니라, 수집된 자료의 방대한 양을 감당할 수 없게 되는 경우도 생기게 마련이다.

무엇보다 글의 핵심이 되는 부분에 집중하기가 힘들어진다. 그러므로 글쓰기의 완성도를 높이기 위해서는 폭이 좁고 깊이가 있는 주제를 압축하여 논의를 심화시키는 쪽이 보다 효율적이다. 이렇게 폭넓은 주제에서 시작하더라도 보다 구체적이고 효율적인 주제로 점차 세분하여 좁혀가는 것을 '논점(論點)'을 분명히 잡는다고 말한다.

예를 들어, 앞서 살핀 〈예시 2〉의 경우에도 논점을 어떻게 잡느냐에 따라 공부의 방향이 다음의 〈예시 9〉나 〈예시 10〉에서와 같이 조금씩은 달라지게 되고, 목차 작성에서도 이러한 사항들이 반영되어 주제의 명확성을 보다 살리는 쪽으로 완성도를 높일 수 있게 된다.

예시 9

Ⅰ. 서론

Ⅱ. 몇 가지 개념 정의
1. 추천도서/권장도서/필독도서
2. 추천도서와 베스트셀러의 관계

Ⅲ. 추천도서 선정에 나타난 문제점
1. 선정기준의 비일관성과 상업성
2. 선정기관의 신뢰성 상실
3. 선정대상의 모호성과 획일성

Ⅳ. 바람직한 문제해결 방안
1. 배타적인 독서태도 견제
2. 주체적인 독서문화의 확산
3. 건강한 출판문화의 토대 형성

Ⅴ. 결론

예시 10

Ⅰ. 서론

Ⅱ. 추천도서의 정의와 선정기준
1. 정의
2. 선정기준

Ⅲ. 추천도서에 편중된 현세대의 독서경향
1. 추천도서 외의 도서는 기피
2. 추천도서만이 좋은 책이라 단정

Ⅳ. 이러한 독서현상의 문제점
1. 가치관의 획일화와 편향성
2. 한정적인 지식의 습득
3. 책 선택의 자율성 박탈

Ⅴ. 결론

논점을 제대로 잡는다는 것

그런데, 주제를 압축하는 것이 효율성을 높인다고 해서 지나치게 폭이 좁은 주제를 선택하면, 이 경우 역시 리포트 작성에 어려움을 줄 수 있다. 예를 들어, 다음과 같은 틀로 작성된 글을 살펴보자.

예시 11

제목: 대학생과 계획적인 삶

Ⅰ. 서론

Ⅱ. 계획의 중요성과 영향력

1. 계획적인 삶을 살았던 벤자민 프랭클린
2. 계획을 중요성을 강조한 브라이언 트레이시

Ⅲ. 훌륭한 계획의 조건

1. 명확한 목표설정의 중요성
2. 플랜B 만들기
3. 마감 기한 설정

Ⅳ. 계획을 실천하기 위한 중요 요소

1. 합리화하지 말 것
2. 기록의 중요성
3. 목표를 달성하겠다는 의지

Ⅴ. 결론

좋은 글이 되기 위해서는 주제가 구체적이어야 하지만, 그렇다고 해서 주제의 범위를 축소시켜 논점을 좁히는 것만이 효율적인 것은 아니다. 지나치게 주제의 폭이 좁으면 세분화된 영역에서 전문적인 지식을 발휘해야 하거나, 혹은 논의의 범주가 지나치게 제한되어 자료 수집과 논지 전개에 큰 부담을 갖게 될 수도 있기 때문이다.

〈예시 11〉의 경우 '대학생과 계획적인 삶'이라는 주제에 대해 진지하게 고민한 흔적이 역력하다. 계획의 중요성을 따지고, 계획의 조건과 계획 실천의 요소 등을 상세하게 제시하고 있기 때문이다. 얼핏 보면 논점을 구체적으로 설정하여 치밀한 논지 전개가 기대되는 점을 칭찬할 만하다.

하지만, 아쉽게도 제시된 세부 항목들이 주제를 보다 구체화하는 것이라 해도 논의가 지나치게 좁아진 게 큰 흠으로 지적된다. 이렇게 논의가 좁아지면 해당되는 내용에 대해 너무 지엽적인 내용을 서술하게 되거나, 반대로 전문적인 세부지식에 의존해야 하는 글쓰기가 될 수 있다. 경우에 따라서는 막상 할 이야기를 마치고 나면 더 이상 논의를 이어갈 재료가 동나버려 리포트의 요구 분량을 채우지 못하게 되는 경우도 발생한다.

그렇다면, 다음의 〈예시 12〉에서처럼 논점을 보강하여 수정하는 것은 어떨까?

예시 12

제목: 대학생에게 필요한 계획적인 삶의 전제와 실천방안

Ⅰ. 서론
1. 벤자민 프랭클린의 영향력
2. 영화 〈플랜맨〉이 던져준 화두

Ⅱ. 계획적인 삶의 기본 전제
1. 객관적인 자기진단 통한 자기성향 확인
2. 커리어 플래닝을 통한 명확한 목표 설정

Ⅲ. 계획적인 삶을 실천하기 위한 제언
1. 효율적인 시간 관리와 마감 기한의 필요성
2. 목표달성의 의지 강화와 기록의 중요성
3. 플랜B 만들기와 자기합리화 탈피

Ⅳ. 결론

〈예시 12〉에서 글쓴이는 '대학생과 계획적인 삶'이라는 주제를 확장하여, 이번 기회에 대학 졸업 후의 인생설계까지를 아우르는 게 어떨지 고민하게 되었다고 한다. 그래서 나온 제목이 〈대학생에게 필요한 계획적인 삶의 전제와 실천방안〉이다.

이에 우리 사회에서는 그동안 별로 주목받지 못했지만, 선진국에서는 오래 전부터 직장인의 자기계발을 위해 반드시 필요한 일로 주목하여 온 '커리어 플래닝(career planning)'에 착안하고 있다. 지금은 능력 본위의 적자생존 경쟁이 치열해지는 21세기를 대비해 무엇보다도 자신의 직업경력을 계획적으로 개발해야 하는 시대다. '커리어 플래닝'이란 이 같은 시대에 직업세계의 현실과 추세, 자신의 능력과 여건을 살펴 자신에게 가장 알맞은 직업경력 개발계획을 짜는 일을 말한다.

개인의 노력에 체계적인 목표를 제시하고 박차를 가하는 것이 이른바 '커리어 플래닝 · 커리어 디자인 · 커리어 브랜딩'으로 대변되는 경력관리 프로그램이다. 짧게는 월별로 길게는 3년 · 5년 · 10년 단위로 현재 본인이 잘 걸어가고 있는지 수시로 점검하고, 올해 세운 목표를 달성하기 위해 지금 당장 어떤 일들을 해야 하는지, 장기 목표를 달성하기 위해서는 어떤 자기계발이 필요한지를 돌아보면서 본인을 회사의 부속품이 아닌 경쟁력 있는 개인으로 만들어가는 것이 이 프로그램의 목적이라고 한다.

그 기본 취지가 앞서 세운 〈예시 11〉의 내용과도 맞물리기 때문에 논의를 실속 있게 채워가는 데 큰 어려움이 없어 보인다. 따라서 원래 쓰고자 했던 내용을 그대로 가져오되, 참고가 될 만한 자료들을 찾아 내용을 보강하면서 말하고자 하는 논점도 명확하게 살릴 수 있게 되었다.

적절한 논점 설정의 기준

그렇다면, 적절한 논점 설정은 어떤 것을 기준으로 삼을 수 있을까? 앞서 제시한 주제 선정의 요건 세 가지에 더하여 다음의 사항들을 기억하자.

먼저, 제출할 리포트의 목적과 분량을 기준으로 삼는다. 이번 과제의 목적이 어디에 있는지를 분명히 하여 그 목적에 부합되는 부분을 주제의 포커스로 삼되, 반드시 제출 분량의 기준을 확인하여 적절한 선에서 조정하는 것이 필요하다.

다음으로, 완성하기까지 시간적 여유가 충분한지를 따져본다. 리포트 작성은 절차에 따라 수행해야 되는 작업들이 단순하지가 않아서 예상보다 시간이 더 걸리게 마련이다. 특히 조사나 통계 작업, 분석 작업 등이 필요한 경우 이 부분을 충분히 수행하고 결과 정리까지 차분히 할 수 있는지를 가늠하는 것이 중요하다.

마지막으로, 자신의 지적(知的) 능력과 여건을 고려하는 것이 무엇보다 중요하다. 리포트 작성이 공부의 과정이기는 하지만, 소화된 지식을 토대로 쓰이는 것을 기준으로 하기에 전혀 모르는 데서부터 리포트 작성을 시작할 수는 없기 때문이다. 확실하게 아는 데서부터 출발하면 지적 의문과 문제 제기가 보다 명료해질 뿐만 아니라, 대상자료를 분석하는 안목이나 논의 전개 방법에 대한 아이디어가 보다 성숙하게 발휘될 수 있을 것이다.

논리적 글쓰기의 구조 만들기

리포트 작성에서 논점 잡기를 중요하게 다루는 이유는 공부한 내용을 수집한 대로 나열한 것만으로는 논리적 글쓰기의 구조를 만들기가 어렵기 때문이다.

일반적으로 논문 형식의 구조가 되려면 다음과 같은 조건을 충족시켜야 한다.

예시 13

(1) 주제에 대한 글쓴이의 (핵심) 주장이 있어야 한다.
(2) 글쓴이의 (핵심) 주장을 입증할 수 있는 자료/정보를 선택해야 한다.
(3) 선택된 자료/정보를 논리적인 순서에 따라 배치해야 한다.

이를 위해 주제 선택의 첫 단계는, 주제에 관련된 여러 가지 자료들을 읽거나 주제의 분석적 검토를 통해 가능한 한 많은 정보를 모으는 것이다. 자료나 지식이 많을수록 설득력 있는 주장을 제기할 수 있는 가능성이 높아진다는 사실에는 이론(異論)의 여지가 없다. 하지만, 주제와 관련해서 이제까지 배우고 공부한 모든 것을 리포트에 활용하기는 어려울 뿐더러, 특정 주제를 다룰 때 지나치게 많은 상이한 관점들을 적용하게 되면 자칫 글의 중심을 잃고 또다시 나열하는 식으로 공부를 하게 된다. 따라서 주제를 다각도에서 검토한 뒤, 그 중 하나의 관점을 선택하여 이를 중심으로 효율적으로 논지를 전개할 것을 권장하고 있다.

다음 단계는, 주제와 관련해서 가능한 한 다양한 질문을 제기해보는 것이다. 특히 '왜', '어떻게'로 시작되는 질문을 브레인 스토밍하듯 메모해가면서 선뜻 대답하기 어려운 지점을 가려내는 작업은 학구열을 자극

하고 적절한 논점을 잡는 데 유익할 수 있다. 이때 질문에 대한 정확한 답을 곧바로 찾으려 하기보다 다양한 관점에서 질문을 검토해보는 것이 중요하다. 그리고 이미 너무 많이 연구되었거나, 중요하지 않은 질문이라면 되도록 피해야 한다. 이러한 주제들은 뻔한 사실이나 설득력 없는 주장을 담은 논점이 되어버리기 쉽기 때문이다.

마지막 단계는, 다루고자 하는 논점이 무엇이며 이러한 논점을 어떻게 다룰 예정인지에 대해 한두 문단 정도로 요약해보는 것이다. 논의과정 요약이란, 단순히 주제를 드러내는 것이 아니라 주제에 대한 구체적인 초점이 무엇인지 독자에게 알려주고 그 주제를 어떻게 발전시켜 나갈 것인가에 대한 입장을 미리 밝히는 것을 말한다. 본격적으로 논의를 전개하기에 앞서, 리포트에서 어떤 내용을 다룰 것이며, 이러한 논의를 통해 어떤 점을 기대할 수 있는지를 간략하게라도 정리해두면 논리적 틀에 따라 설득력 있게 논지를 전개하기가 훨씬 수월해지게 된다.

학술적 글쓰기에서는 서론 부분을 작성할 때 해당 주제에 관심을 갖게 된 동기와 문제의식을 설명하고 앞으로 펼쳐질 논의과정을 한두 문단 정도로 요약하는 방법을 선호하는데, 주제 정하기의 과정에서 논점을 제대로 잡았는가를 확인하는 부분이 되기도 한다. 대개 "이 글에서 고찰하고자 하는 바는~/이 글의 목적은~/이를 위해 ~에 초점을 맞추어/~를 다루고/~에 대하여 논의하게 될 것이다."와 같은 표현을 즐겨 쓰는데, 이에 대해서는 다음 장에서 다루는 '서론' 부분의 작성법에서 보다 상세하게 설명하게 될 것이다.

1-3 제목도 주제 선정에 한 몫 한다

일반적인 글쓰기에서와 마찬가지로 학술적 글쓰기에서도 주제가 결정되면 이에 맞는 제목(title)을 붙여보는 것이 좋다. 주제는 리포트의 중심이 되는 내용을 의미하며, 제목은 그것을 간결하면서도 적절하게 표현한 것이다. 그래서 제목을 보고 어떠한 내용을 논의하게 될 것인지를 가늠하는 것이 가능해야 한다.

주제는 집필 이전 단계에서 미리 정해져야 하지만, 제목은 리포트를 써나가면서 작성하거나 리포트 작성을 완료한 후에 붙일 수도 있다. 어느 경우에건 제목은 주제를 선명히 드러낼 수 있도록 적절한 키워드를 뽑고 명확하게 다듬어주는 것이 필요하다.

예시 14

- 대학생이 지각한 성공한 직업인의 요인과 직업포부 분석
- 대학생의 역량과 구직성과와의 관계에 관한 연구
- 대학 취업 경쟁력 강화와 직업진로지도 방안
- 다양한 독해 전략을 적용한 대학 교양영어에서 협동학습의 효과
- '취업 경쟁력'과 '신입사원 경쟁력' 향상을 위한 커뮤니케이션 전략

필요하다면 부제(subtitle) 활용하기

부제는 제목을 보다 구체적으로 제한하여 주제를 더욱 선명히 나타내주는 구실을 한다. 감상문이나 서평 과제의 경우에는 대상자료를 알려주는 역할도 한다.

예시 15

〈아주 가끔은〉에 나타난 신세대의 가치관에 대하여 – 특히 개성과 저항의 논리를 중심으로 –
대학 작문에서 자기를 소개하는 글쓰기의 현실적 위상과 전망 – 대학생에게 자기성찰의 글쓰기는 어떻게 이루어지는가의 문제 –
한국 드라마와 영화의 중국 내 영향력에 대하여 –「중국에서의 한국 드라마와 영화의 수용 양상」을 읽고 –
해피 엔딩은 과연 해피 포에버일까? – 영화 〈선생 김봉두〉를 보고 느낀 몇 가지 –

연 습

대학생의 학술적 글쓰기에서 주제 선정 및 논점 찾기 연습을 하기란 쉽지 않다. 다음은 '취업난'이라는 출발점으로 만들어진 리포트의 구상 작업이다. 주제 선정 및 논점 잡기를 제대로 하고 있는지 검토해보자. 부족한 부분이 있다면 보충할 수 있는 지점을 찾아 의견을 제시해보자.

(1) 구상의도

내가 대학에 입학한 지도 벌써 햇수로 5년이 흘렀다. 5년 전에 비해 지금의 캠퍼스는 부지런하게도 변해온 것 같고 나와 함께 캠퍼스를 누비던 많은 학우들은 졸업을 했거나 고학번 복학생으로 캠퍼스의 한 부분을 채우고 있다. "군대 가기 전까지 학점은 크게 신경 쓰지 않아도 돼. 남자는 군 전역 후 성적이 더 중요하니까 벌써부터 학점에 크게 연연해하지 마." 신입생 시절 선배가 내게 해준 이야기이다. 당시에는 그럴 법도 했다. 공부는 선배들에게 양보하는 관용을 베풀며 각종 행사와 모임에 빠짐없이 참석하고 새로운 친구를 사귀는 것이 젊은 날의 청춘을 누리는 것이라 여겼기 때문이다.

하지만 내가 들었던 저 말들을 지금의 신입생에게는 해줄 용기가 나지 않는다. 요즘은 '취업'이라는 하나의 단어가 대학사회를 지배하고 있다고 해도 과언이 아니기 때문이다. 전통적으로 대학을 상징하는 젊음과 패기, 열정은 취업에 필요한 토익, 학점, 인턴십, 공모전 등으로 대체되고 있으며 이것들은 1학년에게도 예외일 수 없는 것으로 변해가고 있다.

이처럼 모두가 취업을 외치다 보니 신입생이 대학에 들어오면 갑자기 고민이 많아진다. 낭만으로 가득할 것만 같던 대학사회가 황량하기 그지없는 척박한 공간임을 깨닫게 되는 데는 그리 오랜 시간이 걸리지 않는 것이다. 그래도 경마장의 경주마처럼 오로지 취업이라는 하나의 목표만을 위해 앞만 보며 달리기에는 대학 4년이라는 시간이 어딘가 허전하지 않은가? 이를 위해 본론에서는 취업에 관한 한국 사회의 구조적 문제와 대학생들이 느끼는 취업에 대한 인식, 그간 많은 시행착오를 겪어봤던 나의 대학생활을 통해 체득한 내 나름의 효과적인 대학생활 노하우를 알릴 수 있는 기회를 삼아보고자 한다.

(2) 목차 작성

제목 : 취업난에 대처하는 우리들의 자세

Ⅰ. 서론

Ⅱ. 취업, 그것이 문제로다

1. 대학생들이 느끼는 취업에 대한 현실
2. 취업난, 누구의 문제인가
3. 높은 청년실업난 대책은 없는가

Ⅲ. 대학생활백서

1. 학점의 기술론
   (1) 아는 사람들은 알고 있는 족보
   (2) 자신만의 노트정리
2. 폭넓은 대인관계
3. 나의 가치를 재발견하자

Ⅳ. 결론

참고문헌

보 충

학술적 글쓰기는 기본적으로 논증을 토대로 하는 논리적 글쓰기에 해당된다. 그런 점에서 명제와 논점에 대한 기본 이해가 뒷받침되면 공부의 효율성을 높이고, 보다 명확한 글쓰기가 가능해진다. 다음의 설명을 토대로 논점 잡기에 필요한 기본 개념을 정리해보자.

예시 1

명제(proposition)란

논증이란 아직 명백하진 않은 사실이나 원칙에 대하여 그 진실여부를 증명하는 것으로, 이를 위해 합리적인 근거를 바탕으로 하여 자신의 주장을 설득력 있게 펴나가야 한다. 이때 근거란 논리적 추론의 전제가 되며, 주장은 그 전제를 바탕으로 이끌어내는 결론에 해당한다. 전제와 결론은 다음과 같은 간결한 문장 형식으로 나타낼 수 있다.

① 모든 인간은 평등한 권리를 가진다.
② 여자는 인간이다.
③ 그러므로 여자는 평등한 권리를 가진다.

위의 ①, ②, ③처럼 전제나 결론을 하나의 문장으로 명시한 것을 '명제'라 한다. 명제는 추론의 구성요소가 되며, 이 명제가 타당하게 성립되고 또 명제들 사이에 타당한 관계가 이루어질 때 합리적으로 결론에 도달할 수 있다.

이때, 다음의 A에서처럼 의문문, 명령문, 청유문 형식은 명제를 직접 나타내지 못하므로, B의 경우처럼 서술문의 형식으로 규정하는 것이 필요하다.

A	B
"여자가 남자보다 더 현명합니까?"	① 여자는 남자보다 현명하다. ② 여자는 남자보다 현명하지 않다.
"여러분은 이웃을 사랑하십시오." "우리 서로 이해합시다."	③ 여러분은 이웃을 사랑해야 한다. ④ 우리는 서로 이해해야 한다.

예시 2

논점(issue)이란

단일한 명제 안에도 많은 문제가 내포되어 있다. 예를 들어 "모든 자식은 부모를 공경해야 한다."라는 단일한 명제 안에는 부모–자식 간의 윤리적인 문제는 물론, 시대와 사회에 따른 의식의 변화, 서양과 동양의 차이, "공경"이라는 말의 개념 등 수없이 많은 문제들이 들어 있는 것이다. 따라서 논증으로 들어가기에 앞서 먼저 명제 안에 내포되어 있는 문제들을 찾아내지 않으면 안 된다.

이렇게 찾아낸 문제들이 하나의 명제를 완전히 논증하기에 충분한 것일 때, 그리고 그것들이 명제에 대한 본질적인 문제들일 때, 그것을 '논점'이라 한다.

명제를 논증하기 위해서는 우선 몇 가지의 본질적인 논점들을 찾아내야 하고, 그것을 논증의 목적에 적합하게 열거해야 한다.

예시 3

명제의 분석과 논점의 확정

논점을 찾아내기 위해서는 명제를 분석하는 작업이 필요하다.

논점에는 찬성과 반대, 긍정과 부정, 대립과 충돌 등이 내포되어 있는데, 명제 속에 포함된 그러한 논점들을 발견하는 대로 열거해본다. 그런 다음 이 논점들을 같은 것과 다른 것, 필요한 것과 불필요한 것 등으로 나누어 종횡으로 질서 있게 체계화하는 것이다.

이러한 일련의 작업을 '논점의 확정'이라 하며, 이는 일반적인 글쓰기에서의 개요 작성에 해당하는 과정이라고도 할 수 있다.

예를 들어, "인간다운 삶을 누리기 위한 조건은 자유와 평등이다."라는 명제로 글을 쓴다고 할 때, 논점은 다음과 같이 정리될 수 있다.

① 인간다운 삶을 누리기 위해서는 자유가 보장되어야 한다.
② 한 개인의 사회적인 삶이 정의롭지 못한 세력에 의해 제약받는 일이 생겨서는 안 된다.

③ 한 사회 내에서 개개인이 자유를 누리려면 타협과 양보, 책임의식이 필요하다.
④ 인간다운 삶을 누리기 위해서 필요한 또 하나의 조건은 평등이다.
⑤ 제한된 양의 자원과 가치를 특정한 개인이나 계층이 독점하지 못하도록 사회적인 제약이 가해져야 할 것이다.
⑥ 한 사회 내의 구성원이 공정하게 모든 것을 분배받으려면 사회구조적인 정의가 필요하다.

이것을 다시 구조화하면, 인간다운 삶을 누리기 위한 조건으로 자유와 평등이라는 두 가지 논점을 제시하고 있는 셈이다.

1. 첫 번째 조건: 자유	2. 두 번째 조건: 평등
① 자유가 필요한 까닭 : 개인의 삶이 제약을 받아서는 안 되므로	① 평등이 필요한 까닭 : 사회 구성원 간 공정한 분배가 이루어져야 하므로
② 자유를 확보하기 위한 조건 : 타협과 양보, 책임의식	② 평등을 확보하기 위한 조건 : 사회구조 차원에서의 정의

이렇게 볼 때 1과 2는 큰 논점이 되고, 각각의 ①과 ②는 작은 논점이 된다. 그리고 이렇게 추출된 큰 논점과 작은 논점을 더욱 체계화한다면 한 편의 글을 작성할 수 있는 틀이 만들어지게 될 것이다.

2. 자료 수집

학술적 글쓰기에서는 자신의 논의 작업에 필요한 자료를 신속하고도 명확하게, 무엇보다 충분히 확보하는 것이 중요하다. 어떤 분야의 연구든지 자료가 다양하지 못하고 제대로 갖추어지지 못하면 연구의 결과가 어느 한쪽으로 치우쳐 객관성(客觀性)을 유지할 수 없게 되기 때문에 연구 자료를 최대한 확보하는 것은 리포트를 잘 쓰기 위한 기본적인 요건이 된다.

이때 무턱대고 자료를 찾으려 하기보다는 목적에 따라 자료의 종류를 구분하여 필요한 자료를 구하려는 안목이 필요하다. 학술적 글쓰기에서는 어떠한 논의 작업을 하느냐에 따라 자료의 종류를 대상자료와 참고자료로 세분화하고 있기 때문이다.

2-1 대상자료에 대한 이해

'대상자료(對象資料)'는 '원자료(原資料)' 혹은 '1차 자료'라고도 하는데, 명칭이 어떠하건 분석 작업을 수행하기 위해 필요한 자료들을 통칭하는 것이다. 예를 들어 물리학 분야에서 진행한 실험 결과, 천문학 분야의 천체관측 결과, 고고학 분야의 유적 발굴 조사 작업 등은 해당 학문 분야에서 흔하게 선택하는 중요한 대상자료들이다. 이렇게 대상자료는 학문 분야에 따라 연구 방법이나 연구 내용을 결정할 정도로 중요한 위치를 차지한다.

특히 영화 감상문이나 서평 과제를 하기 위해서는 일차적으로 어떤 영화나 책을 선택할 것인지 고민해야 하는데, 이것을 '대상자료의 선택 작업'이라고 부른다. 예를 들어 〈결혼전야〉라는 영화작품을 대상자료로 선택하여 감상문 과제를 하기로 하였다면 해당 작품의 기본 정보를 수집하고 감상을 메모해두는 등의 후속 작업을 진행할 수 있게 되는데, 이런 작업을 본격화하는 것을 '대상자료의 분석 작업'이라고 부르게 된다.

대상자료의 분석 작업이 중요한 이유

간혹 대상자료와 참고자료를 혼동해 대상자료에 대한 직접적인 분석 작업을 시도하려 하기보다는 참고자료만을 수집하여 다른 학자의 해석에 기대어 논의를 전개하려는 경우가 생긴다. 하지만, 학술적 글쓰기의 본질을 충족시키려면 다른 사람의 연구 결과와 견해만을 수동적으로 인용하는 데 그치지 않고, 자신의 견해를 제시할 수 있는 여지를 최대한 확보하는 것이 중요하다.

예를 들어, 우리나라 기부문화의 특징과 활성화 방안을 탐구하는 리포트를 작성하는 경우를 생각해보자. 〈예시 1〉에서와 같이 여러 개의 통계자료를 대상자료로 선택한 후, 〈예시 2〉나 〈예시 3〉에서와 같이 분석 작업을 행한 후 결과를 얻어낸 것을 토대로 자신의 의견을 개진할 수 있다. 적절하게 선택된 대상자료의 분석 작업을 토대로 자신의 의견을 개진하게 되면, 보다 신뢰할 만한 논지 전개가 가능해지고 설득력도 높아지게 될 것이다.

예시 1 대상자료의 선택 작업

〈자료 1〉

국가별 1인당 연간 기부액 (2006년 기준)

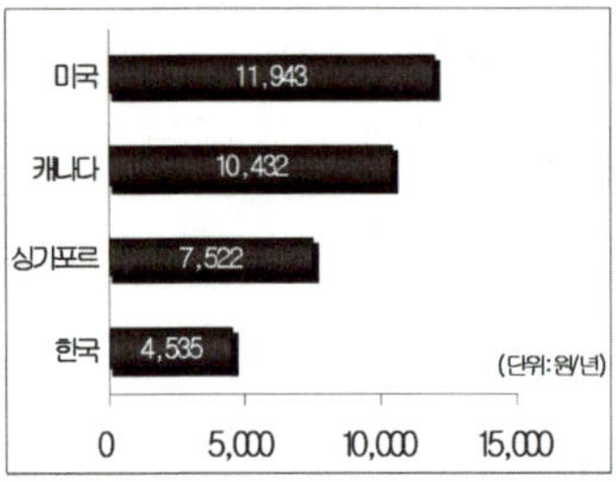

〈자료 2〉

한국인의 시기별 기부액 추이

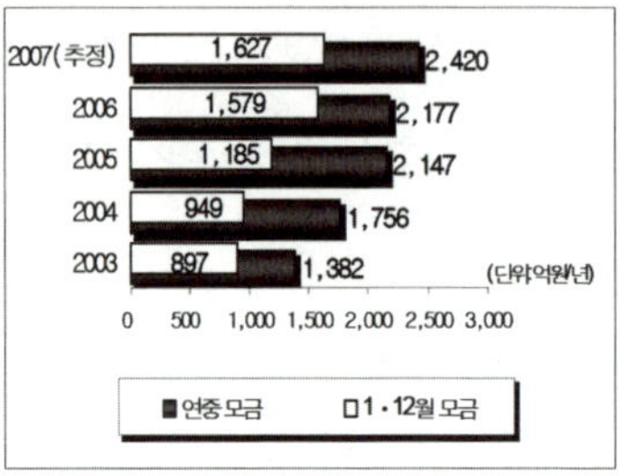

〈자료 3〉

일반 시민이 기부하지 않은 이유

이 유	비중(%)
기부 방법을 잘 모르거나 구체적인 기부 요청을 받지 않아서	33.2
기부를 할 만한 경제적인 여유가 없어서	30.5
돈을 주는 것보다는 자원 봉사를 하는 것이 더 좋아서	26.6
기부를 할 만큼 가치가 있는 대의명분을 발견하기 어려워서	5.3
기부를 요청하는 자선 단체를 믿을 수 없어서	2.6
기타	1.8
합 계	100.0

〈자료 4〉

기부자 집단별 기부동기의 중요도 순위

구 분	A집단	B집단
시민으로서의 도덕적 의무와 책임감	2	3
어렵고 불쌍한 사람들에 대한 동정심	1	2
종교적인 신념과 의무	3	5
사회문제를 해결하는 데 도움이 될 수 있을 것이라는 기대	3	1
어렸을 때 본 가족이나 친지들의 기부 경험	7	6
연말정산 등 기부금에 대한 세제혜택	5	4
사회적 위신과 주위의 시선	6	7

A집단: 나눔운동본부를 통하지 않고 기부한 사람들

B집단: 나눔운동본부를 통해 정기적으로 기부한 사람들

예시 2 **대상자료의 분석 작업(지은탁의 경우)**

우리나라 기부문화의 특징을 살펴보면, 먼저 〈자료 2〉에서 나타난 것처럼 1월과 12월에 집중되어 있다. 일 년 중 절반 이상의 기부가 1월과 12월에 모금되는 것을 알 수 있다.

이는 연말연시 언론 매체의 홍보와 독려 등 기부와 관련된 기회와 환경이 다양해지고 풍부해지기 때문이다. 기부는 '이타심'이라는 인간의 선한 심성에서 시작되는 것이다. 이를 유발하고 계기를 만들어주는 기회가 없다면 자발적인 기부가 이루어지기 힘들 것이다.

날씨가 추운 겨울에 가난하고 배고픈 이웃들에 대한 관심과 베풂의 동기가 더 높아지는 것은 당연하다. 그러나 언론 매체의 홍보 광고나 프로그램, ARS 전화번호 등은 연중 내내 실시할 수 있는 것들이다. 연말 외에 연중에도 기부를 위한 캠페인을 진행하고, 기부를 위한 손쉬운 방법을 제공해주는 것이 필요할 것이다.

예시 3 **대상자료의 분석 작업(공지철의 경우)**

〈자료 1〉에서 〈자료 4〉까지에는 우리나라 기부문화의 특징이 잘 나타나 있다.

먼저 〈자료 1〉을 통해 우리나라의 기부금액이 타국에 비해 현저히 적음을 알 수 있다. 미국이나 캐나다의 절반도 안 되는 액수이다. 〈자료 2〉를 통해서는 우리나라의 기부액이 서서히 증가하고 있음을 알 수 있다. 2003년에 비해 2007년에는 2배 정도 증가했다. 또한 한국인의 기부가 특정시기에 집중되어 있다는 것도 파악할 수 있다. 연중모금액의 절반이 넘는 액수가 1월과 12월의 2개월 동안 모금되었다.

〈자료 3〉과 〈자료 4〉에서는 우리나라 국민의 기부에 대한 의식과 정보가 부족하다는 것을 알 수 있다. 기부 방법을 몰라서 기부하지 못하는 인원이 1/3을 넘을 정도이며, 각 집단에 따라 기부의 동기도 매우 달랐다.

위의 분석 결과에 나타나 있듯이 우리나라는 아직 기부문화가 온전히 정착되지 않았다. 그러나 개인의 이익 추구와 공동체에 대한 배려가 조화되어야 한국 사회의 문제들을 해결할 수 있으므로 기부문화는 활성화되어야 한다.

기부문화를 활성화시키기 위해서는 먼저 기부에 대한 우리나라 국민들의 인식을 바꿔야 한다. 기부는 본래 서구에서 넘어온 문화이기 때문에 우리나라 사람들에게는 아직 낯설고, 이로 인해 왜곡된 시야로 보는 경우가 많다. 그러므로 기부문화에 담겨진 본래의 순수한 의미를 국민들에게 알리고 공동체에 대한 배려의 중요성을 가르친다면 국민들의 의식이 변화하고 참여도가 높아질 것이다.

또한 국민들이 기부에 좀 더 쉽게 접근하고 동기를 부여받기 위해서 법과 제도를 개선하는 것도 필요하다. 우리나라는 아직 기부에 대한 법과 제도가 체계적으로 정리되어 있지 않기 때문에 국민들의 신뢰가 떨어지고 〈자료 3〉에서 드러난 문제들이 생긴다. 따라서 법과 제도를 개선한다면 투명성이 확보되고 체계가 잡히므로 기부문화가 발전할 것이다.

2-2 참고자료에 대한 이해

다음의 〈예시 4〉에서처럼 참고자료(參考資料)는 지식의 충전을 위해 필요한 자료라 할 수 있다.

예시 4

- '인문학의 위기'에 대하여 리포트를 써야 되는데, 아는 것이 정말 없어서 고민이야.
- 고민만 하지 말고 도서관에서 관련 주제로 책을 찾아 읽어보기로 하자. 서로가 찾아서 공부한 것을 이야기해보면 훨씬 수월하겠지?
- (잠시 후 다시 만나서) 뭐 좀 알아본 것 있니? 인문학이 과연 뭐지?
- 인문과학(人文科學, humanities)이라고도 말하는데, 간단히 '인간과 인간의 문화에 관심을 갖는 학문 분야'라고 생각하면 되지 않을까? 예를 들어, 정치 · 경제 · 역사 등 인간과 인류문화에 관한 것을 통틀어 이르는 말이야.

■ 그렇다면, 인간과 인간의 문화에 관심을 갖거나 인간의 가치와 인간만이 지닌 자기표현 능력을 바르게 이해하기 위한 과학적인 연구 방법에 관심을 갖는 학문 분야라고 할 수 있겠구나.

■ 라틴어의 '후마니타스(humanitas)'라는 말에서 유래되었다고 해. 후마니타스는 문자 그대로 해석하면 '인간다움'이라는 뜻으로, 기원전 55년에 키케로가 마련한 웅변가 양성과정에서 처음 사용되었다고 하네.

■ 19세기부터 인문학은 신의 영역과 선을 긋기보다는 오히려 발달하고 있는 자연과학과 구분하기 시작하였다고 해. 오늘날에는 인문과학을 자연과학뿐만 아니라 사회과학과도 구별해야 한다는 주장이 나오고 있어.

■ 아하, 사회과학이 인간 사회의 여러 현상을 과학적 · 체계적으로 연구하는 모든 경험과학(經驗科學)이라는 특징을 부각시키고, 자연과학이 자연현상을 연구대상으로 하는 과학임을 부각시킨다는 점에서 변별될 수 있겠구나. 사회학이나 정치학, 법학 등은 사회과학에 포함되고, 물리학이나 화학, 생물학 등은 자연과학에 포함되는 식으로 말이야.

■ 그렇지. 지금은 익숙해진 구분인데 말이야, 대학의 학부 체계도 제2차 세계대전 이후 개편된 대학의 학제에서는 일반 교양과목을 인문과학, 사회과학, 자연과학으로 나누었는데, 다루는 학문 분야는 각 나라에 따라 다르다고 하더라.

■ 역시 도서관에서 참고자료를 찾아보니 해결되는구나. 이렇게 찾은 자료들은 리포트 제출할 때 참고문헌으로 잘 정리해놓아야 하겠다.

참고자료의 검토 작업을 통해 우리가 주목하는 바는 다른 사람이 어떤 의견을 제시하였으며 어떤 연구 결과를 제출하였는가 하는 부분이다. 학술적 글쓰기에서 인용과 주석의 방법이 필수적이라는 점과 참고문헌이 형식적 요건으로 요구된다는 사실을 앞서 말한 바 있는데, 바로 이러한 참고자료를 활용하여 학술적 글쓰기를 해나가게 되기 때문이다.

참고자료는 '1차 자료'의 분석 작업을 통해 드러난 결과를 해석하여 자신의 의견을 세우는 데 도움을 주는 자료들이라는 의미에서 '2차 자료'라 부르기도 한다. 예를 들어, 영화 감상문 과제를 할 때 대상자료의 분석 작업과 병행하여 〈예시 5〉에서처럼 영화평론가의 의견을 찾아 인용하면서 과제의 내용을 심화하는 것이 가능하다.

예시 5 홍지영 감독의 〈결혼전야〉, 매리지 블루를 겪는 네 커플의 심리에 대하여

트릴레마란 세 가지 문제가 얽혀 문제가 쉽게 해결되지 않는 진퇴양난의 상황을 말한다. 트릴레마는 그리스어로 숫자 3을 가리키는 '트리(tri)'와 '딜레마'의 합성어다. 결혼은 확실히 트릴레마다. '연애–결혼–일' 세 가지를 다 잡는 게 어렵기 때문이다. 서로에게 설레며 육아를 잘할 수 있지만 이때는 싱글 때처럼 회사일에 많은 시간을 내기 힘들고, 가족부양에 대한 부담 때문에 자기가 하고 싶은 일을 선택해서 할 수도 없다. 육아도 자기업무도 다 챙길 수 있지만 일이 너무 많다 보면 연인 때처럼 알콩달콩한 설렘을 유지하기 힘들다. 일도 열심히, 연애 기분도 만끽하면서 살 수 있지만 그러려면 아이를 낳아 키우는 것을 포기해야 한다.

*출처: 박병률, 「영화속 경제: 세 마리 토끼 잡기, 결코 쉬운 일이 아니야」, 『주간경향』 1066호(경향신문사, 2014), 35면.

〈예시 6〉과 〈예시 7〉은 단행본으로 나온 저서에서 참고할 만한 사항을 찾은 경우인데, 앞서 살핀 학위논문과 학술논문 등에서도 참고자료를 찾을 수 있다.

예시 6 **미적 경험의 이론 중 '도취이론'에 대하여**

순수하게 정서적인 미학이론 하나가 실증주의 시대 직후에 나타났을 때 그것은 전혀 예기치 못했던 일이었다. 그것은 폴란드의 심리학자 아브라모브스키가 1898년 "예술이란 무엇인가? Co to jest sztuka?"(Przeglad Filozoficzny, 1989)라는 물음에 극도로 반이성적인 대답을 했을 때 놀랍게 떠오른 것이다. 그는 미적 경험이 "우리가 사과의 문턱에서 멈춰설 때" 생긴다고 추론했다. 그리고 어떤 하나의 현상이 "자신의 두 번째 모습, 직관적인 모습을 우리 앞에 드러내는 것"과 "인간영혼 안에서 미가 탄생되는 것"은 바로 이 때인 것이다. 지성이 움직이는 한 직관이나 미, 미적 경험은 없다는 것이다.

*출처: W. 타타르키비츠, 『미학의 기본개념사』, 손효주 옮김(미술문화, 1999), 401면.

예시 7 **다른 사람의 감정 공감하기**

상대가 자신에게 동조하기를 바라는 사람이라면 적어도 상대의 입장에서 그를 배려할 수 있어야 한다. 자동차 왕 헨리 포드는 "성공의 비결이라는 것이 있다면 그것은 남을 이해하고 자신의 입장과 남의 입장을 동시에 고려하여 사리에 맞게 판단할 수 있는 능력이다."라고 말했다.

남을 설득한다는 것은 곧 그의 마음을 움직인다는 것. 상대의 입장에 서서 상대의 감정에 공감하고 같은 입장이 되는 것이 설득을 위한 기본 태도이다. 사람들은 흔히 상대가 자신의 말에 반발하면 이론적으로 상대를 설득하려고 하지만 실제로 감정적인 이해가 앞서지 않고는 설득의 묘를 찾기가 어렵다.

*출처: 안은표, 『나의 가치를 높여주는 화술』(시아출판, 2001), 49~50면.

참고자료는 다양하고도 충분하게!

리포트의 주제가 설정되고 난 후 뚜렷한 계획 없이 참고자료를 찾아 읽기 시작하면 정보의 홍수더미 속에 파묻혀버리는 난감한 상황이 발생할 수 있다. 참고자료는 다양하고도 충분하게 찾는 것이 필요한데,

보다 효율성을 높이기 위해 참고자료를 찾는 방법을 단계별로 제안하면 다음과 같다.

1단계 작업은 용어나 개념에 대한 정리를 하는 것이다. 문제의 성격을 명확히 파악하기 위해서는 개념 정리가 필수적이다. 리포트의 주제를 명확히 파악하기 위해 용어나 개념 등을 먼저 정리해보자. 용어나 개념에 대한 정의가 명확히 되어 있지 않으면, 효율적인 공부도 어려워지기 때문이다.

또한, 해당 주제에 대한 기본 이해를 돕는 입문서 등은 될 수 있는 대로 먼저 읽어보는 것이 좋다. 개론적 성격을 지닌 참고문헌을 찾아 읽는 것도 해당 영역의 학문을 개괄적으로 이해하고 깊이 있는 공부를 하는 데 큰 도움을 준다. 해당 과목에서 제시한 참고논저 목록을 살펴 관련 있는 저술을 찾아 읽어보자!

2단계 작업은 기존 논의를 검토하는 일이다. 심도 있는 학술적 글쓰기를 제대로 진행하기 위해 기존 논의의 검토 작업이 필수적이다. 자신의 주제와 관련되는 기존의 논의들을 읽어나가며 연구 방법론에 대한 검토, 활용되고 있는 자료의 신뢰성에 대한 검토, 연구 내용의 성과와 그 문제점에 대한 검토 등을 하는 것이 바로 기존 논의의 검토 작업이다.

다른 말로 '연구사(硏究史) 정리'라고도 하는 이러한 작업은 자신의 연구 방향과 목표를 분명하게 설정하기 위해 반드시 필요한 과정이다. 이를 통해 자신이 다루고자 하는 주제에 대하여 그동안 어떠한 연구가 있었고 어떤 성과를 거두었으며 그 연구 경향은 어떠했는가를 이해할 수 있으며, 자기 연구의 방향과 범위를 정할 수 있기 때문이다.

경우에 따라서는 자신의 주제와 논지를 발전시키기 위해 동의하거나 비판하는 입장에서 반드시 검토하여 인용해야 할 참고자료도 있게 된다. 다양하고도 적절한 참고자료의 검토와 인용은 자신의 글을 설득력이 강하고 실증성이 강한 방향으로 일관성 있게 이끌어나가는 데에 매우 중요한 기능을 한다는 점을 기억하자!

3단계 작업은 도서관에서 효율적으로 자료를 찾아보는 일이다. 주제와 관계있는 단행본은 물론이고 관련 학술지를 상세하게 조사하되, 특히 최근에 발표된 논문에 대하여 깊은 관심을 가지고 조사해야 한다. 자신의 글 후미에 첨부된 참고문헌의 목록만 훑어보아도 어느 정도로 주제에 대한 공부를 하였으며, 얼마나 노력했는지 알 수 있다.

이를 위해서는 도서관 이용법을 제대로 알고 활용해야 한다. 요즘 대부분의 도서관은 소장 자료를 전산화하고 있으므로 주제와 관련된 자료를 검색하는 일은 간단한 편이다. 자신에게 꼭 필요한 자료를 찾기 위해 도서관에 소장된 자료에 국한하지 않고 폭넓게 자료 찾기 작업을 수행할 수 있도록 훈련을 해보자!

2-3 효율적으로 자료를 정리하는 노하우

자료 찾기의 윤곽이 어느 정도 잡혔다면 적절한 자료를 선택하여 꼼꼼하게 읽고 정리하는 작업이 이어져야 한다. 이때, 리포트를 쓸 때마다 이미 읽었던 자료를 다시 찾아야 한다면 시간 낭비도 심하고 체계적인 리포트 작성에도 방해를 받게 마련이다. 따라서 학술적 글쓰기를 체계적으로 훈련하기 위해서는 자료의 정리를 보다 효율적으로 할 수 있는 방법이 필요하다.

이러한 맥락에서 자료에 대한 정보를 정확하게 파악하고 기록해두기 위해 보편적으로 권장하는 방법이 있다. 바로 '자료카드 작성법'으로, 일정한 크기의 독서카드를 이용하여 주제와 관련된 자료를 조사하고 정리하여 보관해두는 것을 말한다.

예시 8

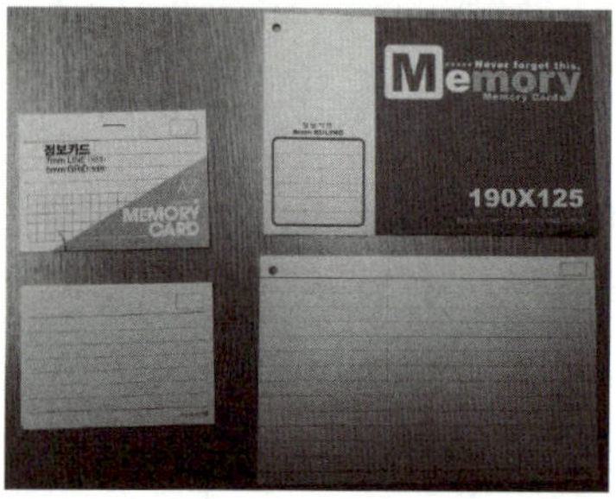

〈예시 8〉과 같은 종이카드를 이용하여 작성하는 과정이 다소 번거롭다면, 컴퓨터에서 작성하는 식으로 융통성 있게 조정하는 것도 가능하다. 어느 쪽을 선택하건 자신이 읽고 공부한 자료를 체계적으로 정리해두면 대학시절 내내 유용하게 활용할 수 있다.

자료카드는 참고자료의 서지사항(書誌事項)을 기록해두는 '서지카드'와 필요한 내용을 정리하여 기록해두는 '내용카드'로 구성된다. 자료카드의 효율성을 극대화시키려면 아래 사항에 귀 기울이되, 자신의 스타일에 맞게 조정할 수 있다.

서지카드 작성법

'서지카드'는 참고자료에 대한 서지사항을 기록하기 위한 카드로, 보통 작은 사이즈의 색인카드를 이용한다. 서지사항을 정확하게 기록해두면 주석을 달거나 참고문헌을 작성할 때 요긴하게 쓰인다. 이때 일련번호를 매겨두면 내용카드에 서지사항을 반복적으로 적어야 하는 불편함을 덜 수 있고, 자신이 읽은 책의 양적 확인도 겸할 수 있게 된다.

이 카드에는 나중에 참고문헌을 정리하는 데 필요한 모든 정보를 기록해야 한다. 저서의 경우에는 저자명 · 책의 제목 · 출판사 · 출판 연도 등을 정확하게 확인하여 적고, 연구논문의 경우에는 필자명 · 논문의 제목 · 논문이 수록된 학술지의 제목과 권호사항, 발행처와 발행 연도까지 빠짐없이 적어두어야 한다.

예시 9

(일련 번호)	☞	(51)	(52)
저자명	☞	중앙일보 어문연구소	진중권
책제목	☞	『한국어가 있다』	『미학 오디세이』
출판사항	☞	커뮤니케이션북스, 2006.	휴머니스트, 1994.

예시 10

(일련 번호)	☞	(53)
필자명	☞	권준범
논문제목	☞	「찰흙공예(도자기)지도의 이론적 접근」
간행물제목/권호수	☞	『사향미술교육논총』 3권
발행사항	☞	한국미술교과교육학회, 1995.

내용카드 작성법

'내용카드'는 자신의 연구와 관련되는 자료의 내용을 직접인용하거나 요약하여 정리해두는 카드다. 특히 다른 사람이 소장하고 있는 자료를 빌려 보는 경우, 자신이 필요로 하는 내용을 완벽하게 기록해두는 것이 좋다. 한 번 작성한 내용카드는 한 번만 사용하는 것이 아니라 계속 참고하게 되므로 알아보기 쉽고 명확하게 작성해야 한다.

기본적인 작성법을 정리하면 다음과 같다.

첫째, 내용카드에 기록하는 정보는 필요하다고 생각되는 내용은 무엇이든지 기록하되, 다음과 같은 방법에 따라 기록의 일관성을 지키는 것이 좋다. 내용카드에 필요한 내용을 효율적으로 기록해두지 못하면, 같은 자료를 두세 번씩 찾고 조사하는 번거로운 일이 생길 수 있다.

예시 11

① 직접인용의 방식: 충실하게 원문을 그대로 옮겨 놓되, 반드시 따옴표(" ")를 사용하여 원문을 그대로 옮겨놓았음을 표시해두어야 나중에 직접인용의 방식을 적용하여 쓸 수 있게 된다.
② 요약의 방식: 원문에서 요점만을 간추려서 기록한다.
③ 내용풀이(paraphrase)의 방식: 원문의 내용을 다른 말로 풀어서 기록한다.
④ 복합적인 방식: 직접인용과 요약, 또는 직접인용과 내용풀이를 함께 적용하여 기록한다.

둘째, 내용카드는 하나의 카드에 한 가지 사항에 대한 것만을 정리하되, 가급적 앞면만을 사용하는 것이 좋다. 뒷면에 기록한 내용은 눈에 잘 띄지 않아서 정리할 때에 빠뜨리기 쉽기 때문이다. 내용이 길어져서 한 장의 카드에 전부 기록하기 어려울 경우에는, 내용카드에 일련번호를 붙여 쓰면 된다. 조사 내용이 서로 연관되는 것들을 내용 카드에 정리할 경우에는 동일한 표제어(標題語)를 달아 분류해두는 것도 효율적이다.

셋째, 가장 주의해야 할 것은 서지사항을 정확하게 기록하는 일이다. 서지카드에서와 다르게 내용카드에서는 내용을 정리한 부분이 몇 면에 있는지까지를 정확히 표시해두어야 주석 작업을 효율적으로 마무리할 수 있다. 이때, 서지카드의 일련번호를 내용카드의 오른쪽 상단에 써 넣으면, 매번 서지사항을 반복적으로 적어야 하는 번거로움을 줄일 수 있다.

예시 12

서지카드의 일련번호	(52)
표제 달기	'바실리카'라는 말의 의미
내용 정리	"기독교가 로마의 국교가 되어 어두운 지하 묘굴에서 나왔을 때 예배를 드릴 새로운 장소가 필요했다. 그리스의 경우 신전 한복판에 거대한 신상이 모셔져 있고 의식은 밖에서 행해졌지만, 신상이 되기를 거부한 야훼는 다른 건축 양식을 요구했다. 이때 사람들은 로마 공회당 '바실리카'의 형태를 빌려 최초의 성당을 짓게 되는데, 이는 뒷날 서유럽의 성당 건축의 바탕이 된다. 지금 바실리카 양식으로 지은 최초의 성당 가운데 남아 있는 건 하나도 없고, 단지 그림으로만 그 면모를 짐작할 수 있을 뿐이다."
인용면수	pp. 142~143.

넷째, 참고자료를 읽고 난 소감이나 참고자료의 내용에 대한 평가 등은 내용카드의 마지막 부분에 따로 정리를 해두는 것이 좋다. 해당 자료를 인용하면서 리포트 작업을 수행할 때, 참고자료의 내용에 해당되는 것인지 아니면 그 글을 읽은 자신의 소감인지를 구분해놓아야 나중에 내용카드를 인용하며 리포트 작업을 수행하는 것이 수월해지기 때문이다.

예시 13

서지카드의 일련번호	(51)
표제 달기	**잘못 쓰기 쉬운 우리말 표현 정리**
내용 정리	• 허섭스레기: '좋은 것이 빠지고 난 뒤에 남은 허름한 물건'이란 순 우리말로, '허접쓰레기'는 잘못된 말이다. • 허접스럽다: '허름하고 잡스러운 느낌이 들다'라는 의미로, '허섭스럽다'로 쓰기 쉬운데 역시 잘못된 말! • 허접: '도망친 죄수나 노비 등을 숨겨 묵게 하던 일'을 뜻하는 명사.
인용면수	125면
보충메모	*밑줄 친 부분에 대한 보충설명: 인터넷 검색 결과, 예전에는 '허섭스레기'만 인정했는데 많은 사람들이 '허접쓰레기'를 쓰다 보니 지난 2011년 국립국어원에서 복수표준어로 지정하여 지금은 함께 쓰고 있다고 함. 2017년에는 '허접하다'라는 표현도 '허접스럽다'와 함께 복수표준어로 인정되었다고 하니, 참고!

한 장으로 만드는 일원화 방식

앞서 소개한 자료카드 작성법이 서지카드와 내용카드를 이원화하여 작성하는 방식이라면, 한 장의 자료카드에 서지사항까지 정리해서 넣는 일원화 방식도 가능하다. 서지카드를 따로 만들지 않은 경우에는 내용카드의 마지막 부분에 출처에 해당되는 서지사항을 정확히 기록해두어야 한다. 인용 작업과 주석 작업을 아울러 해결하려면 서지사항을 정확히 기록해두는 것이 필요하기 때문이다.

예시 14

표제 달기	**특수 교육의 필요성**
내용 정리	"장애 아동이 직면하고 있는 문제를 해결하기 위해서 우리 사회의 인식을 바르게 하고, 장애아와 그 부모가 자신의 문제가 무엇인지 바르게 알아야 한다. 특히, 사고 능력이 부족한 발달지체 아동의 대변자는 부모라는 것을 자각하고 자녀의 권리 주창자로서 이들의 문제 해결에 함께 해야 할 것이다. 모든 아이들이 사회 일원이 되어 생활하기를 원한다면 장애의 정도에 따른 특수 교육이 필요하다. 시각장애, 청각장애, 정신지체, 지체장애, 정서장애, 언어장애, 학습장애, 기타 교육부령이 정하는 장애인이 특수 교육의 대상자이다."
출처	이용교, 『복지공동체 만들기』(광주대학교 출판부, 2000), pp. 92~93.

예시 15

표제 달기	칭찬의 힘에 대하여
내용 정리	"항상 염두에 두어야 할 것이 있어요. 어떤 행동에 대해서 주의를 기울일수록 그 행동이 계속 반복된다는 사실입니다. 저희는 그 사실을 범고래들에게 배웠죠. 범고래들도 잘못한 일 대신에 잘한 일에 관심을 가져주면 올바른 행동을 더 많이 하게 됩니다. 하지만 단순히 범고래들이 쇼를 잘하도록 하기 위해서 긍정적인 면을 강조하는 것은 아닙니다. 그렇게 하는 것은 그것이 옳은 일이기 때문이죠. 저희는 범고래들을 개별적으로 대합니다. 범고래들 모두 발전하고 일을 성취할 수 있는 무한한 가능성을 가지고 있기 때문입니다. 또한 우리를 친구로 받아들일 수 있는 모든 노력을 기울이죠. 일단 우정이 형성되면 범고래와 우리 사이에 얼마만큼 신뢰가 쌓였는지를 알아내기 위해 노력합니다. 그렇게 하기 위해서 우선 범고래의 행동 양식을 연구하고 그에 맞게 범고래들이 힘들이지 않고도 쉽게 배울 수 있는 훈련을 시킵니다. 그때 훈련은 일종의 게임과 같은 것이죠."
출처	켄 블랜차드 외, 『칭찬은 고래도 춤추게 한다』, 조천제 옮김(21세기북스, 2003), pp.37~38.
소감메모	*소감: 나 자신에 대해서 매우 부정적일 때가 많다. 자만하지 않을 정도로 스스로에게 칭찬을 하는 것이 나에게 큰 도움이 될 것이라고 생각한다. 주변 사람들에게도 잘한 일에 관심을 가져주고 그것을 칭찬하는 것이 큰 힘이 된다는 것을 알게 되었다.

연 습

다음은 자료 검색 연습과정을 정리한 것이다. 〈예시〉들을 살펴보고, 각자 자료 찾기 연습에 도전해보자.

예시 1

우리들은 주어진 5개의 키워드 중 '스펙' 과 '외모 지상주의'를 골랐다. 주제토의를 하면서 외모도 하나의 스펙이며 외모 지상주의로 연결되는 실마리가 되지 않을까 하는 의견이 있었는데, 이에 외모가 직무적성 등에 영향을 미치는지가 궁금해졌다. 자료 검색을 해보니, 학술저널과 학위논문에서 다수의 논의들이 이루어지고 있었다.

그 중 하나를 선택하여 간략히 살펴보았는데, 이 논의에서는 외모가 취직에서도 하나의 고려요소가 될 수 있으며 이를 극복하기 위해 사람들이 외모 지상주의에 시달리는 과정을 설명해주고 있다.

자료카드를 만든 결과는 다음과 같다.

⊙ 외모도 스펙이라고 생각하는 세상

뚱뚱하고 키가 작은 여성 또는 남성이 무시당하는 경우는 종종 일어나는 일이며, 체형이 뚱뚱한 사람들은 자기관리를 하지 못하거나 의지박약이 원인이라고 비난받기도 한다. 그렇기 때문에 취직면접에서도 자기 관리를 잘하며 활동적이고 적극적인 인재를 채용하기 위해 뚱뚱한 사람보다는 날씬하고 몸매가 좋은, 소위 '몸짱', '얼짱'이 유리하다고 말하는 것이다. 다른 경쟁자들과 비슷한 학력과 경력임에도 불구하고 면접 시 훤칠한 외모가 아니기 때문에 취직에 실패하게 된다고 생각하여, 이를 극복하기 위해 자신의 외모에 대한 콤플렉스를 해소하고 자신감 넘치는 이미지를 추구하려는 인식이 확산되고 있다.

*출처: 김영현, 「외모도 스펙이다? 얼짱, 몸짱을 권하는 세상」, 『열린 전북』 12호(열린 전북, 2010), pp. 44~47.

예시 2

이번 자료 찾기 연습에서 나는 가장 큰 관심사였던 '다이어트'를 선택하였다. 처음에 '다이어트'라는 키워드를 검색했더니 무려 36000여 개의 자료목록이 제시되었다. 이에 '대학생'이라는 키워드를 선택해서 결과 내 재검색 과정을 거쳤고 454개까지 자료들이 걸러졌다.

과거 발레를 했던 경험이 있어서 「무용전공 대학생의 다이어트 실천정도가 효과 및 자기효능감에 미치는 영향」이라는 학위논문을 선택하여 살펴보았다.

자료카드를 만든 결과는 다음과 같다.

⊙ 무용 전공자들의 체중 관리

신체를 중요 수단으로 사용하고 있는 패션 모델, 가수, 전문무용수 및 운동선수들은 체중관리에 대한 관심과 그에 따른 스트레스가 일반인에 비해 높게 나타나며, 다양한 방법을 통해 체중관리를 해온 것으로 나타나고 있다. 무용을 전공하는 여학생들의 체중 조절 관심도는 점점 더 높아져가고 있다. 무용과 다이어트의 관계를 조사한 결과 대다수의 무용전공자들이 춤추기에 적당한 체중을 유지하기 위한 체중감량의 압박 때문에 상당한 스트레스를 받고 있다고 보도하고 있다.

*출처: 한준희, 「무용전공 대학생의 다이어트 실천정도가 효과 및 자기효능감에 미치는 영향」(석사학위논문, 단국대학교, 2006), pp. 13~14.

3. 목차 구상

일반적인 글쓰기의 절차에서와 마찬가지로 학술적 글쓰기의 작성에서도 가능하면 상세한 틀을 짜도록 권장하고 있다. 우리가 흔히 구상개요(構想槪要) 작성 혹은 아우트라인(outline) 작업이라고 하는 것을 학술적 글쓰기에서는 목차 작성 작업이라고 칭하고 있다.

다만, 구상개요에 따라 작성되었더라도 일단 글이 완성되면 이러한 개요 부분을 가능한 한 제시하지 않음을 원칙으로 삼는 일반적인 글쓰기와는 다르게, 학술적 글쓰기에서는 분량이 많을수록 목차를 통해 글의 상세한 개요를 정리하도록 하고 있다.

목차 작성이 필요한 이유는 다음과 같다.

첫째, 글을 쓰는 입장에서 목차 작성은 글쓴이의 생각을 정리해서 도식화하는 것이므로 전체 글쓰기를 용이하게 해준다는 점이다. 특히 리포트나 논문의 경우에는 글쓴이의 논지가 뚜렷하게 드러나야 하므로, 완성된 목차의 항목들이 글쓰기의 중요한 길잡이 구실을 한다. 목차 작성은 논리적이고 효과적인 한 편의 글이 되도록 고민하는 작업이 된다는 점에서 논리적이고 설득력 있게 사고하고 표현하는 훌륭한 연습이 되기도 한다.

둘째, 읽는 이의 입장에서 목차의 제시는 주제에 대한 서술의 방향을 제시해줌으로써 글에 대한 이해와 정보를 줄 수 있다는 점이다. 글의 제목만 보고 읽어나가는 것보다 목차에 제시된 개요를 참고하여 읽는 것이 내용을 파악하고 기억하는 데 더 큰 도움을 준다고 한다. 특히, 분량이 많은 리포트나 논문의 경우에는 그 내용을 세세하게 기억하기가 쉽지 않은 상황이므로, 목차 부분은 글의 요점을 정리하고 파악하는 데 큰 도움을 받을 수 있다.

3-1 구상하기의 단계별 작업

글쓰기에 숙달된 사람이라 하더라도 집필 단계에 들어가기 이전 구체적으로 상세한 구상을 해야 하고, 이러한 구상 작업이 익숙해질 때까지는 반드시 종이 위에 여러 번 작성해보아야 한다. 그리고 한 편의 글이 완성된 뒤에는 과연 구상에 맞게 글을 잘 펼쳐나갔는지를 검토해보는 것이 필요하다. 이런 과정을 거쳐야만 머릿속으로 한 구상만으로도 짜임새 있는 한 편의 글을 완성할 수 있게 될 것이다.

이는 마치 집 잘 짓는 목수일수록 무작정 집을 짓기보다는 완성될 집의 모양과 내부 구조 등에 대하여 꼼꼼히 가늠하여 가능한 한 치밀하게 계획하여 완성도를 따져보는 설계 작업에 충실한 것과도 같다. 논의 전개의 일정한 단위별로 해당 부분에서 '무엇'을 다루며, '어떻게' 다룰 것인지에 대하여 구상하는 것은 논지(論旨)가 다른 곳으로 이탈하는 것을 막아 글쓰기의 효율성을 높여주기 때문이다.

◆기본적 수준의 구상 작업

제대로 구상하기 위해 기본적 수준에서는 다음과 같은 것들을 유념한다.

첫째, 쓸거리의 범위를 제한하고 주제와 제목을 정한다. 보다 효율적인 글쓰기가 되려면 주어진 쓸거리의 범위를 제한할 필요가 있고,

과연 무엇을 쓸 것인가 그 방향에 대한 여러 가지 가능성을 생각해보는 것이 필요하다. 글쓰기의 방향이 정해졌다면 이에 대한 자신의 생각을 보다 구체화시켜 주제와 제목을 끌어내는 것이 글쓰기의 계획 작업이다.

둘째, 주제와 관련된 구체적인 생각들을 가능한 한 여러 가지로 끌어낸 후 논점을 제한한다. 이때 이끌어져나온 여러 가지 생각들은 모두가 주제를 살릴 수 있는 것들이다. 그러나 글의 분량이나 글쓴이 자신의 능력, 무엇보다 글쓴이의 관심 포인트를 고려하여 중심이 되는 한 가지로 제한하는 것이 바람직하다. 이 단계에서 주제를 구체화하기 위해 이와 관련된 가능한 생각이나 사례 등을 끌어모으는 일은 구상개요를 작성하기 위한 기초재료가 된다.

셋째, 글의 기본적 골격에 따라 틀을 잡는다. 구상개요를 작성하는 것은 한 편의 글이라면 마땅히 갖추어야 하는 구성의 기본적인 골격을 토대로 이루어진다. 곧, 글을 시작하는 도입부, 주제에 대한 본격적인 논의를 펼치는 중심부, 글을 마무리하여 끝맺음을 하는 종결부에 맞게 구체적인 내용을 정하고 순서를 정돈하면 될 것이다.

대개는 '서론 · 본론 · 결론'과 같은 3단 구성이나 '도입 · 전개 · 전환 · 정리'의 4단 구성, '문제를 제기하고 전개하고 정리하는 내용'을 적절하게 나눠 하는 방식 등을 선호한다. 이러한 구성들은 명쾌하고 체계적으로 논리를 전개해야 하는 학술적 글쓰기에 많이 쓰인다. 지정된 설계도대로 따라가는 것이라 단조롭게 느껴지기도 하지만, 자신의 주장을 명확하게 펼칠 수 있는 무난한 구성들이기 때문이다.

본격적 수준의 구상 작업

글의 분량이 많아지고 주제가 보다 심화되면 구상개요의 작성은 보다 더 긴요하고도 필수적인 작업이 된다. 앞서의 작업을 연결시켜 본격적인 구상개요를 작성하는 방법을 정리하면 다음과 같다.

첫째, 논점을 정리하는 것이 필요하다. 주제와 관련하여 생각해야 할 사항들에 대해 보다 범위를 넓히되, 깊이 있게 다양한 의문을 제기하는 것이 필요하다. 그와 동시에 자신의 생각을 정리하고 가다듬는 것도 필요한데, 이 과정에서 글쓴이는 주제를 나타내기 위한 논점을 몇 가지로 선택하여 제한하게 된다.

물론, 이렇게 정리한다고 해서 곧바로 글을 쓸 수 있는 것은 아니다. 주제를 중심으로 생각을 가다듬고 필요한 자료를 보충하거나, 그와 반대로 불필요한 것들을 제거하면서 글을 쓰기 위한 준비는 보다 탄탄해지게 된다. 이 단계에서는 특히나 내용의 논리적 연관성에 중점을 두어 설득력 있고 타당한 논의를 펼치는 데 신경을 써야 한다.

둘째, 논점에 따라 구체적인 항목을 설정하여 글쓰기를 구체적으로 만들어야 한다. 각 논점마다 내용을 어떻게 할 것인지 생각해보고 이를 간단한 명제 형식으로 정리해두면 보다 효율적이다.

이때 논점의 규모가 커서 이를 두세 가지로 나눠서 이야기하는 게 적절하다고 생각되면 그에 관한 항목들을 간단한 소표제들로 메모해두는 것이 필요하다. 각각에 해당되는 내용은 항목에 따라 분류해둔다. 구상개요에 동원되는 하나의 항목은 실제 완성되는 글쓰기에서는 최소한 두 문단 이상의 분량을 쓸 수 있는 중심 생각이 되어야 한다는 점을 명심하자!

셋째, 배열의 순서를 검토한다. 최종적으로 글의 완성도나 효과 등을 생각하면서 배열의 순서를 검토하되, 글의 분량이나 글쓴이의 능력 등을 충분히 고려하여 완성도를 높일 수 있게 구상개요를 정리하는 것이 필요하다.

'완성도'는 목차 작성의 전제라고 할 수 있으므로, 주제를 확산시키기보다는 논점을 심화시키는 방향을 선택하는 것이 유익하다. 자칫 논의가 방대해지거나 구색에 불과한 항목 등을 설정하여 글의 계획이라 할 구상개요와 완성된 글의 내용 사이에 괴리가 있어서는 안 되기 때문이다.

3-2 목차 작성의 규칙

학술적 글쓰기에서는 목차 작성의 규칙에 따라 목차의 형식을 정확히 지켜주는 것이 필요하다. 학술적 글쓰기에서 목차 작성은 글을 읽는 독자의 입장에서도 읽기의 효율성을 극대화시키기 위해 필요한 부분이기 때문이다. 학술적 글쓰기에서는 목차 작성을 위해 표제 설정과 부호 사용의 측면에서 세부적인 규칙을 제시하고 있다.

목차는 자신의 글 전체를 한눈에 확인할 수 있게 하는 것으로 논의과 정별로 어떠한 내용이 어떠한 순서로 이루어지는지를 일목요연하게 파악할 수 있어야 한다. 이를 위해서는 논의 내용의 순서에 맞게 장(章)과 절(節)의 구분이 명확히 드러나게 작성할 수 있어야 한다. 예를 들면, 〈예시 1〉의 논점들도 〈예시 2〉에서와 같이 논의 내용을 압축해주는 것이 필요하고, 목차 작성에 필요한 규칙들을 적용해주는 것이 필요하다.

예시 1	예시 2
■ 세대별로 연애방식이나 특징을 살펴보면 어떨까?	Ⅰ. 서론
■ 구세대의 경우 두 가지 특징을 주목하자.	Ⅱ. 구세대의 연애성향 분석
• 배우자 선택에서 부모님과 의견 차이가 있을 때 부모님의 의견을 따르는 편이다.	1. '마마보이'식 연애
• 애정표현방식에서도 남의 시선을 지나치게 의식하는 경향이 있다.	2. '2% 부족한' 애정표현방식
■ 신세대의 경우에도 특징을 주목해보자.	Ⅲ. 신세대의 연애성향 분석
• 다른 사람의 의견을 따르려고 하지 않고, 나의 주관을 중시하는 편이다.	1. 'My-self'식 연애
• 스킨십도 좋지만, 내가 보기에 애정표현방식에서 정도를 지나칠 때가 많은 것 같다.	2. '2% 넘치는' 애정표현방식
■ 세대별로 이렇게 차이 나는 이유는 무엇 때문일까? 배경을 주목해보면 어떨까 고민하자.	Ⅳ. 세대별 연애성향의 배경
• 아마도 전통적인 가치관이나 유교사회의 영향이 컸을 듯!	1. 사고방식의 측면
• 매체의 발달이 연애관에도 영향을 미치지는 않았을지 살펴보아야 할 듯!	2. 사회 분위기의 측면
■ 이제 리포트의 내용을 정리하면서 글을 마무리하도록 하자.	Ⅴ. 결론

표제 설정과 관련된 규칙

표제란 서론에서 결론에 이르기까지 해당 부분마다 다루어지는 논의 내용을 압축해 보여주는 소제목들을 일컫는 것이다. 한 편의 글에 제목이 있어 그 글의 내용을 암시해주는 것처럼, 목차 부분에서는 다양한 표제들을 통해 해당 부분의 내용을 짐작하거나 논의의 방향을 알 수 있게 된다.

목차 작성에서 표제를 만들 때 유념해야 할 몇 가지 원칙을 소개하면 다음과 같다.

예시 3

(1) 논의 내용을 알려주는 키워드(핵심어)를 내세우는 항목식 표제어를 간결하게 단다. 항목식 표제어는 내용 전개의 순서뿐만 아니라 크고 작은 논점들 간의 유기적인 관계를 나타낼 수 있도록 구체적이어야 한다.
(2) '본론'이라는 말 자체를 항목의 표제로 삼지는 않는다. 본론은 몇 개의 장으로 나뉘고, 각 장의 중심 내용이 표제로 나오게 된다.
(3) 본론을 제외한 나머지 부분에는 '서론/결론, 서언/결언, 들어가며/나오며, 문제 제기/논의의 전망' 등과 같은 커플 표제어를 사용할 수 있다.
(4) 간혹 목차에는 표제 작성을 하였는데 본문에서는 이런 표제를 생략하거나, 본문 부분을 아예 챕터 구분 없이 연속하여 글을 쓰는 실수를 하기도 한다. 학술적 글쓰기의 형식에 따라 목차를 작성하였다면, 글의 본문에서도 목차에서와 동일하게 각 장과 절의 부호와 표제들을 정확하게 제시해주어야 한다.

부호 사용과 관련된 규칙

목차 작성에서 부호 사용이란, 표제들을 제시하기 위해 일정한 숫자나 문자를 동원하는 것을 말한다. 부호 사용의 규칙에서도 유념해야 할 몇 가지 사항이 있다.

예시 4

(1) 논점의 크기에 따라 정해진 부호를 써야 한다. 이때의 부호별 크기가 바로 논점의 관계를 알려주는 중요한 지표가 된다.
(2) 부호가 작아질수록 들여쓰기를 한다.
(3) 한 항목만 있을 때는 부호를 붙이지 않고, : 표시를 이용하여 부제로 처리한다.
(4) 본문 외의 부분(참고문헌이나 부록 등)에는 부호를 붙이지 않는다.
(5) 학술적 글쓰기의 목차 작성에서 동원되는 부호의 종류는 다양하지만, 어느 것을 택하건 그 부호체계 안에서 일관되게 사용하는 것이 중요하다.

목차 작성에서 동원되는 부호 사용의 체계를 몇 가지 소개하면 다음과 같다. 이 경우 학문 분야에 따라 선호되는 부호 체계가 정해져 있거나, 단체에 따라 일정한 부호 체계의 규칙을 만들어두기도 한다. 그래서 학교나 학과, 혹은 학회 등에서 약속하는 부호 체계가 무엇인지를 미리 파악해두면 좋다.

예시 5

제1장
  제1절
    제1항
      제1목
      제2목
    제2항
  제2절
제2장 (이하 생략)

예시 6

Ⅰ.
  A.
    1.
      a.
        1)
        2)
      b.
    2.
  B.
Ⅱ. (이하 생략)

예시 7

1.
  1.1
    1.1.1
    1.1.2
  1.2
    1.2.1
    1.2.2
2. (이하 생략)

예시 8

Ⅰ.
Ⅱ.
  1.
    (1)
    (2)
      ①
      ②
    (3)
  2. (이하 생략)

3-3 효율적으로 논리성을 살리는 센스

목차 작성을 제대로 하기 위해서는 목차 작성의 기본 원칙을 지키는 것에 더하여, 논점을 살리면서 논리적 설득력을 높이는 쪽으로 목차를 조정해주는 훈련도 필요하다. 효율적으로 논의 내용을 정리하는 작업은 목차 작성의 첫걸음이 된다.

예를 들어, 답사를 마친 후 작성된 다음의 〈예시 9〉를 살펴보자.

예시 9

목 차

Ⅰ. 시작하며

Ⅱ. 일정별 답사 내용
  1. 제1일

2. 제2일

(1) 병산서원

(2) 소수서원

(3) 도산서원과 퇴계 종택

3. 제3일

Ⅲ. 하회마을의 특징과 가치

1. 전통문화 보존의 차원

2. 새 시대와의 조율

Ⅳ. 마치며

참고문헌

부록 : 하회마을 지도

답사 보고서는 문화재나 유적지, 미술관이나 박물관, 대학 캠퍼스 등 일정한 주제를 정해 답사를 하고 체험한 내용을 정리하고 기록한 글이다. 답사 체험이 해당 분야의 학문에 필수적으로 요구되는 학과에서는 정기적으로 답사를 실시하고 보고서를 제출하게 한다.

답사 보고서는 답사 지역의 위치 및 환경을 설명하되, 답사의 구체적 내용을 일정에 따라 서술하는 것만으로도 무난한 평가를 받을 수 있다. 대개의 경우 어떤 장소를 답사할 것인지 사전 준비를 통해 답사 지역에 대한 배경지식을 공부하게 되는데, 그래서인지 자칫 여행을 다녀온 감상에만 치우치거나 답사지식을 나열하는 문화재 해설식의 건조한 보고에 그치는 경향이 있다.

하지만, 답사 보고서를 제대로 작성하기 위해서는 논점 설정과 자료 분류의 차원에서 이 지역을 왜 답사하는지 분명한 목적의식을 갖는 것이 중요하다. 답사 지역에 대한 배경지식을 나열하는 것이 아니라 답사 지역의 특징과 가치, 그 공간이 지닌 의미와 의의에 초점을 맞추어 서술하는 것이 효율적이기 때문이다. 아울러 전문적 지식과 애정 어린 시각, 자기 나름의 분석과 풍부한 감상이 살아날 수 있도록 신경 쓰는 것도 중요하다.

◈ 과제유형별 논리성을 살리는 센스 발휘하기

자료 분류의 방법은 매우 다양하지만, 논리를 세워 설득하는 과정을 따라 틀을 짜고 있다는 점에서 공통적이다. 이때, 과제의 성격이나 목적, 글쓴이의 의도나 논의 방향에 맞춰 자료를 논리적으로 체계화하는 센스를 발휘해보자.

만약 어떤 사실의 역사적인 변화나 시간적인 추이를 다루는 경우라면 자료를 시간적 순서에 따라 분류, 시간적 단위를 축으로 하여 글의 틀을 짜면 된다. 시간적 순서에 따라 배열해보면 사건의 전체적인 윤곽을 쉽게 알 수 있고, 문제의 핵심에 접근하기도 쉽기 때문이다. 사건이 진행되는 과정, 또는 경험의 내용을 시간적 경과에 따라 서술하는 것으로, 역사적인 흐름을 따지는 통시적 고찰이나 시대적 변모과정을 보이는 글에서 응용할 수 있다.

또한, 주제가 여러 가지 다양한 현상을 다루는 것이라면 자료를 통해 확인할 수 있는 현상에 따라 자료 자체를 분류해볼 수 있다. 비슷한 주제의 영역에 속하는 자료들을 함께 모으는 일은 자료 정리에서 가장 기본적인 작업에 속한다. 열거식 배열에서는 사건이나 의견, 사례 등을 나열하는 식으로 글의 틀을 짜는 것이 자연스럽다. 특히, 귀납식으로 논리를 전개하는 경우 구체적인 사례를 병렬적으로 열거한 후 이를 일반화하여 결론을 내리는 틀을 짜면 된다.

인과적인 순서에 따라 원인에 관련되는 자료를 모으고 그 결과와 관련되는 자료를 한데 묶어놓을 수도 있다. 곧, 원인이 되는 부분과 결과가 되는 부분을 각기 정리한 뒤, '원인 제시–결과 정리'의 순서나 그 반대의 순서로 틀을 짜는 것이다. 문제를 제기하고 대안을 제시하는 글에서 이런 틀의 도움을 받을 수 있다. 이때, 주장과 근거가 타당하게 제시되어야 한다는 점을 명심하자!

이제, 학술적 글쓰기에서 흔히 접하게 되는 과제의 유형별로 목차의 구성을 살펴보자. 이때, 본론 부분의 구성방식을 눈여겨보면 어떤 식으로 논지 전개를 할 것인지 도움받을 수 있을 것이다.

예시 10

목 차

Ⅰ. 서언

Ⅱ. 카페 '알로'의 손님 유형별 특징
  1. 첫 번째 유형 : 명품 형
  2. 두 번째 유형 : 덩달아 형
  3. 세 번째 유형 : 아무거나 형

Ⅲ. 각 유형별 비중과 이유
  1. 대부분을 차지하는 명품 형의 경우
  2. 극소수를 차지한 아무거나 형의 경우

Ⅳ. 신촌문화권에서 카페 '알로'가 갖는 의미

Ⅴ. 결언

참고문헌
부록 : 조사기록지

예시 11

목 차

Ⅰ. 서론

Ⅱ. 포스트모더니즘의 주요 특성과 영화
  1. 상호텍스트성
  2. 자기반영성
  3. 탈장르화 혹은 장르 확산
  4. 고급문화와 대중문화의 경계 해체

Ⅲ. 포스트모더니즘 영화와 이야기의 해체
  1. 포스트모더니즘 영화의 서사구조
    (1) 이야기의 단순화
    (2) 전통적인 시간과 공간의 해체
    (3) 편집과 제작방식
  2. 포스트모더니즘 영화에서의 등장인물
  3. 포스트모더니즘 영화의 장르와 이데올로기

Ⅳ. 결론

참고문헌

예시 12

목 차

Ⅰ. 서론

Ⅱ. 노인의 '설 자리' 비교
  1. 농경문화의 정신적 지주 역할
    (1) 유교문화의 영향권
    (2) 삶의 연장자로서의 권위
  2. 고령화 시대 실버세대의 위상
    (1) 핵가족화 시대의 영향
    (2) 소외와 결핍이 낳은 무기력

Ⅲ. 상실한 것들을 되찾기 위한 방법

1. 미디어의 긍정적 영향력 발휘
2. 노인 자립을 위한 기틀 만들기
3. 노년학에 대한 관심 촉구

Ⅳ. 결론

참고문헌

연 습

학술적 글쓰기에서는 논점을 살리고 설득력 있는 논지 전개의 틀을 짜는 것이 중요하다. 그래서 객관성과 논리성을 따져보는 훈련이 중요해진다. 다음의 〈예시〉는 이러한 훈련과정에서 나온 것들이다. 순서대로 따라가며 공부 결과를 살펴보고, 부족한 점을 보완할 수 있는 대안을 찾아보자. 검토 결과를 토대로 새로운 목차를 작성해보는 것도 리포트 작성의 감각을 키우는 데 큰 도움이 될 것이다.

예시 1 구상의도

최근 흥미로운 기사를 보게 되었다. "예비 대학생을 상대로 성공적인 대학생활을 하는 법"을 가르쳐주는 학원 강의가 등장했는데, 입시 위주의 학습으로 자기 관리능력이 부족한 학생들에게 대학생활에 필요한 목표 세우기, 학습 관리법 등을 가르쳐준다는 것이다. 과연 돈을 들여서까지 학교생활을 잘하는 법을 배워야 하는 걸까 하는 의문이 들었다. 이에 내가 생각하는 대학생에게 필요한 세 가지를 정리해보았다.

"대학은 진리탐구의 광장이다. 이러한 의미에서 대학은 지식인을 양성하는 곳이 아니라 지성인을 창조해내는 산실이라고 할 수 있다." 지성인이 되기 위해서 우리는 어떤 과정을 거쳐야 할까. 물론 해야 할 일은 아주 많지만 내가 생각하기에 가장 필요한 세 가지를 추려보았다. 첫째, 아르바이트 해보기. 둘째, 여행 다니기. 셋째, 학점 잘 받기. 이 세 가지 요소를 해나가면서 완벽하지는 않지만 조금은 지성인에 가까워져보도록 하자.

예시 2 목차 작성

제목 : 지성인이 되기 위해 대학에서 해야 할 세 가지

Ⅰ. 서론

Ⅱ. 아르바이트 해보기

1. 사회경험으로서의 아르바이트
2. 능력 개발을 위한 아르바이트

Ⅲ. 여행 다니기

1. 경험의 확장으로의 여행
2. 새로운 나를 발견하기

Ⅳ. 학점 잘 받기

1. 취업의 수단
2. 전문인이 되어가는 과정

Ⅴ. 결론

참고문헌

예시 3 도움말 구하기

- 제목이 〈지성인이 되기 위해 대학에서 해야 할 세 가지〉인 만큼 이 글의 키워드를 뽑아보면 '지성인'과 '대학(생활)'이라고 할 수 있겠지?
- 서론에 글쓴이의 글을 쓰게 된 구체적인 동기가 제시되어 있어 독자의 흥미를 유발하는 점은 칭찬할 만해.
- 맞아. 체감지수가 높은 주제를 잡은 게 좋았어. 대학생이라면 지성인이 되고 싶어 하니까 말이야.
- 그런데 글의 제목에 포함된 '지성인'이란 주제어가 어떤 의미를 가지는지 개념 정의를 분명하게 해야 논리적 설득력이 생기지 않을까?
- 내용이 목차에 맞게 구분되었으면 좋겠다. 목차가 다소 어수선해 보였거든. 특히 3장과 4장의 세부항목들은 서로 연관되는 설명이 많이 부족해.
- 무엇보다 글의 주제와 항목의 내용이 잘 연결되지 않는 것 같아. 아르바이트와 지성인의 관계도 불투명하고, 학점 잘 받기 등이 취업에 유리하다고는 하지만 이 글의 논점에서 보자면 모호해 보이거든.
- 조금만 더 힘을 내볼까?

4. 초고 작성

앞서 정리한 대로 목차가 완성되었다면, 이제 진행해야 할 작업은 목차에 따라 구체적인 내용을 서술해보는 일이다. 이렇게 작성된 원고를 초고(草稿)라고 부르는데, 이는 다음 단계인 퇴고 작업을 거치면서 최종적인 완성본이 만들어지기 때문이다.

초고 작성 단계에서는 본문의 구성방식에 따라 작업을 진행하면 된다. '본문(本文)' 부분은 학술적 글쓰기의 핵심으로, 서론에서 결론에 이르기까지 내용 부분을 포괄하는 지칭이다.

4-1 서론 작성법

본문 부분에서 '서론(序論)'이 갖는 역할은 본론에서 전개될 내용의 실마리를 제공하여 내용을 미리 예상하게 하는 데 있다. 그래서 서론 부분에서는 주로 이 글에서 다루는 주제와 그것을 주목하는 이유를 설명하고, 어떤 식으로 논의과정을 전개할 것인지 연구 방법을 소개하며, 이러한 논의가 어떠한 학문적 의의와 성과를 갖게 될 것인지 예상되는 기대치를 서술하게 된다.

학위논문의 경우 학문 분야나 논문의 성격에 따라 조금씩의 차이는 있지만, 기본적으로 서론에 포함되는 사항을 정리하면 다음과 같다.

예시 1

① 문제를 제기하여 논점을 구체화하면서 연구의 의의와 가치를 강조한다.
② 기존에 이루어진 논의 결과나 연구 성과에 대해 구체적으로 검토한다.
③ 자료의 범위를 구체적으로 명시하면서 대상자료의 범위를 제한한다.
④ 제기된 문제를 해결할 수 있는 논의의 전개과정을 밝힌다.
⑤ 연구 방법을 간략하게 소개한다. 만약 설명이 길어져야 한다면 서론이 아닌 독립된 장을 설정하여 보다 구체적으로 해설하기도 한다.
⑥ 필요한 경우, 용어나 개념에 대한 정의를 명확히 해둔다. 설명이 길어지는 경우 서론이 아닌 독립된 장을 설정하여 보다 구체적으로 해설하기도 한다.
⑦ 서론에서 서술되는 사항들은 본론에서 본격적으로 다루어질 내용을 간추려 미리 소개하는 것으로, 미래 시제로 서술하는 방식을 취하는 것이 바람직하다.

리포트의 경우

학위논문에 비해 분량이 적을 수밖에 없는 리포트에서는 다음과 같은 사항을 담아 서론 부분을 구성하는 것이 일반적이다. 자신이 설정한 주제를 구체적으로 설명하고, 앞으로 펼쳐질 논의과정에 대해 간단히 설명해주는 것만으로도 도입의 역할을 충분히 해줄 수 있기 때문이다.

예시 2

① 연구 동기를 포함하여 주제를 제시한다. 간략한 개념 정의나 용어 설명 등이 필요하다면, 주제를 제시하면서 같이 아우르는 것이 효율적이다.
② 앞으로 전개될 논의과정을 한두 문단 정도로 소개한다.
③ 감상문이나 서평에서처럼 대상자료에 대한 개괄적 소개가 필요하다면 서론에서 간략히 하는 것이 효율적이다. 설명이 길어지는 경우 서론이 아닌 독립된 장을 설정하여 보다 구체적으로 해설하기도 한다.
④ 리포트의 경우에도 서론 부분은 미래 시제로 서술하는 것이 자연스럽다.

예시 3

Ⅰ. 서 론

지난 2월 한국경제TV 보도에 따르면, 올해 초 15~29세 청년실업률이 카드 대란 사태 직후였던 2004년 2월 이후 6년여 만에 최고치를 기록하였다고 한다.[1] 이는 최근 경제위기를 맞은 기업들이 신규인력보다 경력직 사원을 채용하려는 경향을 보인 것과 관계가 있으며, 다른 한편 대학진학률이 상승함에 따라 대졸구직자들은 증가하였으나 그들이 괜찮은 일자리(decent job)만을 선호하면서 취업경쟁이 더욱 심각해졌기 때문으로 보인다.[2]

이러한 취업난을 반영하듯 한국 사회에 '스펙'이라는 신조어가 탄생한 것은 그다지 놀랄 일이 아니다. 본래 스펙이란 해당 제품에 대한 여러 조건들을 상세히 기술한 제품설명서를 뜻하는 말로, 영어 단어 'specification'에서 파생된 단어이다.[3] 그러나 요즘 취업시장에서 쓰이는 스펙은 개인의 학력, 학점, 토익 점수 따위를 합한 것을 지칭하며, 여기에 인턴 경력과 각종 공모전 수상 내역이 포함된다. 한마디로 스펙은 개인의 경험이나 능력을 증명하는 객관적인 평가지수가 되어버린 것이다. 이러한 시각에서 이 글에서는 스펙이 과연 성공의 기본 조건이라 말할 수 있는지에 대하여 문제를 제기하고 싶다.

이 글의 논의과정은 다음과 같다. Ⅱ장에서는 스펙시대가 한국 대학생에게 미친 영향을 살펴보고, 이어 Ⅲ장에서는 대학생에게 부정적인 영향을 끼치는 스펙시대가 도래하게 된 원인을 탐색하고자 한다. 마지막으로 스펙시대를 개선하기 위한 방안을 사회적인 측면과 개인적인 측면으로 나누어 강구하고자 한다(Ⅳ장).

---

1 김건주, "청년실업률 6년 만에 최고치", http://www.wownet.co.kr/news/wownews/view_nhn.asp?bcode=N07010000&artid=A201002160337, (2010. 4. 12. 최종검색).

2 김미경, 「대학생의 취업가능성 인지가 불안수준에 미치는 영향」(석사학위논문, 경기대학교, 2008), 1면.

3 김정태, 『스토리가 스펙을 이긴다』(갤리온, 2010), 26면.

4-2 결론 작성법

본문 부분에서 '결론(結論)' 역시 서론 부분과 마찬가지로 그 작성법이 대체적으로 정해져 있다. 일반적인 글쓰기에서 '결론'이라 하면 자신의 견해나 주장을 강하게 내세우는 것이라 생각하기 쉽지만, 학술적 글쓰기에서의 '결론'은 지금껏 다룬 논의들을 요약해서 제시하는 부분이기 때문이다.

경우에 따라서는 결론 부분에서 논문에서 미진한 부분이나, 문제의 소지가 있을 수 있는 부분을 지적하기도 한다. 이를 통해 다른 사람들이 자신의 논문을 참고하여 해결할 수 있는 또 다른 기회를 제공할 수 있기 때문이다. 이렇게 서로의 연구 성과에 대해 관심을 두어 논의를 진척시켜가는 것은 학술적 글쓰기가 단독의 고립된 작업이 아니라 해당 학문 분야의 학자들이 공동의 학문적 관심사를 공유하고 교류하는 작업임을 보여주는 것이다.

리포트의 경우

학위논문에 비해 분량이 적을 수밖에 없는 리포트에서는 학업적 성취와 연계하여 필요한 사항만을 적절하고도 명확하게 서술해주는 것이 중요하다. 리포트에서는 다음과 같은 사항을 담아 결론 부분을 구성하는 것이 일반적이다. 논의 내용을 요약하고 간단한 소감을 담는 것만으로도 총괄적 마무리의 역할을 충분히 해줄 수 있기 때문이다.

예시 4

① 앞선 부분에서 진행한 논의 성과를 과정별로 간략하게 요약한다.
② 리포트 작성과정을 돌아보고, 마무리하는 소회를 간결하게 정리한다.
③ '결론' 부분은 이렇게 본론에서 밝혀진 논의 결과를 요약하여 내용을 정리하는 것이라 할 수 있으므로, '서론' 부분에서와는 다르게 과거형으로 기술하여 논의가 마무리되었음을 알려주는 서술방식이 바람직하다.

예시 5

V. 나오며

나는 이 글을 통해 '베스트셀러–시대상황–대중의 욕구' 이 세 가지의 관계를 알아보고자 했다. 이에 우리나라 근대사를 일제강점기, 해방 후, 군사정권시대, 현재라는 네 시기로 나누어 시대별 베스트셀러의 양상과 특징에 대해 살펴보았다. 이러한 작업을 통해 대중의 욕구가 어떤 식으로 표출되어왔으며 베스트셀러와 시대상황이 어떤 관계가 있는지에 대하여 알 수 있었다.

이번 작업을 하면서 작가의 생각을 정리하는 것뿐만 아니라 더불어 나의 생각도 정리하는 계기를 가질 수 있어 좋았다. 개별적으로 보면 아무 관련이 없어 보이던 책들도, 시대별 흐름으로 보면 대중의 욕구, 시대상황 등과 밀접한 관련이 있다는 것을 알게 되었기 때문이다. 어쩌면 지금의 현상도 과거의 연장선상에서 바라볼 때 또 다른 의미를 찾을 수 있을 것이고, 더 나아가 미래도 예측해보면 좋을 듯싶다. 나의 짧은 지식으로 예측해보자면 미래엔 지금은 금기시되고 있는 도덕의 파괴현상에 관한 출판물이 베스트셀러가 되지 않을까 생각해보며 이 글을 마친다.

예시 6

Ⅴ. 결 론

취업을 우선하는 세태가 나타나면서 스펙은 성공을 위한 최소기준으로 변모하였다. 그러나 스펙은 대학생의 상품화를 촉발하며 스펙을 위한 스펙으로 변질될 우려가 있다. 최근 일고 있는 스펙 논란과 저(低)스펙 대학생들의 패배주의 확산 등 부작용은 스펙이 잘못된 성공 기준으로 설정된 것임을 시사한다. 이 글에서는 스펙이 한국 사회에 가져온 부정적인 현상을 주목하여, 이른바 스펙시대가 대학생에게 미치는 부정적인 영향을 중심으로 살펴보았다.

논의 내용은 다음과 같이 요약할 수 있다. Ⅱ장에서는 스펙시대가 한국 대학생에게 미친 영향을 세 가지로 나누어 살펴보았다. 그 하나는 비효율적인 경제비용을 지출하게 한다는 문제이고, 다른 하나는 대학생들의 심리적 위축과 자괴감을 조장한다는 문제이며, 마지막 하나는 김예슬 양의 경우에서처럼 대학의 존재의의를 부정하는 극단적인 사례까지 조성하게 되었다는 문제이다. 이어 Ⅲ장에서는 대학생에게 부정적인 영향을 끼치는 스펙시대가 도래하게 된 원인을 탐색하였다. 스펙의 본래 의미를 망각하고 주객전도의 불합리한 상황을 묵인한 결과 평생경쟁의 악순환을 끊지 못하게 된 상황을 분석하였다. 이러한 논의를 토대로 Ⅳ장에서는 사회적인 측면과 개인적인 측면으로 나누어 개선방안을 제시하였다.

이번 과제는 평소 막연히 바라보고 있던 스펙 논란을 한 발짝 가까이에서 심도 있게 살펴보는 계기가 되었다. 무엇보다 글을 쓰면서 그 원인과 대안을 스스로 고심해보는 시간이 되었다는 데 큰 의의를 두고 싶다. 하지만 좀 더 설득력 있게 논증하지 못한 부분에서는 아쉬움도 남는다. 평소 시사 잡지를 통해 많은 사회적 이슈를 접하고 있다고 생각했는데, 막상 글을 써보니 내가 갖고 있는 지식이 얼마나 얕은지 깨닫게 되었기 때문이다. 다양한 책을 읽고 신문도 매일 접하면서 그때그때 얻은 정보를 정리하고 기록해두는 습관을 실천할 것이라 다짐해본다.

4-3 본론 부분에서는 이것이 중요하다

'본론(本論)'은 서론에서 제기된 문제를 논술하여 결과를 이끌어내는 역할을 한다. 본론은 논문의 중심 내용을 알 수 있는 가장 중요한 부분이므로, 서론에서 제시된 연구의 목적, 연구 범위 및 방법 등에 따라 전개해야 한다.

본론 부분을 서술하면서 서론에 썼던 내용을 염두에 두지 않으면 서론과 본론이 긴밀하게 연결되지 않아 일관성이 떨어지는 글이 되기 쉽다. 앞서 살핀 서론 부분의 작성법에서 앞으로 전개될 논의과정을 간략히 소개해주는 부분이 필요한 이유를 상기하고, 이에 부합된 본격적인 논의 내용을 담도록 신경 쓰는 것이 중요하다.

체계적 구상에 따라 서술하기

본론 부분은 서론이나 결론 부분에 비해 분량이 많기 때문에 다루어야 할 내용을 몇 가지로 분류하고 이를 다시 세부적인 내용으로 구분하는 등의 체계적 구상이 반드시 필요하고 이에 따라 서술하여야 한다. 특히 개요대로 전개해나가면서 자료와 논거를 잘 활용해야 하며, 이를 바탕으로 추론의 과정을 합리적으로 진행시켜야만 논리적이고 명확한 글쓰기가 될 수 있다.

다음에 제시하는 〈예시 7〉은 뇌사의 개념과 뇌사 인정 시 발생하는 문제점, 그리고 뇌사 인정의 필요성 등을 논한 글인데, ㈎ 문단에서 ㈒ 문단까지의 내용을 토대로 ㈓ 문단에서 주장의 요지를 밝히고 있다. 보다 다양한 예시들을 찾아 살펴보고, 체계적으로 서술하는 다양한 방법들을 고민해보자.

예시 7

(가) 뇌사란 전통적인 사망 기준으로 통념화되어 있던 심폐 기능 정지(심장사)뿐 아니라 뇌 기능의 정지도 죽음으로 인정하는 것이다.

(나) 이러한 뇌사 인정에서 가장 큰 걸림돌은 판정의 신뢰성에 대한 시비이다. 뇌사 판정으로 인공호흡기를 떼어버렸을 때 그 판정이 만에 하나라도 틀린 것이라면, 의사는 어떤 의미에서는 '살인'을 하게 되는 셈이다. 또한 심장이 정지하기 전의 사망 판정은 생명의 존엄성 훼손에 관한 윤리적, 도덕적 시비를 불러일으킬 여지가 많다.

(다) 뇌사는 식물인간 상태와 달리 소생이 불가능하고 뇌사 상태에서 심장사까지는 길어야 2주 정도에 불과하다. 따라서 뇌사자의 살아 있는 장기를 필요로 하는 질환자들에게 이식시켜 더 많은 생명을 살릴 수 있다. 또 뇌사 환자를 계속 치료할 경우 환자 가족이 져야 하는 경제적 부담과 정신적 고통이 너무나 크다는 점도 고려해야 한다.

(라) 뇌사 판정의 신뢰성 문제는 본인의 유언이나 가족의 동의를 전제로 장기를 공여하고, 뇌사를 인정하는 각국의 기준을 종합, 엄선한 객관적인 뇌사 판정 기준을 정하도록 하며, 자격 있는 전문의와 규정된 시설 정비를 갖춘 병원에서 엄격한 확인 방법으로 시행함으로써 해결할 수 있을 것이다.

(마) 이제 우리가 해야 할 일은 뇌사를 법적으로 인정하여, 속수무책으로 죽음을 기다리는 많은 질환자에게 살아 있는 장기를 이식시켜 그들의 생명을 살리고 불필요한 치료비용을 줄일 수 있도록 하는 것이다.

(바) 가진 사람은 돈으로, 가난한 사람은 돈 때문에 장기를 매매하는 음성적 장기 매매를 막기 위해서라도 뇌사를 인정하는 제도를 시급히 마련해야 한다.

인용과 주석의 방법을 충분히 보여주기

본론 부분에서는 학술적 글쓰기에서 요구되는 인용과 주석의 방법이 보다 풍부하게 쓰인다. 물론, 서론에서도 기존 논의를 검토하거나 용어나 개념을 정의하기 위하여 인용과 주석의 방법이 동원되기도 한다.

본론은 서론에 비해 상대적으로 분량이 길 뿐만 아니라 다루어야 될 내용도 방대하고 보다 구체적인 논의를 본격화시키는 부분이다. 그러므로 인용과 주석 작업이 필수적으로 요구되며 그 횟수도 만만치 않기에 제대로 인용하고 주석 작업을 해낼 수 있어야 한다.

다음 장에서 본격적으로 살피겠지만, 간단히 인용과 주석에 대한 설명을 하면 다음과 같다. 인용이란 자신의 의견을 뒷받침하거나 논의 개진에 도움을 받기 위해 타인의 견해를 가져와 쓰는 것을 말한다. 예를 들어, 타인의 저서나 논문에서 필요한 부분을 가져와 쓰는 경우 이를 인용한다고 말하며, 인용 부분이 끝나는 곳에서 약속된 바대로 주번호를 붙이는 것과 같은 표기를 하게 된다. 주석 작업이란 인용된 자료의 출처를 밝히는 것으로, 해당 자료의 서지사항을 정해진 규칙에 따라 밝혀 자료의 신빙성을 확보하게 된다.

예시 8

TV홈쇼핑 시장 규모는 계속적으로 팽창되어오다가 2002년 3조 7,000억 원에서 2003년 3조 6,000억 원으로 축소되었지만 최근 소비자 상담원의 TV홈쇼핑으로 인한 피해 접수현황은 2002년 4,650건, 2003년 5,059건으로 오히려 계속 증가하고 있는 추세다.[1]

한국소비자 보호원이 TV홈쇼핑을 이용하는 성인 498명을 대상으로 조사한 결과[2]에따르면, 73%가 '홈쇼핑 방송에서 상품이 소개되는 도중 서둘러 주문한다'고 답했으며 그 중 23%는 '경품이나 가격 할인 때문에', 18%는 '쇼핑호스트(진행자)의 설명에 자극받아' 구매한다고 응답했다. 구매한 제품에 대한 소비자

1 강병준, 「TV홈쇼핑업체 외형 불리기 경쟁」, 『중앙일보』 2002년 7월 25일자.
2 김희라, 「케이블 TV홈쇼핑을 통한 의류구매자의 만족/불만족 및 불평행동 연구」(박사학위논문, 동국대학교, 2001), p. 5.

불만의 이유는 '성능이 광고와 달라서' 40%, '품질불량' 34%, '주문한 것과 다른 상품이 배달' 26%, '충동구매로 인한 후회'가 13% 등으로 허위 · 과장으로 인한 소비자의 피해가 심각하다는 것을 알 수 있다.

이런 상황에서 홈쇼핑업체들 간의 과다 경쟁으로 인하여 납품업체들은 제품의 가격과 맞먹는 사은품을 부담하고 있다. 또한 중간 유통 단계를 거치지 않는 홈쇼핑의 특징에도 불구하고 높은 수수료로 인해 납품업체들은 원가부담을 지게 된다. 하지만 홈쇼핑회사간의 경쟁으로 인하여 상품판매 가격을 올릴 수 없기 때문에 결국 수익을 맞추기 위해 제품의 품질을 낮추게 된다.

삼성경제연구소의 연구원에 의하면 "홈쇼핑사에서 납품업체들의 이익을 보장하지 않을 경우 납품업체들은 제품 또는 사은품의 품질 수준을 낮춰 수익을 맞추려 들 것이며 피해는 결국 소비자에게 돌아갈 수밖에 없다"[3]라고 지적하였다. 즉 업체는 판매를 위해 제품의 품질을 속여 허위 · 과장 광고를 하게 되는 것이다.

3 강병준, 앞의 글.

학술적 글쓰기에 어울리는 문체가 있다

학술적 글쓰기의 기본은 독자가 쉽고 정확하게 이해할 수 있도록 쓰는 데 있다. 자신의 의견이 아무리 훌륭하다 하더라도 그것을 아무도 이해하지 못한다면 소용이 없다는 점에서 독자의 입장을 배려할 필요가 있다.

학술적 글쓰기에 어울리는 문체가 있다는 말을 하는 이유가 바로 여기에 있다. 그 구체적인 세부 사항을 다 열거하기는 곤란하므로, 대학생들의 학술적 글쓰기에서 빈번히 지적되는 몇 가지 사항만을 정리하면 다음과 같다.

첫째, 무엇보다 학술적 글쓰기에서는 반드시 논리적 근거를 토대로 객관적인 설득력을 얻을 수 있게 신경 써야 한다. 자신의 주관적인 판단이나 주장을 서술하면서 객관성을 얻지 못하면 독단적인 글이 되기 쉽다. 막연한 논거에 의존하기보다 구체적인 논거를 충분히 제시하여 논의의 객관성과 타당성을 확보하고 있는지를 주목해야 한다.

예시 9

우리와 그들을 나누는 이분법적 태도는 세계 어디에나 존재한다. 권력에 대한 인간의 욕망으로부터 나오는 이런 구분은 차별을 야기할 뿐만 아니라 새로운 차별을 만들어내고, 기존의 차별을 견고히 하기 위한 또 다른 이론을 창출해내기도 하는데, 후자의 대표적인 경우가 바로 알베르 메미가 말하는 '인종주의'이다.

알베르 메미는 인종주의를 "어떤 공격을 정당화하기 위해서, 현실적인 또는 상상적인 차이들을, 공격자에게는 유리하고 피해자에게는 불리하도록 결정적으로 일반화시켜 가치를 부여하는 것"이라고 했다. 즉 다른 인종에 대한 박해와 억압의 원인이 되는 인종주의가 아니라, 박해 행위를 정당화하기 위해 사후적으로 만들어지는 것이 바로 인종주의라는 것이다.

결론적으로 알베르 메미는 '과학적 근거에 뒷받침되는 인종주의'라는 주장에 대해서 '만들어진 인종주의'라는 주장으로 반박하고 있음을 알 수 있다.

둘째, 지나치게 감상적인 어투, 혹은 미사여구(美辭麗句)가 동원된 화려한 문장 등도 객관적이고 명확한 느낌을 줄 수 없기 때문에 피하는 것이 좋다. 감상문 등에서는 어느 정도 개성적인 글쓰기를 허용하는 편이므로 대상자료의 특징이나 감상문의 분위기에 맞춰 이런 종류의 문체가 사용될 수 있으나, 이 경우에도 지나치지 않게 조절하는 것이 중요하다.

예시 10

문화적인 측면에서 한류 열풍의 긍정적인 면을 살펴보면 다음과 같다.

첫째, 국가 이미지를 제고하는 효과가 있다. 한류는 "88 서울 올림픽 이후 우리나라의 인지도를 크게 제고시킨 두 번째 분기점이자 우리 문화예술이 국제화, 보편화된 첫 케이스"라는 말이 있다. 한류로 인하여 연예인에 대한 막연한 동경심이 한국 전체에 대하여 좋은 이미지를 갖게 하는 것이다. 이것은 국가 이미지 제고에도 상당한 영향을 미친다. 국가에 대한 이미지를 인식하기 전에 먼저 문화를 수용하고 수용된 문화에서 느끼는 우호적 이미지를 한국에 대해 그대로 느끼게 되어 우리나라의 국가 이미지는 제고되는 것이다.

둘째, 아시아 문화 공동체의 실현을 기대할 수 있다. 중국과 대만, 베트남 그리고 일본이 한류를 받아들이고 또 우리가 그들의 문화를 호의적으로 받아들이면서 함께 성장하는 아시아권 문화 공동체의 가능성을 제시하고 있다. 한류는 아시아적 문화블록 형성을 위한 좋은 계기가 될 수 있고, 그런 점에서 한류는 아시아적 문화사건이고 지역 공동체를 마련할 절호의 기회를 제공해주고 있다. 세계와의 소통을 하는 전 단계로서의 아시아 문화 공동체, 구체적으로는 동북아시아 문화 공동체의 실현을 가능하게 하는 촉발제로서 한류가 그 일을 담당한다면 동북아 내 문화권은 상호 교류를 통한 발전이 가능해질 것이다.

셋째, 국민 상호 간 이해 증진을 도모할 수 있다. 한국의 역사, 지리, 풍습, 음식 등에 대한 호감이 증대하고 정치적, 역사적으로 불행한 인연이 있는 중국(냉전시대 중국과의 교류 단절), 베트남(베트남전 참전) 등에서는 감정적 앙금을 해소하는 데 도움이 되는 등 국민 간 상호 이해를 증진시키는 효과가 있다. 한국에서 발생한 유행문화가 중국, 동남아지역에서 대중문화의 한 장르로 자리매김하면서 민간외교 역할까지 해 국가 간의 불편했던 관계를 좁힐 수 있는 발판을 마련해준 것도 좋은 점이라 할 수 있다.

셋째, 학술적 글쓰기에서는 글쓴이의 입장을 분명히 파악할 수 있게 적합한 진술방식을 선택하고 서술의 일관성을 유지하는 것이 중요하다. 사실과 추측과 자기 가치관은 각각 다른 것이다. 피상적인 관찰로 성급한 결론을 내리거나, 타당한 근거를 제시하지 않은 채 쓰는 이의 편견이나 선입견을 강조하는 경우는 피해야 한다.

리포트를 쓸 때 리포트의 목적이 무엇인지 파악해야 한다는 것은 진술방식을 택하는 것에도 영향을 준다. 즉 조사와 정리 혹은 요약 등의 글쓰기에서는 설명의 방식이, 그리고 논리적인 근거를 제시하면서 자신의 평가를 내세워야 할 때에는 논증의 글쓰기를 적절하게 유지해야 한다. 설명만 해도 충분한 리포트에서는 논리적 오류를 감수하고 굳이 논증할 필요가 없기 때문이다. 물론, 글을 쓰다 보면 대개 진술방식이 약간씩은 섞이게 마련이므로 주된 흐름을 정확히 유지하는 감각을 발휘하면 된다.

다음의 〈예시 11〉은 전설을 특징을 설명하기 위한 목적으로 서술된 글인데, 이해를 돕기 위해 ㈏의 부분에서 아기장수 전설의 사례를 제시하고 있다.

예시 11

㈎ 전설의 특징 중의 하나가 초월적인 사건과 합리적인 인식 사이의 거리라 하였는데, 이때 초월적인 것은 공포와 불안과 같은 정서를 유발시키기도 하지만 실제로 힘을 통해 극복해야 할 대상으로 인식되기도 한다. 그러나 그 극복은 쉽게 이루어지지 않는다. 바꾸어 말하면, 쉽게 이루어지지 않을 것이기 때문에 이러한 인식의 대상이 되었다고도 할 수 있다. 전설에 비극적 성격이 짙은 것은 쉽게 이루어질 수 없는 것에 대한 도전이 실제로 돌아가기 때문이다. 그것은 강한 현실성을 가지므로 인간으로 하여금 그러한 좌절의 의미를 다시금 되씹게 한다. 그런 점에서 전설은 자기반성의 이야기 형식이라 해도 좋을 것이다. 아기장수 전설은 대체로 다음과 같은 줄거리를 가졌다.

(나) 한 평민이 겨드랑이에 날개 달린 힘 센 아기를 낳았다. 부모는 이 아이가 역적이 될까 두려워 아이를 돌로 눌러 죽였다. 아이는 죽으면서 콩 닷 섬과 팥 닷 섬을 함께 묻어 달라고 했다. 무덤에서 콩은 말이 되고 팥은 군사가 되어 아이가 막 일어서려는 순간 관군에게 들켜 다시 죽임을 당했다. 그 후 아기장수를 태울 용마가 근처의 용소에서 나와 주인을 찾아 헤매다가 용소에 빠져 죽었다.

(다) 주인공인 아기장수가 두 번의 비참한 죽음에 이르기까지 아기장수는 자신에게 주어진 운명과 처절한 싸움을 벌인다. 부모가 자식을 죽였다는 것은 혈육의 정에 앞서는 봉건적 국가체제가 있음을 의미한다. 아이의 첫 번째 죽음은 정치적 지배체제가 가족적 혈연관계 위에 있음을 보이는 것이다. 아기장수의 두 번째 죽음은 정치적 지배와 피지배의 대결이 형상화되어 정치적 피지배의 좌절로 끝난 것이라 할 수 있다. 아기장수는 평민의 아들이고 따라서 힘에 있어서 열세에 놓이는 지배받는 계층에 속한다. 아기장수나 그의 부모는 모두 정치적으로 지배받는 같은 계층이지만, 부모는 그 지배에 순응하는 반면 아기장수는 그 지배에 저항한다. 정치적 지배는 한 인간이 개인적으로 감당할 수 없는 힘을 지녔고 그 힘은 극복해야 할 대상으로 인식된다. 그러나 그러한 극복이 쉽게 이루어질 수 없다는 인식은 보다 현실적 인식이고 따라서 아기장수 전설도 그러한 결말을 맺는다.

다음의 〈예시 12〉는 복지의 의미와 복지국가에 대한 논의를 펼친 글이다. ㈑ 문단은 복지의 의미와 복지국가를 설명하는 과정에서 국가 내부의 문제가 아니라 대외 문제를 첨가하기 위해 논점 전환용으로 삽입된 경우이다. 앞의 서술 내용과 다른 이야기를 전개하는 식으로 내용이 흐르고 있기 때문에 전체 주제와의 긴밀한 관련성을 고려하여 논의의 강조점을 제시해주는 것이 필요하다.

예시 12

(가) 복지라는 것은 복된 생활을 뜻하기 때문에 지극히 추상적인 개념이다. 사람이 복된 생활을 꾸려나간다는 것은 단순히 경제적인 윤택에 그치는 것이 아니라 오히려 주관적인 만족이나 행복에 관련되는 것이다. 그럼 무엇을 행복하다고 느끼는가. 이것은 사람마다 다를 수밖에 없다. 어떤 사람은 물질적인 풍요에서 행복감을 느끼지만 어떤 사람은 물질적인 윤택보다 정신적인 즐거움을 더 소중히 여기기도 하는 것이다.

(나) 그러나 일반적이고 보편적인 차원에서 볼 때, 사람의 가장 기본적인 욕구는 역시 먹고, 입고, 자는 일이라 할 수 있다. 그리고 이러한 욕구의 충족은 물질적인 윤택함을 전제로 한다. 그러므로 복지국가의 실현을 위해서는 무엇보다 먼저 경제가 발전되지 않으면 안 된다. 경제가 발전하면 생산력이 커지고 소득 수준이 높아지게 되며, 그 소득으로 인간의 기본 욕구를 충족하게 되고 경제적인 윤택을 실현할 수가 있게 되는 것이다.

(다) 여기서 주의해야 할 일이 있다. 그것은 경제발전 자체가 무조건 국가복지의 전반적인 증진을 가져오지는 않는다는 사실이다. 왜냐하면 경제 발전으로 물질적인 부가 실현되더라도 그 혜택이 일부에게만 편중된다면 그것은 복지 증진이라 할 수 없기 때문이다. 경제 발전이 복지의 증진으로 연결되기 위해서는 소득의 증진에 따라 그것의 올바른 분배가 병행되어야만 하는 것이다.

(라) 한편 오늘날 한 나라의 경제는 국제적으로 상호 의존과 협력 관계 속에서 존립한다. 따라서 지나치게 자기 나라의 경제 발전이나 복지만 생각해서는 안 된다. 세계 여러 나라와 경제적 협력 관계를 개선해나가는 일도 중요하다. 말하자면 인류의 복지 증진도 고려하면서 자기 나라의 복지를 증진시켜야 안정적인 복지국가가 달성되는 것이다.

(마) 이렇게 보면 복지국가라는 것은 단순히 경제적 발전이나 소득의 증대에 의해서 실현될 수 있는 것이 아니다. 그것은 물질적 풍요, 평등한 관계, 생활의 안정, 정신적 만족 등 그 나라의 모든 사람이 함께 잘 살 수 있도록 하는 여러 요인들을 조화 있게 실현시켜야 비로소 달성될 수 있는 것이다.

넷째, 글쓰기의 논리성과 명확성을 보다 높이기 위해 정확한 문장 쓰기의 중요성과 정서법의 기본 사항을 명심해야 한다. 기본적인 맞춤법, 띄어쓰기, 문장부호 등에 대한 것을 자신 있게 정리하되, 습관적으로 틀리는 부분을 찾아 정확히 알고 넘어가는 글쓰기 훈련이야말로 학술적 글쓰기의 즐거움을 배가시키는 기본 요건이 된다. 이에 대해서는 이어지는 〈제대로 표현하기〉 부분에서 보다 집중적으로 다루게 될 것이다.

연 습

다음은 주제탐구보고서로 제출한 글이다. 표지 부분에서부터 참고 문헌과 부록 부분까지 차분히 읽어나가며 리포트의 기본 형식과 학술적 글쓰기의 분위기를 익혀보기 바란다. 물론, 처음 써보는 리포트인 만큼 미숙하고 어색한 부분이 있을 것이다. 이런 부분들을 찾아 좀 더 발전적으로 수정, 보완할 수 있는 대안을 찾아보는 것도 의미있는 글쓰기 공부가 되리라 생각한다!

예시

2010년 1학기/ 심화글쓰기 연습/ 주제탐구보고서
담당교수명: 노수동 교수님/ 제출일: 2010년 4월 15일

스펙 열풍이 대학생에게 미치는 부정적인 영향과 대안 모색

– 스펙을 성공의 기본 조건이라 말할 수 있는가의 문제 –

사학과 1학년 1234567 성덕선

목 차

1. 사회적인 차원의 노력
2. 개인적인 차원의 노력
V. 결 론

참고문헌
부 록

I. 서론

지난 2월 한국경제TV 보도에 따르면, 올해 초 15~29세 청년실업률이 카드대란 사태 직후였던 2004년 2월 이후 6년여 만에 최고치를 기록하였다고 한다.[1] 이는 최근 경제위기를 맞은 기업들이 신규인력보다 경력직 사원을 채용하려는 경향을 보인 것과 관계가 있으며, 다른 한편 대학진학률이 상승함에 따라 대졸구직자들은 증가하였으나 그들이 괜찮은 일자리(decent job)만을 선호하면서 취업경쟁이 더욱 심각해졌기 때문으로 보인다.[2]

이러한 취업난을 반영하듯 한국 사회에 '스펙'이라는 신조어가 탄생한 것은 그다지 놀랄 일이 아니다. 본래 스펙이란 해당 제품에 대한 여러 조건들을 상세히 기술한 제품설명서를 뜻하는 말로, 영어 단어 'specification'에서 파생된 단어이다.[3] 그러나 요즘 취업시장에서 쓰이는 스펙은 개인의 학력, 학점, 토익 점수 따위를 합한 것을 지칭하며, 여기에 인턴 경력과 각종 공모전 수상 내역이 포함된다. 한마디로 스펙은 개인의 경험이나 능력을 증명하는 객관적인 평가지수가 되어버린 것이다. 이러한 시각에서 이 글에서는 스펙이 과연 성공의 기본조건이라 말할 수 있는지에 대하여 문제를 제기하고 싶다.

이 글의 논의과정은 다음과 같다. II 장에서는 스펙시대가 한국 대학생에게 미

1 김건주, "청년실업률 6년 만에 최고치", http://www.wownet.co.kr/news/wownews/view_nhn.asp?bcode=N07010000&artid=A201002160337, (2010. 4. 12. 최종검색).
2 김미경, 「대학생의 취업가능성 인지가 불안수준에 미치는 영향」(석사학위논문, 경기대학교, 2008), 1면.
3 김정태, 『스토리가 스펙을 이긴다』(갤리온, 2010), 26면.

친 영향을 살펴보고, 이어 Ⅲ장에서는 대학생에게 부정적인 영향을 끼치는 스펙시대가 도래하게 된 원인을 탐색하고자 한다. 마지막으로 스펙시대를 개선하기 위한 방안을 사회적인 측면과 개인적인 측면으로 나누어 강구하고자 한다(Ⅳ장).

Ⅱ. 스펙시대가 대학생에게 미친 부정적인 영향

1. 비효율적인 경제비용 지출

고등학생 사교육비는 들어봤어도 대학생 사교육비란 말은 생소할 것이다. 이는 대학생들이 취업준비를 위해 학교를 제외한 학원, 과외 등에 지출하는 비용을 뜻한다. 대학생들의 스펙 쌓기 경쟁이 치열해지면서 사교육비도 점차 증가하고 있다. 특히 1학년 신입생들의 취업 과외비용이 평균 26만8000원으로 4학년 29만9000원에 이어 두 번째로 높은 것으로 나타났는데, 이는 학년이 높을수록 취업비용이 높았던 과거와는 달리 취업이 졸업생만의 문제가 아닌 전체 대학생의 화두가 된 심각한 청년실업 세태를 반영한 것이라고 알바천국은 설명한다.[4]

이처럼 기업이 못박아놓은 스펙 하한선을 넘기 위해 수백만 원의 비용을 치러가면서까지 취업준비에 매달리는 것이 우리나라 대학생들의 현실이다. 2010년 현재 전국 대학생 5명 중 1명이 등록금을 마련하지 못해 학자금 대출을 받는 것을 감안하면, 사교육비 증가는 대학생들과 대학생 자녀를 둔 부모의 어깨에 경제적인 부담을 지우는 심각한 문제가 아닐 수 없다.

2. 심리적 위축과 자괴감 만연

토익 800점이 변변한 스펙 축에도 끼지 못하는 고스펙 평준화 시대에서 경쟁자에게 뒤처지지 않으려는 스펙강박증 환자들이 늘어나고 있다. 실제 남녀대학생 10명 중 8명 정도는 남들보다 한 단계 더 높은 '나만의 무기'를 갖춰야 한다는 압박 때문에 '스펙강박증'에 시달리는 것으로 나타났으며, 그 이유로 '지금의 현 스펙으로는 취업이 불가능할 것 같아서'를 가장 많이 꼽았다. 이들은 스펙강박증으로 인해 무기력증(56.4%), 우울증(43.9%), 불면증(25.8%) 등의 증상

4 세계일보 온라인뉴스부, "대학생 사교육비도 증가…'스펙 쌓기' 年 325만원", http://www.segye.com/Articles/NEWS/SOCIETY/Article.asp?aid=20100121001682&subctg1=&subctg2=, (2010. 4. 12. 최종검색).

을 겪는다고 고백했다.[5]

한편 자신이 지금까지 쌓아온 모든 종류의 스펙을 내세웠음에도 불구하고 번번이 취업에 실패하는 장미족(장기미취업생)들의 부정적인 심리변화도 한몫을 차지한다.

> 서울 소재 대학 경제학과 4학년인 이 모(26)씨는 고민이 많다. 당장 내년 2월이면 졸업하고 취업을 해야 하는데 아직 소식이 없기 때문이다. 이 씨는 공인 영어시험인 토익(TOEIC) 점수가 900점, 학점도 4.5점 만점에 4.3점, 자격증이 3개나 되는 '고(高)스펙 소유자'인데도 최종면접까지 간혹 올라가거나 그나마도 계속 낙방했다. 이씨는 "이전까진 그렇게 생각 안 했는데 학벌이 좋지 않은 것이 원인이 아닌가 하는 생각이 자꾸만 든다"고 안타까워했다.[6]

이 씨와 같이 이전까지는 별로 문제 삼지 않던 학벌에 대해 고민하기 시작하면서 스스로 '나는 하위권 대학 학생이다. 그래서 나는 남들보다 못하다'고 생각하게 되는 것이 스펙의 또 다른 부작용이다. 이는 개인의 자존감 하락과도 직결되는 문제이며, 돌이킬 수 없는 과거에 미련을 가지게 함으로써 당사자를 끝없는 자괴감에 빠뜨리는 원인이 된다.

3. 대학의 존재의의에 대한 부정

지난 3월 10일 고려대학교 캠퍼스에 대자보가 하나 붙었다. "오늘 나는 대학을 그만둔다, 아니 거부한다"라는 제목으로 시작하는, 경영학과 3학년 김예슬씨의 '자퇴 선언문'이었다. 김 씨는 또래 세대를 이렇게 표현했다. "G세대로 '빛나거나' 88만원 세대로 '빛내거나', 그 양극화의 틈새에서 불안한 줄다리기를 하는 20대. 무언가 잘못된 것 같지만 어쩔 수 없다는 불안에 앞만 보고 달

---

5 박유영, "'취업이 뭐길래' … 대학생, 스펙 강박증으로 끙끙", http://news.naver.com/main/read.nhn?mode=LSD&mid=sec&sid1=102&oid=003&aid=0002497346, (2010. 4. 12. 최종검색).

6 신상윤 · 백운기, "토익900 · 학점 4.3도 번번이 낙방", http://www.heraldbiz.com/common/Detail.jsp?newsMLId=20090921000244, (2010. 4. 12. 최종검색).

려야 하는 20대." 그래서 선택했다. "다른 길은 이것밖에 없다는 마지막 남은 믿음으로… 자본과 대기업의 '인간 제품'을 조달하는 하청업체가 돼버린 대학을 떠나겠다."[7]

이 대자보는 곧 세간의 화제가 됐다. 누구나 입학을 선망하는 명문대 재학생이 스스로 자발적 퇴교를 결심하고, 그것도 다른 이유에서가 아닌 '대학을 거부하기 위해서'라는 내용의 글을 써 붙이자 각기 다른 반응이 네티즌과 언론, 기성세대로부터 쏟아져나왔다. 여기저기서 지지와 연민 혹은 비난과 질시가 한데 뭉쳐 김 씨에게 떨어졌다.

김 씨는 "함께 트랙을 질주하는 무수한 친구들을 제치고 넘어뜨리며" 겨우 들어간 대학이라는 곳이 자신을 "글로벌 자본과 대기업에 가장 효율적인 부품"으로 만들어 "내 이마에 바코드를 새기는" 곳과 다름없다는 사실, 그리고 그 장단에 맞춰 자신을 "값비싼 상품으로 가공"해봐야 결국 자신이 하는 일은 이 잘못된 체제를 떠받드는 일밖에 안 된다는 사실을 새삼스럽게 깨닫고 '인간의 길'을 가기 위해 대학을 그만두겠다고 말한다.[8] 이는 본질적인 시각에서 볼 때 스펙시대를 정면으로 부정한 셈이다. 인간의 계량화와 상품화를 촉진시키는 스펙이 곧 대기업의 하청업체로 변질된 대학과 뜻을 같이 한다는 것을 김 씨는 간접적으로 설명하고 있다. 김 씨가 말하고자 하는 것은 단순히 대학 자체에 대한 거부라기보다 이러한 대학이 양산해낸, 혹은 대학을 만들어낸 스펙사회에 던지는 전면적 성찰 요구이다.

인간의 사물화를 강박하는 대기업과 대학의 연대 안에서 현 체제에 도전하고 대학생들의 각성을 촉구하고자 했던 김 씨는 유일한 수단으로 '자퇴'를 택할 수밖에 없었다. 일단 그 연대 밖으로 벗어나야 했기 때문이다. 평범한 대학생이던 김 씨로 하여금 현실을 타개하기 위한 극단적 선택을 하도록 만든 근본적인 원인은 스펙시대의 폐해에 있다.

---

7 변진경 · 장일호, 「입 닫고 내 말 좀 들어봐!」, 『시사 in』 2010년 3월 27일자, 30면.
8 김명인, 「딸깍 소리가 들린다」, 『시사 in』 2010년 3월 27일자, 80면.

Ⅲ. 부정적인 스펙시대가 도래하게 된 원인

1. 주객전도의 불합리한 상황 묵인

목표를 먼저 정하고 이후 목표를 달성하기 위한 수단과 절차를 밟아나갔던 과거 대학생들의 취업방식과는 달리, 이를 거꾸로 뒤집은 주객전도 현상이 스펙시대의 첫 번째 원인이다. 꿈을 위해 자격을 갖춰가는 것이 아니라 먼저 스펙을 쌓고 그것을 내세워 기업에 간택되는 것이 현 취업시장의 실태인 것이다. 보다 높은 수준의 직업을 갖기 위해 일단 스펙부터 올리고 보자는 대학생들의 '눈 가리고 돌진'형 태도가 스스로 취업의 등용문을 좁히는 결과를 초래하였다.

국립국어원에서 매년 발표하는 신어 보고서에 스펙이 실린 것은 2004년의 일이다. 당시만 해도 스펙은 우리 사회에 범람하는 수많은 외래어 가운데 하나에 지나지 않았다. 하지만 지난 6년 동안 스펙 열풍이 가져온 변화는 토익응시자 증가, 대학생 어학연수 보편화 등 다방면에 걸쳐 나타나고 있다. 스펙이 곧 이력서가 되는 세상에서 이력서에 한 줄이라도 더 쓰기 위한 노력이 곧 '스펙쌓기'로 이어진 것은 그만큼 취업이 간절해진 현 대학생의 모습을 방증한다. 직장 구하기가 갈수록 어려워지면서 취업 그 자체를 성공으로 인식하는 풍조가 대학생들 사이에 퍼졌고, 스펙은 단순히 계량화된 취업가능성을 넘어서 성공을 위한 최소기준으로 변모하였다.

이러한 세태는 구직자들로 하여금 자신의 희망과는 상관없이 스펙에 관련된 것이면 무조건 하고 보는 '과잉자격'의 오류를 범하게 한다. 여기서 과잉자격이란 '내게 필요한 적정수준의 자격 기준을 초과한 상태'를 일컫는다.[9] 결국 스펙을 위한 스펙이 아니냐는 논란마저 낳고 있다.

2. 평생경쟁의 악순환 묵인

날이 갈수록 높아만 가는 기업의 요구조건 때문에 구직자들 사이에서 서류심사에 대한 공포감이 만연하다. 내가 가지고 있는 스펙이 인사담당자들을 만족시키지 못할까봐 겁이 나는 대학생들은 업무와 관련된 필요스펙을 전부 채우고도 불안에 떤다. 특히 인사담당자들에게 어필하는 스펙이 따로 있다는 사실이 알려지면서 취업에 영향을 주는 소수 자격증과 특정 활동만이 인기를 끌고 있다.

9 김정태, 앞의 책, 23면.

그 예로 토익 고득점과 어학연수 혹은 유학경험, 공모전 입상 등을 들 수 있다.

이렇듯 한쪽으로 치우친 대학생들의 선호경향 때문에 취업시장은 제한된 스펙이라는 작은 틀 안에서의 무한경쟁시대에 돌입하였다. 옆 사람이 쉬지 않는 한, 내 스펙 쌓기도 멈추지 않는다. 또한 스펙은 액면가 그대로를 인정받지 못한다. 그래서 100점의 액면가를 받기 위해선 150점 정도는 만들어야 한다. 결국 남보다 더 좋은 직장을 구하기 위해 혹은 동료보다 더 빨리 승진하기 위해선 취직 전이나 후나 끊임없이 스펙을 갱신하는 '평생경쟁'의 전쟁 속으로 뛰어들어야 한다.

결국 이들은 다른 지원자와의 차별을 조금이라도 넓히기 위해 취미나 특기와 관련된 스펙에 다시 열중하기 시작한다. 실제로 필자의 동아리 선배 중 희망직업과 아무런 연관이 없음에도 불구하고 특기사항에 '레크리에이션 진행'을 써넣기 위해 수십만 원짜리 레크리에이션 전문 자격증을 준비하는 경우도 있었다. 해당 자격증이 자신의 리더십을 증명해주기를 기대하는 것이다. 기업의 요구가 단순한 일처리 능력이나 경력의 수치를 넘어서 구직자의 인성 혹은 내적 조건의 객관화를 포함하고 있으며, 이것이 대학생의 스펙 열풍을 더욱 가열화하고 있음을 보여주는 사례다.

Ⅳ. 스펙시대를 개선하기 위한 방안

1. 사회적인 차원의 노력

앞서 3장에서 기업의 요구조건 상승이 스펙시대를 심화시키는 원인이라고 설명하였다. 따라서 기업을 비롯한 사회 전반적인 측면에서 구직자에게 들이대는 잣대의 높이를 낮출 필요가 있다. 토익 점수, 봉사활동 시간, 어학연수 여부 등의 계량화된 지표보다 실무능력을 평가하는 보다 실질적인 채용기준이 확립되어야 할 것이다.

2009년 10월 9일 방영된 MBC 스페셜 〈취업난이 우리 삶에 끼치는 영향〉에서 촬영한 아래 인터뷰는 이러한 사회적 노력의 필요성을 입증하는 근거 중 하나이다.

> 저는 경험이 좀 많이 부족한 것 같아요. 많이 못 배웠다는 게 아니라, 예를 들어서 영어다 그러면 저는 영어는 사실 그래요. 면접을 가

면 누구보다 잘할 자신이 있는데. 문제가 뭐냐면 너 호주 갔다 와봤니, 어디 갔다 와봤니 하면 말을 못한다는 거. 근데 그게 스펙의 하나가 돼버린다는 게 좀 억울한 부분이죠. – 라희영(29세, 전북대 분자생물학과 졸업)

인턴이나 비정규직에서 업무능력이 뛰어난 직원을 선발해 정규직으로 전환하는 루트를 확장하는 것도 한 방법이다. 그렇다고 해서 신규인력을 피하고 경력자들만 선호하는 경향이 나타나서는 안 되므로, 기업 측에서 두 그룹 사이의 채용빈도를 적당히 조절하는 노련함이 필요하다. 또한 서류심사의 비중을 줄이거나, 일반적으로 서류심사 후 면접을 하는 관례를 바꾸어 선(先)면접을 통해 지원자의 인간적인 조건을 먼저 평가하는 혁신적인 채용과정을 도입하는 것도 이력서와 스펙을 동일시하는 구직자들의 인식을 개선하는 데 도움이 될 것이다.

2. 개인적인 차원의 노력

'화이트칼라, 대기업, 정규직, 연봉 2500만 원 이상'

대학생들이 원하는 이른바 '일자리 스펙'이다. 스펙의 홍수 속에서 불평하는 대학생들이 역으로 직장을 조건화하는 양상이 나타난 것이다. 취업을 앞둔 대학생 10명 가운데 8명 가까이가 청년실업의 원인으로 "일자리가 없어서가 아니라, 마음에 드는 곳이 없기 때문"이라고 답할 정도다.[10]

단순히 취업의 기본 조건이 하락한다고 해서 스펙 문제가 해결되지는 않는다. 이러한 역(逆)스펙 현상을 막지 않으면 사회적인 노력도 수포로 돌아간다. 구직자들이 취업에 대한 눈높이를 낮춰야 비로소 복합적인 노력의 결과로 효과가 발생하는 것이다.

서울의 괜찮은 4년제 대학을 나와서 나름의 토익 점수라든지 시험 점수도 충분히 되고 자격증도 충분히 따놨는데, 아무도 모르는 중소

10 홍현진, "취업 앞둔 대학생 35%, 원하는 직장 위해 1년 이상 실업도 'OK'", http://www.ohmynews.com/NWS_Web/view/at_pg.aspx?CNTN_CD=A0001337238, (2010. 4. 12. 최종검색).

기업이라든지 아니면 지방에 있는 그런 작은 회사를 가고 싶어 하는 사람은 없잖아요. - 김보미(25세, 서울여대 아동학과 졸업)

위의 사례에서처럼 직장에 대한 차별적 기준이 바뀌어야 특정 채용공고에 쏠리는 불균형 구직현상이 완화되고 취업경쟁률이 낮아진다. 결과적으로 우리 사회에서 스펙 논란이 사라질 가능성이 생긴다. 뜨지 않는 무지개를 찾아 언제까지고 넋 놓고 하늘만 바라볼 수는 없다. 이제는 현실을 직시해야 할 때다.

스펙은 인간을 제품화하며, 제품화는 필연 서열화로 이어진다. 상대방의 제품 조건보다 뒤지지 않으려는 평생경쟁의 악순환이 반복된다. 서강대 전상진 교수는 '스펙은 항 우울제와 같은 효과'라고 해석했다. 스펙의 진정한 효능이나 취업에 도움이 되는지 여부를 따지기보다 일단 '뒤처지지 않는다는 안도감'의 효과를 노리고 스펙에 목맨다는 뜻이다.[11] 이와 같이 스펙시대는 대학생들에게 사회적 · 정신적 문제를 일으키는 주요한 사회문제 중 하나이며, 따라서 개인과 사회가 복합적으로 노력 및 개선해야 하는 숙제임을 결론으로 삼고 싶다.

Ⅴ. 결 론

취업을 우선하는 세태가 나타나면서 스펙은 성공을 위한 최소기준으로 변모하였다. 그러나 스펙은 대학생의 상품화를 촉발하며 스펙을 위한 스펙으로 변질될 우려가 있다. 최근 일고 있는 스펙 논란과 저(低)스펙 대학생들의 패배주의 확산 등 부작용은 스펙이 잘못된 성공 기준으로 설정된 것임을 시사한다. 이 글에서는 스펙이 한국 사회에 가져온 부정적인 현상을 주목하여, 이른바 스펙시대가 대학생에게 미치는 부정적인 영향을 중심으로 살펴보았다.

논의 내용은 다음과 같이 요약할 수 있다. Ⅱ장에서는 스펙시대가 한국 대학생에게 미친 영향을 세 가지로 나누어 살펴보았다. 그 하나는 비효율적인 경제 비용을 지출하게 한다는 문제이고, 다른 하나는 대학생들의 심리적 위축과 자괴감을 조장한다는 문제이며, 마지막 하나는 김예슬 양의 경우에서처럼 대학의 존재의의를 부정하는 극단적인 사례까지 조성하게 되었다는 문제이다. 이어 Ⅲ장에서는 대학생에게 부정적인 영향을 끼치는 스펙시대가 도래하게 된

11 김정태, 앞의 책, 27~28면.

원인을 탐색하였다. 스펙의 본래 의미를 망각하고 주객전도의 불합리한 상황을 묵인한 결과 평생경쟁의 악순환을 끊지 못하게 된 상황을 분석하였다. 이러한 논의를 토대로 Ⅳ장에서는 사회적인 측면과 개인적인 측면으로 나누어 개선방안을 제시하였다.

이번 과제는 평소 막연히 바라보고 있던 스펙 논란을 한 발짝 가까이에서 심도 있게 살펴보는 계기가 되었다. 무엇보다 글을 쓰면서 그 원인과 대안을 스스로 고심해보는 시간이 되었다는 데 큰 의의를 두고 싶다. 하지만 좀 더 설득력 있게 논증하지 못한 부분에서는 아쉬움도 남는다. 평소 시사 잡지를 통해 많은 사회적 이슈를 접하고 있다고 생각했는데, 막상 글을 써보니 내가 갖고 있는 지식이 얼마나 얕은지 깨닫게 되었기 때문이다. 다양한 책을 읽고 신문도 매일 접하면서 그때그때 얻은 정보를 정리하고 기록해두는 습관을 실천할 것이라 다짐해본다.

참 고 문 헌

강준만, 『입시전쟁 잔혹사』(인물과 사상사, 2009).

———, 『대중문화의 겉과 속』(인물과 사상사, 2013).

김동훈, 『한국의 학벌 또 하나의 카스트인가』(책세상, 2001).

김정태, 『스토리가 스펙을 이긴다』(갤리온, 2010).

문수현 외 4인, 『이십대의 전반전』(골든에이지, 2010).

박재현 · 정수현, 『대한민국은 사교육에 속고 있다』(스쿨리움, 2008).

정영주, 『20대 미쳐야 살아남는다』(와이즈멘토, 2008).

조기숙, 『왜 우리 아이들은 대학에만 가면 바보가 될까?』(지식공작소, 2007).

● 부록 : 고려대학교 김예슬 양의 대자보 일부

오늘 나는 대학을 그만둔다, 아니 거부한다. 더 많이 쌓기만 하다가 내 삶이 한번 다 꽃피지도 못하고 시들어버리기 전에. 쓸모 있는 상품으로 '간택'되지 않고 쓸모없는 인간의 길을 '선택'하기 위해. 이제 나에게는 이것들을 가질 자유보다는 이것들로부터의 자유가 더 필요하다. 자유의 대가로 나는 길을 잃을 것이고 도전에 부딪힐 것이고 상처받을 것이다. 그러나 그것만이 삶이기에, 삶의 목적인 삶 그 자체를 지금 바로 살기 위해 나는 탈주하고 저항하련다. 생각한 대로 말하고, 말한 대로 행동하고, 행동한 대로 살아내겠다는 용기를 내련다.

5. 퇴고 작업

자기 검토의 단계에서 이루어지는 퇴고 작업은 단순히 틀린 글자나 문장을 손질하는 수준을 넘어서 글 전체를 자신의 의도에 맞추어 재조정하고 전달의 효율성을 고려하여 재배치하는 작업이 되어야 한다. 이를 위해 일반적으로 통용되는 퇴고의 원칙 세 가지를 소개하면 다음과 같다.

예시 1

(1) 부가의 원칙 : 미비한 부분, 빠뜨린 부분을 보충 · 첨가하면서 표현을 자세하게 한다.
(2) 삭제의 원칙 : 불필요한 부분, 지나친 부분, 조잡하고 과장이 심한 부분 등을 삭제하면서 표현을 간단명료하게 한다.
(3) 재구성의 원칙 : 글의 순서를 바꾸거나 어휘를 바꾸어 효과를 더 높일 수는 없는가를 살펴본다. 적절한 것으로 변경하여 주제 전개의 양상을 고쳐나간다.

글이란 쇠와 같아서 불에 오래 달구고 다듬을수록 더 강하고 아름다워진다고 한다. 쓰고자 했던 부분에서 부족한 부분을 채워 넣거나 불필요한 부분을 제거하고, 효과를 높이기 위해 순서를 바꾸는 등 퇴고를 많이 하면 할수록 잘못된 부분을 고쳐나갈 수 있고 글쓴이가 처음에 계획했던 의도로 글의 방향이 바뀌게 될 것이다.

효율적인 퇴고 작업이 되기 위한 몇 가지 사항을 강조하고자 한다.

◆ 기본 출발점 확인하기

대부분의 교수자들이 과제의 평가 항목을 미리 고려하여 리포트를 부과한다는 점에서, 이러한 평가 기준을 살펴 이에 부합시키는 것은 보다 좋은 학술적 글쓰기를 만드는 방법이 될 수 있을 것이다. 퇴고 작업에서도 자신의 글쓰기가 과제의 목적에 부합하는 글이 되었는지 기본 출발점을 확인하는 것이 우선되어야 한다.

특히 과제의 제출 분량을 제대로 맞추지 못하면 잘쓰고 못쓰고를 떠나 감점이 이루어지기도 하므로, 제시된 기준 분량에 맞추고 있는지 확인하는 센스가 필요하다.

◆ 독자의 입장에서 읽어보기

퇴고는 글을 다 쓴 후 어느 정도 시간이 지나 독자의 기분으로 읽을 수 있을 때에 하는 것이 좋다고 하는데, 이는 탈고 직후에는 필자로서의 기분에 취해 자신의 글을 객관적으로 살피기 어렵기 때문이다. 그래서 퇴고 단계에서는 자신의 글을 독자의 입장에서 읽어보는 시간을 갖는 것이 필요하다.

이러한 작업이 어렵다면 다음의 〈예시〉들에서처럼 다른 사람에게 보여주고 유익한 조언을 들어 수정 작업에 반영할 수 있다. 주변 사람의 조언을 토대로 부족하거나 어색한 부분을 찾아 다듬을 수 있기 때문이다.

예시 2

친구들의 조언 메모	퇴고 방향 메모
• 봉희: 글의 논점으로 '특정 동물이 자주 등장하는 이유'를 설정하였는데, 주제와 본문이 잘 맞지 않아 보여. 단순히 프로그램에 등장한 동물의 종류만 보여줄 것이 아니라, 그 동물을 어떻게 다루고 왜 다루었는지에 대해서 더 고찰해야 되지 않을까?	☜ 주제에 맞게 본문의 내용 수정하기
• 지욱: 나도 그런 생각을 했어. 적어도 2장의 논점대로라면 특정 동물이 많이 나와서 좋은 점이 무엇인지에 대해서라도 선명하게 밝혀져야 할 것 같아.	☜ 2장의 내용을 보충하기
• 은혁: 상대적으로 서론에 쓰인 내용이 너무 거창하고, 분량이 많아진 게 아닐까?	☜ 서론을 간략하게 수정하기
• 봉희: 덧붙이자면, 글 전체적으로 너무 어려운 표현들을 남발하는 것 같아. 독자가 쉽게 알아들을 수 있도록 어휘 선택을 해야 주제에 대한 명확한 이해도 가능할 것 같구나.	☜ 어려운 표현들을 수정하기

예시 3

친구들의 조언 메모	퇴고 방향 메모
• 혜영: 전체적으로 문제 제기와 본론의 내용이 긴밀하게 연결되지 않는 듯하구나. 특히 2장에서 "생존경쟁과 적자생존의 논리"라는 표제를 달았는데, 무슨 이야기를 하고 있는지 여러 번 읽었는데도 내용 파악이 선명하지 않았거든.	☜ 주제에 맞게 2장의 내용 수정하기
• 중희: 본론에서 웹툰(web cartoon)에 대한 다양한 관점만을 서술하는 것은 다소 미약하다고 생각해. 세 가지의 관점을 서술한 후, 이것으로부터 구체적인 문제점을 이끌어내면 더욱 짜임새 있는 구성이 될 듯한데, 시간상 가능하겠니?	☜ 본론의 내용을 보충하기

• 정환: 그렇다면 웹툰의 등장인물이 얼마나 심리학과 연관성이 있는지를 논증해야 하지 않을까? 행동 심리학에 관해 자료 수집해놓은 것을 연결시켜서 설명을 보충하면 어떨까?	☞ 자료를 보충해서 논증을 강화하기
• 중희: 그리고, 흥미 있는 주제를 선택하였음에도 어휘 선택의 구체성이 부족해 아쉽네. 어려운 단어 사용이 오히려 흥미를 떨어뜨리고 있으니, 다시 살펴보고 수정하면 어떨까?	☞ 어려운 표현들을 수정하기

시간적 여유 확보하기

퇴고 작업을 제대로 수행하기 위해서는 학술적 글쓰기의 완성에 필요한 시간적 여건을 충분히 확보해두는 것이 필요하다. 퇴고 작업의 효율성을 높이려면, 퇴고는 적어도 제출일 2~3일 전부터 시작하는 것이 좋다고 한다.

이러한 시간적 여유와 아울러 처음 글을 쓸 때의 마음가짐이 뒷받침되면 더욱 좋다. 글을 쓰려고 했던 의도를 떠올리면서 내용이 일관성 있는지 살펴볼 수 있기 때문이다. 다음과 같은 질문을 던지며 자신의 글을 읽어나가는 게 효율적이다.

예시 4

(1) 처음에 설정한 의도대로 주제가 충분히 드러나고 있는가?
(2) 글의 전체적인 구성은 논점을 살리기에 적절한가?
(3) 서론과 결론의 작성법에 맞게 쓰이되, 비중이 적절한가?
(4) 본론에서 내용은 적절하게 구성되었으며, 자연스럽게 연결되고 있는가?
(5) 목차에 제시한 대로 일관되게 기술되었는가?
(6) 인용과 주석 작업이 정확하게 이루어졌는가?

출력본으로 최종편집 상태 확인하기

출력본으로 최종편집 상태를 확인해보는 것도 필요하다. 리포트를 제출하기 이전 퇴고 단계에서 자신의 작업을 미리 프린트해서 읽어보는 것도 좋다. 모니터로만 고쳤다가 막상 프린트해보면 문단이 밀렸거나 한두 줄 빠져있거나 오타가 그대로인 경우도 더러 생기기 때문이다.

표지에서부터 마지막 장까지 문서 작성법의 기본 서식에 맞춰 형식적 통일성을 보이는 것은 독자를 위한 기본 배려가 될 수 있다. 글자 모양이나 글자 크기, 문단 모양에 이르기까지 일정한 서식 지정을 확인하는 것은 물론, 자신의 글쓰기에 동원된 숫자나 문자, 기호 등이 일관성 있게 사용되었는가를 살펴야 한다.

이를 위해서는 문서 작성 시 필요한 기본 사항들을 미리 숙지하는 것이 필요하다. 예를 들면, 다음과 같은 사항들을 체크해두는 것이다. 문서 작성 프로그램에 대한 기본 이해를 토대로 이러한 사항들을 미리 익혀두면 리포트 작성에 필요한 기본기가 한결 탄탄해졌다고 칭찬받게 될 것이다.

예시 5

(1) 인용이 끝나는 지점에서 주석을 다는 방법
(2) 목차/참고문헌 작성 시 나오는 여러 가지 부호를 다는 방법
(3) 글자모양/문단모양 등 서식 지정에 관한 여러 항목을 설정하는 방법
(4) 맞춤법 기능/자동저장 기능을 설정하는 방법
(5) 페이지 쪽수를 매기는 방법
(6) 문서 분량을 계산하는 방법
(7) 기타 문서 작성에 필요한 구체적인 방법들

연 습

다음은 명대신문에 실린 칼럼으로, 대학에서 필요한 학습의 문제를 설득력 있게 피력하고 있어 소개하고자 한다. 다만, 이 글의 원래 구성과는 다르게, 여기에서는 퇴고 연습을 위해 문단 구성을 하지 않고 제시하였다.

아마도 이 글을 읽으면서 자신의 생각이 진지하게 드러나 있다 하더라도 적절한 문단 구성이 이루어지지 않거나 문장의 군더더기가 많으면 차분하게 집중하며 읽어나가기가 힘들어지는 경험을 하게 될 것이다. 가독성을 높일 수 있도록 적절한 문단 구성을 하고, 앞서 배운 퇴고 작업을 적용해보자.

예시

얼마 전 캠퍼스에 벚꽃이 곱게 피었다. 명진당과 이학관 사이의 벚꽃 나무 아래서 신입생인 듯한 남녀 한 쌍이 사진을 찍고 있었다. 오랜만에 환하게 웃는 학생들의 모습이 참 보기 좋았다. 그러나 얼마 전 그들은 웃음이라곤 찾아볼 수 없는 고3 입시생이었을 것이다. 우리나라 고등학교 3학년 학생은 새벽에 등교해서 저녁에 학원에 들러 자정쯤 귀가한다. 연구 결과에 의하면 지난해 우리나라 전체가구의 소득대비 사교육비 지출비율은 연간 평균 13.1%이고 서울 강남권은 17.3%로 가장 높은 비율을 보였다고 한다. 엄청난 시간과 자본을 공부에 투자하면서도 사교육이 전면 금지되었던 80년대와 90년대 학생들보다 학력은 월등하게 나아졌다는 이야기는 듣지 못했다. 간혹 신문에서 대학 신입생의 학력이 크게 저하되었다는 기사를 접하게 된다. 그 원인은 무엇일까? 논어에 보면 "學而時習之면 不亦說乎아(배우고 때때로 익히면 또한 기쁘지 아니한가)"라는 말이 나온다. 개인의 능력에 맞는 균형 있는 학습은 때로는 즐거움이 되기도 한다. 그러나 현재 우리 학생들의 학습(學習)은 균형을 잃고 있다. 배우고 때때로 익혀야 하는데 배움(學)은 많고 익힘(習)은 부족하다. 기상 후 학교 가서 수업받고 학원가서 강의받은 후 돌아와 취침하는 상황에선 수업 내용을 익힐 시간이 있을 수 없다. 수업에는 참석하는데 소화할 시간이 없어 온전한 자신의 지식이 되지 못한다. 알기는 하는데 제대로 알지 못하는 배움의 만성 소화불량 상태다. 좋은 음식이라도 과하면 탈이 나는 법이다. 단순히 인체에 무익하기만 하면 다행인데 몸을 망치게 하는 독이 되기도 한다. 현재 많은 학생들은 초등학교 시절부터 정규교육과 병행하여 교과과정에 대한 학원교육을 받는다. 이런 연유로 정작 학문을 시작해야 할 대학 신입생 시기에 수업에 대한 노화현상을 보인다. 다시 말하면 수업에 대한 무반응, 무감동, 비협조 등을 포함한 매너리즘이 생긴다. 수업에 대한 매너리즘은 신입생 시절 처절한 유흥활동으로 2학년이 되어 대부분 치유를 보인다. 그러나 그 과정에서 발생한 수업결손은 상위전공과 연계가 없는 과목일 경우, 그 피해가 그 과목에 한정되지만 상위과정과 관련 깊은 과목일 경우 전공과목 수업에까지 영향을 미친다. 그 결과 전공교수는 학생들이 알아들을 만한 내용만 강의하게 되는 등 수업 목표를 하향 조정하게 되고 그것은 졸업생들의 경쟁력 하락의 요인이 되기도 한다. 초중고시절 수업과정 또는 연습부족의 또 다른 역효과는 창조력 부족 현상이다. 학문의 최종 목표는 창조다. 모방은 창조의 어머니라는 말도 있다. 수업은 최선의 모델(모방대상)을 제공할 뿐 창조력을 키워주지는 못한다. 창조력을 기르기 위해서는 수업 내용을 자기 것으로 만드는 연습이 절대적으로 필요하다. 또한 그 과정에서 겪는 시행착오는 창조를 위한 좋은 연습이 되는 것이다. 얼마 전 높은 시청률을 기록한 드라마 〈대장금〉에는 가문의 비서와 방법만을 고집하는 족집게 과외 선생 최 상궁과 학생을 무척 괴롭게 하며 스스로 깨우치게 하는 한 상궁이란 두 명의 스승이 등장한다. 드라마는 최 상궁을 악인으로 한 상궁을 의인으로 그렸지만 결과만을 중시하는 현 입시제도하에서는 학생들에게 당장 효과를 볼 수 있는 최 상궁의 교육 방법이 환영받는다. 영양가는 있지만 거칠고 소화 안 되는 현미밥보다는 영양가는 다소 덜하지만 맛있고 소화 잘 되는 백미밥이 당장 먹기엔 좋은 것이 사실이다. 학문의 최종 목표를 이루기 위해 더디지만 진정한 경쟁력을 가질 수 있는 교수법이 환영받고 자기 주도적 학습을 선호하고 거기에 기꺼이 동참하고 노력할 학생이 많아져야 한다. 또한 대학은 대학입학이란 목표로 앞만 보고 달려온 학생들에게 새로운 비전을 제시하고 학생들은 자신의 학습 방법을 재고해보고 잘못된 부분을 개선해야 할 것이다.

스스로 학술적 글쓰기의 세계에서 자신감을 갖고 발전하기를 원한다면, 무엇보다 학술적 글쓰기의 기본기를 탄탄히 다져두는 것이 중요하다. 기본기가 제대로 되어 있지 않다면, 나무는 보되 숲은 보지 못하는 것과 마찬가지로 충분한 성과를 내기가 어렵다.

학술적 글쓰기의 자생력을 키우기 위해 다음과 같은 세 가지 사항을 강조하고자 한다.

먼저, 제대로 표현할 수 있어야 한다. 문장이 제대로 갖추어지지 않으면 자신의 생각이나 느낌을 남에게 제대로 전달할 수 없기 때문이다. 따라서 글쓰기를 제대로 하기 위해서는 언어를 유창하게 사용하는 것보다 규범에 맞게 정확하게 사용하는 기본기를 다지는 데서부터 시작할 필요가 있다.

제3부
효율성을 높이는 기본기 점검

다음으로, 제대로 인용할 수 있어야 한다. 지금 우리에게 필요한 것은 자료를 선별하여 이를 참조하되 자신의 사고과정을 통해 적절한 결과로 귀결되는 의사소통의 훈련이기 때문이다. 제대로 인용한다는 것은 제대로 자료를 찾았다는 것이고, 이는 곧 정확히 주석을 단다는 것이고, 아울러 참고문헌 작성까지 제대로 할 수 있다는 것을 의미한다.

마지막으로, 제대로 요약할 수 있어야 한다. 요약을 제대로 하기 위해서는 독해 능력이 중요하며, 요약 훈련은 논리적인 글쓰기의 기초가 되기 때문이다. 무엇보다 대학에서의 공부는 지식을 정확하게 이해하되, 자신의 말로 다시 바꾸어 서술할 수 있는 단계에 이르렀을 때 보다 유용해진다.

제1장 제대로 표현하기

1. 정확한 문장 쓰기의 기본

문장을 정확하게 구성하는 것은 언어생활에서 매우 중요하다. 문장이 제대로 갖추어지지 않으면 자신의 생각이나 느낌을 남에게 제대로 전달할 수 없다. 따라서 한 편의 글쓰기를 제대로 하기 위해서는 우선 정확한 문장을 사용할 수 있는 능력을 갖추어야 한다.

문장은 단어들이 일정한 문법적 규칙에 따라 결합된 것이므로, 정확한 문장이란 무엇보다 '문법에 맞는 문장'이어야 한다. 특히 글쓰기에서는 말하기의 경우에서보다 더욱더 정확성이 요구된다는 점에서 정확한 정서법과 문법 지식에 대한 이해가 필요하다.

1-1 호응 관계의 명확성

한 문장은 여러 단어들로 이루어져 있고, 각각의 단어는 한 문장 안에서 다양한 기능을 하고 있다. 이같이 단어가 문장에서 행하는 기능에 따라 나뉜 것을 구문요소 혹은 문장 성분이라고 한다. 호응관계는 문장 내의 성분이나 내용 간에 함께 올 수 있는 것과 그렇지 않은 것이 있음을 뜻한다. 정확한 문장 쓰기를 위해서는 문장 성분의 호응관계와 내용의 호응관계에 유의한다.

◆ 문장 성분의 호응

주어와 술어의 호응이 제대로 되지 않아 의미가 불확실하고 비논리적이 되는 경우가 많다. 예를 들어, "엄청난 환경오염으로 이제는 지구가 위태로운 지경으로 만들었다."라는 문장의 경우, 표면상 주어가 '지구가'이므로 술어가 그 주어와 호응하기 위해서는 '위태로운 지경이다.' 또는 '위태로운 지경이 되었다.' 정도로 바뀌어야 한다. '지구가'가 '만들었다'의 주어가 될 수는 없기 때문이다.

단어와 단어의 호응

한 문장 안에서 어떤 단어는 어떤 단어와 함께 쓰일 수 없다는 점을 기억하자! 예를 들어, '열아홉 살'과 '십구 세'는 가능해도, '열아홉 세'나 '십구 살'은 불가능하다.

또한, 문장의 앞부분에서 '비록/만일/마치/가령/하물며/모름지기/왜냐하면 …' 등의 접속부사가 쓰이면, 문장의 뒷부분에서는 이 부분과 호응하여 '~지라도/~라면/~같이/~이라면/~이랴/~야만 한다/~때문이다 …' 등의 접미사가 뒤따라야 한다.

문맥에 따른 호응

호응의 문제가 단어와 단어 사이에만 관계되는 것은 아니다. 글 전체의 내용이나 흐름과도 호응해야 한다. 예를 들어, "남북 양측 대표들은 구면인 탓인지 비교적 자연스러운 분위기 속에서 상견례를 했다."와 같은 문장을 살펴보면, '탓'이란 단어가 적절한 자리에 쓰인 것인지가 문제된다. '탓'은 '잘못된 까닭, 잘못된 것을 원망하는 것'이란 국어사전의 풀이 그대로 '잘못'의 뜻을 함축한 말이기 때문이다. 따라서 '구면인 탓인지'는 '구면이어서인지'로 바꾸거나, '구면인 덕분에'로 바꾸어 표현하는 것이 좋다.

1-2 복문의 구조에 대한 이해

우리나라 문장은 주어와 서술어의 관계에 따라 단문(短文)과 복문(復文)으로 나뉜다. 단문은 주어와 서술어의 관계가 한 번만 이루어지고 있는 문장이고, 복문은 주어와 서술어의 관계가 두 번 이상 이루어져 있는 문장이다. 그리고 단문이 결합해서 복문이 되는 방식에 따라 다시 접속문과 내포문으로 구분된다.

접속문에 대한 이해

접속문은 단문이 나란히 결합되는 접속방식에 의한 복문의 한 유형으로, 등위접속문(문장이나 성분이 어느 정도 독립적인 관계를 유지하면서 수평적으로 연결되는 방식)과 종속접속문(한 문장이 다른 문장에 대하여 의존적이며 종속적인 관계에 있는 연결방식)으로 나뉜다. 예를 들면, 다음과 같은 방식이다.

예시 1

등위접속문	산은 높고, 계곡은 깊다.
종속접속문	비가 오지 않아서, 철수가 오지 못했다.

종속접속문의 경우에는 부사형 어미를 적절히 사용하여 연결시키면 되기에 큰 어려움이 없다. 예를 들어, "동생이 오는지라, 내가 기차역에 마중을 나갔다."라는 문장에서는 이유나 원인을 나타내는 부사형 어미 '-은지라'를, "그는 아무리 배가 고프더라도 절대 자신이 음식을

만들지 않는다."라는 문장에서는 양보를 나타내는 부사형 어미 '-더라도'를 각각 사용해 두 문장을 연결한 것이다.

그런데 등위접속문을 만들 때는 축약되는 부분이 있으므로 조심해야 한다. 등위접속문에서 선행절과 후행절에 공통되는 성분이 있는 경우에는 공통성분 중 어느 한 성분만을 남기고 다른 성분은 생략하게 된다. 이때 공통되지 않은 문의 필수성분을 생략함으로써 비문을 만드는 경우가 많다는 데 주의할 필요가 있다.

예시 2

(1) 인간은 자연에 복종도 하고, 지배도 하며 살아간다.

(2) 인간은 신을 숭배하지만, 도전하기도 한다.

(3) 나는 아침에 일어나자마자 라디오를 켜고, 그 후 십 분 동안은 씻는 작업이 이루어진다.

〈예시 2〉에서 (1)은 '지배도' 앞에 '자연을'이 빠지면서 필요한 목적어를 생략하여 잘못된 경우이고, (2)는 '도전하다' 앞에 '신에'가 빠짐으로써 꼭 필요한 부사어를 생략해서 잘못된 경우이다. 이들은 모두 '자연', '신'을 동일 명사구로만 이해하여 후행절에서 그것을 생략함으로써 발생된 문제인데, 이들의 문장 내에서의 기능은 각기 다르기 때문에 생략해서는 안 된다.

또한 병렬로 이루어진 성분의 각 요소는 선행 또는 후행하는 성분과 각각 호응이 될 수 있도록 동질적이어야 한다. (3)에서는 선행절이 타동사절인데 후행절이 자동사절이기 때문에 동질성이 깨지게 되었는데,

후행절을 '씻는 작업을 한다' 정도로 바꾸는 게 좋다.

내포문에 대한 이해

내포문은 하나의 단문이 다른 단문에 종속되는 내포방식에 의한 복문의 유형이다. 내포문은 종속문이 주문(主文)에서 갖는 자격에 따라 명사화/관형화/부사화로 구분된다. 〈예시 3〉의 (1)에서처럼 명사화는 종속문이 명사형이 되어 목적어의 역할을 하고, 관형화는 (2),(3)과 같이 관형사형이 되어 관형어의 역할을 하며, 부사화는 (4)에서처럼 부사형이 되어 부사어의 역할을 한다.

예시 3

명사화	(1) 나는 달자가 학교에 가기를 원한다.
관형화	(2) 나는 그가 편지를 읽은 사실을 알았다. (3) 나는 이 감독의 영화가 재미없던 기억이 났다.
부사화	(4) 우리집은 아이들이 건강해서 걱정이 없다.

이때 내포문이 관형화할 경우, 관형사형 어미가 종속성분의 시제에 따라 다르게 나타난다는 것을 기억할 필요가 있다. 종속성분의 서술어는 '과거/현재/미래'에 따라 동사는 '-은/-는/-을'로, 형용사는 '-던/-은/-을'로 달라지기 때문이다.

2. 간결한 문장쓰기의 효율성

한 편의 글이라는 차원에서 보자면 다양한 길이의 문장이 서로 잘 조화되어 있는 것이 바람직하다. 그럼에도 글쓰기 훈련에서 간결한 문장 연습을 권하는 이유는 올바른 문장을 만드는 방법을 익힐 수 있다는 점에서 효과적이기 때문이다.

2-1 효율성을 높이는 몇 가지 원칙

문장을 간결하게 다듬어 효율성을 높이는 방법을 소개하면 다음과 같다.

첫째, '되도록이면 길지 않게 써야겠다'는 의식을 항시 간직하자! 한 연구에 따르면, 문장의 길이를 글자수로 셈하는 우리나라의 경우 신문 기사는 62.3자, 논문은 50.8자, 소설은 31.2자가 평균이라 한다. 모든 문장을 이 평균에 맞출 필요는 없지만, 이 평균을 넘지 않게 쓰려는 노력을 하다 보면 보다 명료한 문장 표현이 가능해질 것이다.

문장의 길이는 짧은 경우에는 별로 문제되지 않지만, 필요 이상으로 길어지면 읽기에 숨차고 지루한 느낌을 주게 된다. 그리고 한 번 읽어서는 요점을 파악하기가 어렵다. 무엇보다 문장이 길어지면 난해하거나, 앞뒤의 호응이 제대로 이루어지지 않아 문법에 맞지 않는 부정확한 문장이 되기 쉽다.

둘째, 한 문장에서는 하나의 개념, 하나의 사실만을 담도록 하자! 한 문장에서 말하려고 하는 바가 무엇인지 그 초점들을 분명히 해서, 한 문장에 초점을 하나씩만 두도록 하는 것이다. 예를 들어, 다음의 〈예시 4〉는 한 문장 속에 묶을 성질이 아닌 상황을 한꺼번에 집어넣음으로써 가독성이 떨어지고 있다. 두 문장 내지는 세 문장 정도로 만들어야 그 의도가 분명해지게 될 것이다.

예시 4

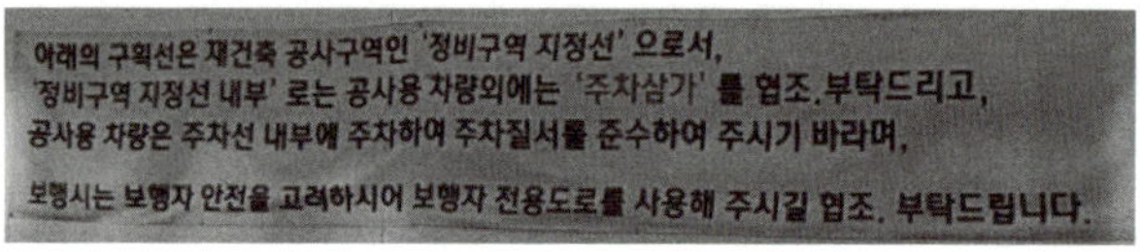

셋째, 표현하고자 하는 이야기를 가장 적은 단어를 써서 나타내는 연습을 하자! 〈예시 5〉의 경우, 아래와 같이 고쳐 쓰는 게 훨씬 간결하게 의미가 전달된다.

예시 5

나는 개인적으로 느끼기를 이번 사건이 고객 편에서 잘못이라고 생각했다

↓

나는 이번 사건이 고객의 잘못이라고 느꼈다.

넷째, 조사나 어미의 미묘한 쓰임에 유의한다. 조사나 어미가 잘못 쓰임으로써 비문법적인 문장이 되거나 혹은 자연스럽지 못한 문장이 되는 수도 많다. 〈예시 6〉의 문장에서 '주입식을'은 '주입식에서'로 바뀌어야 한다.

예시 6

우리 교육이 아직도 답답한 주입식을 벗어나지 못하고 있을 때 스스로 생각하는 법을 일러주는 과학책은 그 소중한 대안이다.

2-2 적절한 어휘 선택의 필요성

단어를 바로 골라 쓰는 일은 단어의 용법을 정확히 안다고 다 해결되지는 않는다. 용법에는 틀리지 않더라도 진부한 상투어나 부적절한 미사여구의 사용이 글의 생동감을 죽이는 경우도 있기 때문이다. 그러므로 좋은 단어를 찾기 위해 몇 시간이라도 투자하는 자세가 필요하며, 자신의 어휘력을 높일 수 있도록 평소에 착실히 공부해두어야 할 것이다. 적절한 어휘 선택이 좋은 문장을 만들고, 결국에는 좋은 글을 만들게 된다.

단어의 선택은 그때그때의 상황에 따라, 글쓴이의 태도나 쓸거리의 특성에 따라 다양할 수 있지만, 정확하고 적절한 문장으로 쓰여야 한다는 것은 제대로 표현하기 위한 우선사항이라 할 수 있다. 이런 맥락에서 적절한 어휘 선택의 조건을 정리해보자!

의미상으로 쓰임이 정확한 단어를 고르기

단어는 그 나름의 고유한 뜻을 갖고 있다는 점에서, '올바른' 단어, '적절한' 단어가 따로 정해져 있는 것은 아니다. 하지만 여러 단어들이 모여 한 문장을 이루었을 경우라면 그 문장과의 관계에서 단어의 선택이 '올바르다'거나 '적절하다'는 식의 판단을 할 수 있게 된다. 따라서 자신이 표현하려는 생각과 일치하는 적합한 단어가 사용되어야 한다.

하지만 단어의 의미를 정확히 모르거나, 미처 주의하지 않아서 단어를 잘못 사용하는 경우가 종종 있다. 예를 들어, '같다'라는 말은 '다르다'와 반대가 되는 말이지만, '비가 올 것 같다.', '사람들이 그 과자를 열심히 먹는 걸 보니, 그 과자가 맛있는 것 같다.'처럼 '…로 짐작된다'는 추측의 뜻으로도 쓰인다. 그런데 요즘 이 추측의 뜻으로 사용되는 '같다'를 불필요한 자리에 사용하는 일이 많다. '어떻습니까?'라는 물음에 '좋을 것 같아요.'라고 대답하는 것은 분명히 잘못된 대답이다. 객관적 사실에 대한 추측이 아니라 자기 자신의 인식이나 판단을 묻고 있는데 '같아요'로 대답하는 것은 완곡어법이 아닌, 잘못된 표현에 불과하기 때문이다.

'바라겠습니다'라는 것도 그릇된 표현이다. 흔히 '즐거운 휴일 되시기 바라겠습니다.'라고 하는데, '바라다'란 말은 희망 사항이지 자기의 의지가 아니기 때문에 '-겠'이 쓰일 수 없다. '바라다'란 말 속에 이미 미래가 내포되어 있기 때문에 '-겠'을 써야 할 필요도 없다. '즐거운 휴일 보내시기 바랍니다.'라고 하면 된다.

문맥에 가장 알맞은 단어를 선택하기

비슷한 단어의 의미 차이를 파악하여 문맥에 가장 알맞은 단어를 선택하는 것이 필요하다. 〈예시 7〉에서처럼 모양과 뜻이 비슷한 한자어의 개념을 정확히 모르고 사용하거나, 우리말로 된 비슷한 단어의 차이를 제대로 구분하지 못하고 쓰는 경우가 많다. 하지만, 비슷한 단어의 차이를 파악하고 가장 알맞은 것을 선택해야 정확한 표현이 가능하고 글의 정교함을 더할 수 있다.

예시 7

(1)	부문 (部門)	분류하거나 한계를 지어 갈라놓은 낱낱의 영역을 말하며, 구별해놓은 부류라는 뜻으로 쓰인다.(*예: 산업 부문/건설 부문 …)
	부분 (部分)	전체를 몇 개로 쪼갠 것들 가운데 어느 한 쪽. 그 한 쪽을 일부분이라고 하며, '부분'의 반대어는 '전체'가 된다.(*예: 이 글에서 이 부분이 이해가 되지 않는다 …)
(2)	조종 (操縱)	① (기계류 따위를) 마음대로 다루어 부리다.(*예: 비행기를 조종하다 …) ② 사람을 자기의 뜻대로 부리다.(*예: 배후에서 조종하다 …)
	조정 (調整)	고르지 못한 것이나 부족함이 있는 것 따위를 알맞게 조절하여 정상 상태가 되게 하다.(*예: 물가를 조정하다 …)
(3)	한참	시간이 상당히 지나는 동안.(*예: 얼굴은 한참 뜀박질을 한 것처럼 벌겋게 달아올랐다 …)
	한창	① 어떤 일이 가장 활기 있고 왕성하게 일어나는 모양.(*예: 벼가 한창 무성하게 자란다 …) ② 가장 무르익은 상태.(*예: 지금이 한창 붐빌 시각이다 …)

그 문장에 '더 알맞은' 단어를 찾도록 노력하는 것도 필요하다. 'A 동창회는 기금의 이자 5백만 원을 다섯 명의 학생에게 장학금으로 나누어주었다.'라는 문장에서 같은 몫으로 갈라주는 것은 '나눠'보다 '노나'라고 하면 뜻이 더 분명해진다. '나눠~'라고 하면 조금만 떼어줘도 되지만, '노나~'라고 하면 분량이 똑같아야 한다.

다음의 〈예시 8〉에서도 더 알맞은 단어들을 찾아본다면 밑줄 친 각각의 단어를 '고아/뽑아/조리다'로 바꾸어주면 될 것이다.

예시 8

(1) 이 식당은 소뼈를 12시간 동안 가마솥에 끓여 만든 국물로 해장국을 만든다.
(2) 굵은 무를 캐 동치미를 담갔다.
(3) 갖은 양념을 하여 생선을 졸이다.

3. 정서법의 기본을 아는 힘

언어를 규범에 맞게 사용하기 위해서는 '국어 정서법'에 맞게 써야 한다. 국어 정서법은 사회생활에서 반드시 지켜야 할 언어규칙을 국가에서 법령으로 정해놓은 것으로, 한글 맞춤법 · 표준어 규정 · 외래어 표기법 등이 포함된다.

3-1 한글 맞춤법에 관한 기본 지식

한글 맞춤법의 기본 원칙은 "표준어를 소리대로 적되, 어법에 맞도록 함을 원칙으로 한다."라고 되어 있다. 여기에는 음소주의와 형태주의 원칙을 아우르고 있다. 한글 맞춤법은 이 두 가지 원칙을 경우에 따라 적절히 조정하여 적용하고 있어 일반인들에게는 다소 까다롭게 느껴질 수도 있지만, 관심과 애정을 가지면 충분히 기억할 수 있다.

음소주의 원칙

음소주의 원칙은 '엇개'로 적지 않고 '어깨'로, '사랑이'로 적지 않고 '사랑니'로 적는 것과 같이 소리 나는 대로 적도록 규정한 것이다.

예시 9

기본 사항	예외
(1) 'ㄴ, ㄹ, ㅁ, ㅇ' 받침 뒤에서 나는 된소리는 소리대로 적는다.(*예: 산뜻하다/잔뜩/살짝/훨씬/움찔 …)	'ㄱ, ㅂ' 받침 뒤에서 나는 된소리는 된소리로 적지 아니한다.(*예: 깍두기/싹둑/법석/갑자기/몹시 …)
(2) '계, 례, 몌, 폐, 혜'의 'ㅖ'는 'ㅔ'로 소리 나는 경우가 있더라도 'ㅖ'로 적는다.(*예: 핑계/계집/계시다 …)	게시판(揭示板)과 휴게실(休憩室)은 예외로 한다.
(3) ① 첫머리에 'ㄹ'로 시작되는 한자음은 두음법칙에 따르되, 접두사처럼 쓰이는 한자가 붙어서 된 말이나(*예: 신여성/공염불 …), 합성어에서 뒷말의 첫소리가 'ㄴ' 또는 'ㄹ'로 나더라도 두음법칙에 따라 적는다.(*예: 남존여비/연이율/열역학/해외여행 …) ② 모음이나 'ㄴ' 받침 뒤에 이어지는 '렬, 률'은 '열, 율'로 적는다.(*예: 나열/규율/비율/분열/선율 …)	의존명사 '냥(兩)/년(年)/리(里)'는 본음대로 적는다.

형태주의 원칙

형태주의 원칙은 의미 파악을 편하게 하기 위해 어간(語幹)의 원형을 밝혀 적도록 규정한 것이다. '읽다'를 '익다'로, '읽는'을 '잉는'으로 소리 나는 대로 적는다면 어간의 형태가 달라져 의미 파악이 어렵게 되기 때문이다.

예시 10

기본 사항	예외
(1) 종결형 어미에서 사용되는 어미 '오'는 '요'로 소리 나는 경우가 있더라도 그 원형을 밝혀 '오'로 적고, 연결형 어미에만 '요'로 적는다.(*예: 이것은 책이요, 저것은 붓이오. …)	상대높임법에서 '해요체'에는 '요'를 쓴다. 이것은 '하오체'와 구별할 필요가 있기 때문이다.(*예: 하세요/주세요/가세요 …)
(2) 종래에는 '가깝다, 괴롭다'와 같이 양성모음으로 끝난 경우에는 모음조화에 따라 '가까와, 괴로와'로 적도록 했으나, 개정된 맞춤법에서는 실제 발음을 중시하여 '가까워, 괴로워'로 적도록 했다.	'곱다, 돕다'와 같은 단음절 어간에서는 모음조화를 인정하여 '고와, 도와'로 적도록 했다.
(3) 접미사가 붙어서 된 말은 의미 파악을 위해 원형을 밝혀 적는다.(*예: 살살이/곳곳이/집집이/일찍이/더욱이/생긋이/꿀꿀이/오뚝이 …)	어간의 뜻에서 멀어졌거나 특수한 접미사는 원형을 밝혀 적지 아니한다.(*예: 노름(도박)/거름(비료)/목거리(목이 붓고 아픈 병)/귀머거리/이파리/지붕/지푸라기 …)
(4) ① 두 개의 명사가 결합하여 합성명사를 이룰 경우에 뒤의 명사의 첫소리가 된소리로 나거나(*예: 귓밥/나룻배/냇가/뱃길/부싯돌/조갯살 …), 'ㄴ'소리가 덧날 때는 발음을 정확하게 하기 위하여 'ㅅ'을 넣어 적는다.(*예: 텃마당/아랫마을/뒷머리/잇몸/냇물/뒷일/베갯잇/댓잎/나뭇잎 …)	
② 그러나 한자어에서는 사잇소리를 붙이지 않는다.(*예: 외과/내과/초점/요점 …)	곳간(庫間)/셋방(貰房)/숫자(數字)/찻간(車間)/툇간(退間)/횟수(回數) 등은 예외로 한다.
(5) 어간이 '하–'로 끝나는 낱말에서 축약이 일어 날 때 거센소리로 나면 소리대로 적는다.(*예: 간편하게/간편케, 연구하도록/연구토록, 정결하다/정결타, 흔하다/흔타 …)	완전히 탈락되면 탈락된 대로 적는다.(*예: 거북하지/거북지, 섭섭하지/섭섭지, 깨끗하지/깨끗지, 생각하건대/생각건대 …)

(6) 두 말이 합성될 때 'ㅂ'소리나 'ㅎ'소리가 덧나는 것은 소리대로 적는다. 이것은 어원적으로 볼 때 옛 국어에서 'ㅂ'계열의 어두 자음군을 형성했던 낱말들(*예: 멥쌀/댑싸리/볍씨/입때/접때/좁쌀 …)과 'ㅎ'곡용어들(*예: 머리카락/살코기/수캐/수탉/암캐/암컷 …)이다.

(7) 어미 '-지'와 '-하지' 뒤에 '않-'이 연결되어 축약될 때 형태적으로는 '-쟎'과 '-챦'-이 되어야 하나, 소리 나는 대로 '-잖-'과 '-찮-'으로 적는다.(*예: 그렇지 않은/그렇잖은, 적지 않은/적잖은, 만만하지 않다/만만찮다, 변변하지 않다/변변찮다 …)

일상생활에서 혼동하기 쉬운 맞춤법의 사례

첫째, '-런지', '-른지'는 '-는지'를 잘못 표기한 것이다. 국어에 '-런지'나 '-른지'라는 어미가 없기 때문이다. '라면이 있을런지 모르겠다'나 '잘 할른지 걱정이다'와 같은 표기는 모두 '-는지'로 바꿔 써야 정확하다.

둘째, 부정을 나타내는 부사 '안'을 '않'으로 잘못 표기하는 경우가 많다. '아니'의 준말인 '안-'과 '아니하'의 준말인 '않-'을 정확하게 쓰자. '가지 않겠다'나 '무섭지 않다'의 '않-'은 '아니하겠다'나 '아니하다'의 준말이기 때문에 '하-'의 'ㅎ'을 취하는 것이다. 실제 발음에서도 'ㅎ'이 있음이 드러나기에, '않 가겠다'와 같은 실수는 하지 말아야 한다.

셋째, '되-'와 '되어'의 준말인 '돼-'도 정확하게 구별해서 써야 한다. '돼야'는 정확한 표기이지만, '되야'는 그렇지 않다. 따라서 '수해지역 재건축 20년 안 되도 허용'과 같은 표현에서 '안 되도'는 '안 돼도'로 쓰거나 '안 되어도'로 써야 한다.

넷째, 의미 맥락에 따라 〈예시 11〉에 정리한 다음의 표현들을 각각 구분해서 써야 한다.

예시 11

(1)	-던/던지	'하던 일'이나 '어찌나 반갑던지 춤이 절로 나왔다'에서 '-던'과 '-던지'는 과거형 어미로 쓰인다.
	-든/든지	'먹든 말든 네 맘대로 해라'나 '가든지 말든지 알아서 해'와 같이 '-든'과 '-든지'는 선택형 어미로 쓰인다.
(2)	-으므로	'그는 매일 열심히 일했으므로 부자가 되었다'와 같이 '-하기 때문에'의 뜻으로 쓰인다.
	-음으로	'그는 구두를 닦음으로 직업을 삼고 있다'와 같이 '-하는 것으로'의 의미로 사용된다.
(3)	그러므로	'저 학생은 몹시 부지런하다. 그러므로 늘 우등을 한다'의 경우에는 '그러니까, 그러기 때문에'의 뜻으로 쓰인다.
	그럼으로	'그는 열심히 공부한다. 그럼으로 자기의 본분을 삼고 있다'의 경우에는 '그렇게 하는 것으로'의 뜻으로 쓰여, 의미의 맥락 또한 달라지게 된다.
(4)	-으로서 -으로써	자격을 나타내는 '-으로서'와 수단이나 도구를 나타내는 '-으로써'를 제대로 구별하여 쓰는 것이 필요하다. 이 경우 '-서'나 '-써'는 생략될 수도 있으므로, 두 조사를 구별할 자신이 없다면 '으로'를 쓰는 방법을 택하는 것도 가능하다.
	-하므로써	'-하므로써'라는 표기는 성립하지 않는다. '-므로'라는 표현 다음에 '-써'가 오는 경우는 없기 때문이다.
	-함으로써	'-써'는 '-으로/로' 다음에만 결합하여 '(으)로써'의 형태로 쓰이는 조사이기 때문에 그 앞에 명사나 명사형이 와야만 하는 규칙을 갖고 있다. 따라서 '함으로써/읽음으로써/사랑함으로써'라고 써야 맞게 된다.

3-2 띄어쓰기에 관한 기본 지식

한글은 띄어쓰기를 하지 않으면 읽기에 대단히 불편하다. 그러므로 읽는 사람이 글의 뜻을 쉽고 편하게 파악할 수 있도록 하기 위해서는 띄어쓰기가 반드시 필요하다.

띄어쓰기의 기본 원칙

띄어쓰기의 기본 원칙은 '낱말은 각각 띄어 쓰되 조사는 윗말과 붙여 쓴다'는 것이다. 틀리기 쉬운 띄어쓰기에 대해 간략히 살펴보기로 하자.

첫째, 단음절로 된 단어가 연이어 나타날 때는 붙여 쓸 수 있다.(*예: 그 때 그 곳/그때 그곳, 좀 더 큰 것/좀더 큰 것, 한 잎 두 잎/한잎 두잎 …)

띄어쓰기의 목적은 그 뜻을 쉽게 파악하기 위한 것인데, 한 음절로 된 단어가 둘 이상 이어질 때는 오히려 쓰기와 읽기에 불편하므로 의미 덩어리를 적절히 고려하여 붙여 쓰는 것이 허용된다.(*예: 좀 더 큰 이 새 집/좀더 큰 이 새집 …)

둘째, 의존명사(*예: 가지/것/나름/따름/데/등/듯/리/만큼/무렵/바/번/분/뿐/수/적/양/이/줄/즈음/지/채/척 …)는 앞말의 도움 없이 홀로 쓰일 수 없지만, 하나의 단어로서의 기능을 가지므로 띄어 쓴다.(*예: 아는 것이 힘이다/나도 할 수 있다.)

그러나 윗말과 굳어져서 하나의 단어처럼 쓰이는 것은 붙여 쓴다.(*예: 이것/저것/그것/들것/별것/탈것/이번/저번/한번/이놈/저놈/그놈/이분/저분/그분/그이/저이/늙은이/젊은이/어린이/이쪽/저쪽/동쪽/서쪽/이편/저편 …)

셋째, 성과 이름, 성과 호 등은 붙여 쓰고, 이에 덧붙는 호칭어, 관직

명은 띄어 쓴다.(*예: 채영신 씨/최치원 선생/정주영 회장/충무공 이순신 장군 …)

성명 이외의 고유명사와 전문용어는 단어별로 띄어 씀을 원칙으로 하되 붙여 쓸 수 있다.(*예: 대한 중학교/대한중학교, 영동 고속 도로/영동고속도로, 만성 골수성 백혈병/만성골수성백혈병 …)

넷째, 〈예시 12〉와 같은 경우는 상황에 따라 달리 적용하게 되므로 사례를 잘 살펴두는 것이 필요하다.

예시 12

(1) 단위를 나타내는 명사는 띄어 쓴다.(*예: 한 개/차 한 대/소 한 마리/옷 한 벌/집 한 채 …)	다만, 아라비아 숫자 뒤에서는 붙여 쓸 수 있다.(*예: 1개/2개월/3시간/4일간/5주간/90도 …)
(2) 보조용언은 띄어 씀을 원칙으로 하지만, 경우에 따라 붙여 씀도 허용된다.(*예: 불이 꺼져 간다/불이 꺼져간다, 그 일은 할 만하다/그 일은 할만하다 …)	다만, 조사가 들어가거나 앞말이 합성동사인 경우는 띄어 쓴다.(*예: 책을 읽어도 보고/비가 올 듯도 하다/네가 덤벼들어 보아라 …)

일상생활에서 혼동하기 쉬운 띄어쓰기의 사례들

첫째, 첩어는 띄어 쓰지 않는다.(*예: 가끔가끔/굽이굽이/알쏭달쏭/서럽디서럽다/크디크다/가깝디가깝다 …)

둘째, 두 말을 이어주거나 열거할 때 쓰이는 말들은 띄어 쓴다.(*예: 국장 <u>겸</u> 과장/열 <u>내지</u> 스물/청군 <u>대</u> 백군 …)

셋째, '대로', '만큼', '뿐'은 체언 위에 결합할 때는 조사이므로 붙여 쓰지만(*예: 법대로, 약속대로, 너만큼, 하나뿐이다 …), 용언의 관형사형인 '–은/는/을/를' 뒤에서는 불완전명사로 보고 띄어 쓴다.(*예: 본 대로 말한다, 약속한 대로 이행한다, 먹을 만큼 먹었다, 만났을 뿐이다, 웃을 뿐이다 …)

넷째, 불완전명사는 띄어 쓴다. 명사적 기능을 나타내는 불완전명사(*예: 김/가량/나위/따위/때문/리 …)는 '화난 김에/여섯 가량/더할 나위/저런 따위/알기 때문/그럴 리가 …' 등과 같이 띄어 쓴다. 부사적 기능을 하는 불완전명사(*예: 둥/족족/채/체 …)는 '본 둥 만 둥/보는 족족/옷 입은 채/모르는 체를 …' 등과 같이 띄어 쓴다.

다만, 다음의 〈예시 13〉에서처럼 문맥에 따라 붙여 쓰는 경우가 있으므로 살펴야 한다.

예시 13

~들	'~들'은 복수를 표현할 때는 접미사여서 붙여 쓰지만(*예: 사람들/학생들 …), '그런 따위'의 의미로 쓰이는 경우에는 불완전명사로 띄어 쓴다.(*예: 쌀, 보리, 콩, 조, 기장 들을 오곡이라 한다. …)
~지	'~지'가 의문형 어미인 경우는 붙여 쓰지만(*예: 그가 가는지 안 가는지 모르겠다/집이 큰지 작은지 모른다 …), 용언의 관형사형인 '~은/는' 뒤에서 시간의 경과를 나타낼 때는 불완전명사로 보고 띄어 쓴다.(*예: 그가 떠난 지 열흘이 지났다/그를 만난 지 3년이 되었다 …)
~차	'~차'가 명사 뒤에 결합하여 '-하려고'의 의미를 나타낼 때는 접미사로 붙여 쓰지만(*예: 어학 연수차 도미했다 …), 용언의 관형사형인 '~던'이나 '~았/었던' 뒤에서 '어떤 기회를 겸해서'라는 뜻으로 쓰이면 불완전명사이므로 띄어 쓴다.(*예: 고향에 있던 차에 맞선을 보았다 …)
~데	'~데'가 시간이나 장소를 나타낼 때는 불완전명사이므로 띄어 쓰지만(*예: 아픈 데 먹는 약/갈 데가 없다 …), 연결형 어미로 쓰일 때는 붙여 쓴다.(*예: 그녀는 예쁜데, 성격이 나쁘다 …)

3-3 표준어에 관한 기본 지식

표준어는 지역 간의 언어차이를 극복하여 원활한 의사소통을 가능하도록 하기 위해 존재하는 것이므로, 대중을 상대로 하는 공식석상에서는 표준어와 표준발음을 사용하는 것이 언어생활의 기본 예의라 할 수 있다.

표준어의 원칙

첫째는 교양 있는 사람들이 쓰는 말로 한다는 것이다. 이는 속어나 비어는 표준어로 하지 않는다는 것을 말한다. 둘째는 사람들이 두루 쓰는 말로 한다는 것이다. 이는 빈도 상으로 보다 많은 사람들이 사용하는 말을 표준어로 채택한다는 것이다. 셋째는 현대 서울말로 한다는 것이다. 이는 이미 사용되지 않는 고어와 각 지방의 사투리는 표준어로 정하지 않는다는 것을 말한다.

틀리기 쉬운 표준어

첫째, 파생어, 합성어 등은 형태를 중시하여 어원을 밝혀 적는 것을 원칙으로 하지만, 어원에서 멀어진 형태로 굳어져서 널리 쓰이는 것은 그것을 표준어로 삼는다.(*예: 강낭콩/사글세 …)

둘째, 기술자에게는 '-장이'를 붙이고(*예: 미장이/유기장이 …), 그 외에는 '-쟁이'가 붙는 형태를 표준어로 삼는다.(*예: 멋쟁이/소금쟁이/담쟁이덩굴/골목쟁이 …)

셋째, 한자 '구(句)'가 붙어서 이루어진 단어는 '구'로 통일한다.(*예:

구절(句節)/대구(對句)/문구(文句)/시구(詩句)/인용구(引用句) …) 다만, '글귀/귀글'은 예외로 한다.

넷째, 준말이 널리 쓰이고 본말이 잘 쓰이지 않는 경우에는 준말을 표준어로 삼는다.(*예: 귀찮다(귀치않다×)/김(기음×)/똬리(또아리×)/무(무우×)/뱀(배암×)/샘(새암×)/생쥐(새앙쥐×)/온갖(온가지×)/솔개(소리개×)/장사치(장사아치×) …)

다만, 준말과 본말이 다 같이 널리 쓰이면서 준말의 효용이 뚜렷이 인정되는 것은 두 가지를 다 표준어로 삼는다.(*예: 노을/놀, 막대기/막대, 망태기/망태, 머무르다/머물다, 서투르다/서툴다, 시누이/시뉘/시누, 오누이/오뉘/오누, 외우다/외다 …)

다섯째, 발음과 관련하여 〈예시 14〉와 같은 사항을 기억해두자!

예시 14

(1) 'ㅣ'모음 역행동화에 의한 발음	① 'ㅣ' 모음 역행동화에 의한 발음은 원칙적으로 표준어로 인정하지 않는다.(*예: 아지랑이/(아지랭이×), 호랑이/(호랭이×), 노랑이/(노랭이×) …) ② 다만, '서울내기/시골내기/신출내기/풋내기/냄비' 등은 예외로 한다.
(2) 모음이 단순화한 형태	① 모음이 단순화한 형태를 표준어로 삼는다.(*예: 괴팍하다/(괴퍅하다×), 미루나무/(미류나무×), 으레/(으례×), 케케묵다/(켸켸묵다×), 허우적거리다/(허위적거리다×) …) ② 하지만, 모음의 발음이 변화된 말은 발음이 바뀌어 굳어진 형태를 표준어로 삼는다.(*예: 깍쟁이/(깍정이×), 나무라다/(나무래다×), 바라다/(바래다×), 미숫가루/(미싯가루×), 상추/(상치×), 주책/(주착×), 지루하다/(지리하다×), 허드렛물/(허드랫물×) …)

(3) 비슷한 발음	① 몇 가지 형태의 비슷한 발음이 쓰일 경우, 그 의미에 아무런 차이가 없어 그 중 하나가 더 널리 쓰이면 그것을 표준어로 삼는다.(*예: 귀지(귀에지×)/꼭두각시(꼭둑각시×)/까딱하면(까땍하면×)/멸치(며루치/메리치×) …) ② 너/(네×) (*예: 너 푼) ③ –(으)려고/(–(으)ㄹ려고×) (*예: 가려고) ④ –습니다/(–읍니다×) (*예: 있습니다) ⑤ 천장(天障)/(천정×) (*예: 천장이 낮다)
(4) '위/윗/웃'	① '웃–', '윗–'은 기본적으로 '윗–'으로 통일한다.(*예: 윗눈썹/윗니/윗도리/윗몸 …) ② 다만, 된소리나 거센소리 앞에서는 '위–'로 한다.(*예: 위짝/위쪽/위층/위치마/위턱/위팔 …) ③ '아래, 위'의 대립이 없는 단어는 '웃–'으로 발음되는 형태를 표준어로 삼는다. (*예: 웃돈/웃어른 …)

3–4 외래어 표기법에 관한 기본 지식

각국의 언어를 우리말로 옮겨 적는 것은 쉬운 일이 아니다. 우리말을 맞춤법에 맞게 적어야 하듯이 외래어도 표기법에 맞게 써야 한다. 외래어 표기에 대한 최소한의 이해도 없이 나름대로 현지 발음에 가깝게 적다 보면 우스꽝스러운 표기가 되기도 한다. 외래어 표기의 일반원칙을 알고, 제대로 표기하는 습관이 필요하다.

외래어 표기법은 외국어 또는 외래어를 우리 글자로 어떻게 적을 것인지를 규정해놓은 것이다. 우리말의 발음 구조에 맞는 표기방식을 정해놓은 것이기 때문에 현지 발음과 차이가 나는 부분도 있다.

외래어 표기의 기본 원칙

첫째, 된소리(ㄲ/ㄸ/ㅃ/ㅆ/ㅉ)를 쓰지 않는 것을 원칙으로 한다.(*예: 까페→카페/빠리→파리/르뽀→르포/씨스템→시스템 …)

둘째, 받침에는 'ㄱ/ㄴ/ㄹ/ㅁ/ㅂ/ㅅ/ㅇ'만 쓴다.(*예: 커피숖→커피숍/디스켙→디스켓/라켙→라켓/케잌→케이크/스크랲→스크랩/굳모닝→굿모닝 …)

셋째, 원어에서 띄어 쓴 말은 띄어 쓴 대로 한글 표기를 하되 붙여 쓸 수도 있지만, 일반적으로 한 단어로 취급해 붙여 쓰는 쪽을 따르고 있다.(*예: mass media 매스 미디어/매스미디어, top class 톱 클래스/톱클래스, Los Angeles 로스 앤젤레스/로스앤젤레스 …)

넷째, 인명과 지명 표기에 관한 사항을 정리하면 〈예시 15〉와 같다.

예시 15

(1) 한자권	① 한자권의 인명 표기는 과거인과 현대인을 구분(1911년 신해혁명 기준)해 과거인은 우리식 한자음대로 표기한다.(*예: 공자(孔子)/노자(老子)/제갈량(諸葛亮) …) ② 현대인은 원음을 따라 표기하되 처음에 한해 한자를 괄호 속에 병기한다.(*예: 덩샤오핑(鄧小平)/저우언라이(周恩來)/주룽지(朱鎔基) …) ③ 한자권 외국의 지명은 원음을 따르되, 처음에 한해 괄호 속에 한자를 병기한다.(*예: 베이징(北京)/상하이(上海)/도쿄(東京)/교토(京都)/타이페이(臺北) …)
(2) 일본인	일본인의 인명은 과거와 현대 구분 없이 원음을 따라 표기하는 것을 원칙으로 하되, 처음에 한해 한자를 괄호 속에 병기한다.(*예: 고이즈미 준이치로(小泉純一郎)/가토 기요마사(加藤清正)/후쿠다 야스오(福田康夫) …)
(3) 기타	① 기타 외국의 인명은 원음만 적는 것을 원칙으로 한다.(*예: 미하일 고르바초프/토니 블레어/사담 후세인/조지 부시 …) ② 지명의 표기도 마찬가지이다.(*예: 워싱턴/로마/런던/밴쿠버/취리히/카이로/바그다드 …)

연 습

그렇다면 우리들의 실력은 어느 정도일까? 다음에 제시한 문제들을 살피면서 자신의 공부를 다시 한 번 다져보기 바란다. 일취월장하여, 100점 만점에 도전해보자!

1. 다음 문장에서 틀린 곳을 모두 찾아 바르게 고치시오.(예: ○○→△△)

① 아무 문제가 없슴을 증명하겠습니다.
② 윗층에 세째 딸이 살고 있지요.
③ 그 편지를 읽으므로써 모든 오해가 풀렸다.
④ 내 동생은 공부를 너무 잘한다.
⑤ 걱정 마, 내가 할께.
⑥ 자리에 앉아 주십시요.
⑦ 다음 회계년도에 가서 생각해 봅시다.
⑧ 21세기에는 과연 하늘을 날으는 자동차가 만들어질까?
⑨ 이번 프로젝트는 지난번과는 전혀 틀린 일입니다.

2. 다음 문장에서 정확하지 않은 단어를 찾아 고치시오.(예: ○○→△△)

① 우리가 대학이란 곳에 발을 디딘 것도 2년이 다 되어간다.
② 우리 어머니도 대학에서 영문과를 전공하신 분이다.
③ 그 집, 아주 결단났어.
④ 바이올린의 거장 정경화 씨에게 사사 받았다.
⑤ 귀성하는 국민들 각자가 자가용 승용차를 삼가해야 한다.
⑥ 준하는 '이전에 한 번도 와본 적이 없어 이번이 처음이다'며 감회가 새로운 모습이었다.

3. 다음 사항이 맞으면 ○, 틀리면 × 표시를 하시오.

① 이따가 보자□/ 하루 종일 집에 있다가 어딜 가는 거니?□
② 어제 보니까 연아가 참 예쁘데□/ 사람들이 그러는데 예슬이가 더 예쁘대□
③ 안건을 회의에 부치다□/ 꽃꽂이에 취미를 붙이다□
④ 우산을 받치다□/ 나라를 위해 목숨을 바치다□
⑤ 무심코 고개를 돌리다 그와 눈길이 부딪쳤다□/ 그들의 결혼은 부모의 반대에 부딪혀 성사되지 못했다□
⑥ 싸움을 벌이다□/ 밤송이를 벌리고 알밤을 꺼내다□
⑦ 고무줄을 당겨 늘이다□/ 인원을 늘리다□
⑧ 왠지 가슴이 두근거린다□/ 웬 험상궂게 생긴 사람이 날 따라오더라□
⑨ 프로야구 우승팀을 맞히다□/ 계산을 맞추어 보다□

4. 다음 문장에서 조사나 어미가 정확하지 않은 부분을 찾아 고치시오.

① 바둑을 인생과 비유하는 데는 조금도 무리가 없다.
② 내가 사진보기를 즐겨하는 것은 단순히 과거의 집착만은 아니다.
③ 이 계획이 성사될 수 없게 되자 큰 피해를 당하게 됐다.
④ 젊은 사람들이나 기성세대나 사랑이란 감정은 일상생활과 분리되어 관념적으로 존재하는 환상이다.

5. 다음을 올바르게 띄어쓰기하시오.(예: 다음∨문장을∨)

① 그녀는손에흙안묻히고사는게소원이었다.
② 사과와배등의과일이한상자내지두상자쯤필요하다.
③ 네가얼만큼노력하느냐에따라결과가달라질것이다.일생이좌우될만큼중요한순간이다.

6. 호응의 문제를 제대로 지키지 못하고 있는 부분을 찾아 고치시오.

① 시험 발표 후 얼마 동안은 기쁨으로 무얼 할지도, 해야 할 일도 없었다.

② 통일이 되어도 그만, 안 되어도 그만이라는 사고방식을 가진 이들의 생각에 통일이란 꼭 필요하다는 인식을 심어줘야 한다고 생각한다.

③ 인생은 정답이 아닌, 개인에게 어울리는 해결책만을 갖고 있다고 결론지었다.

④ 어떤 이유에서든 배반이라는 행위 자체는 우리 사회에서 이미 안 좋은 인상으로 낙인찍힌 단어이다.

⑤ 내 꿈은 훌륭한 의사가 되어 가난한 사람들에게 의술을 펼치려고 한다.

⑥ 나는 결코 이 일을 하겠다.

⑦ 이러한 성격 때문에 당하는 손해가 여간 크다.

⑧ 이번 시험에서 성적이 나쁘게 나온 학생은 방과 후 보충수업을 시켜야 한다.

⑨ 심지어 대학친구들까지도 나를 얌전 또는 말이 없다는 식으로 얘기했다.

7. 다음 사항이 맞으면 ○, 틀리면 × 표시를 하시오.

① 비가 오는데 어딜 가니?□/ 그를 설득하는 데 며칠이 걸렸다□

② 시험에 실패했다니 참 안되었다□/ 시간이 아직 안 되었다□

③ 못된 친구□/ 떠난 지 채 1년이 못 되었다□

④ 아파서 일을 못 하다□/ 형이 동생만 못하다□

⑤ 이거 얼마 만인가?□/ 오랜만에□

⑥ 공부만 하다□/ 그 사람도 키가 꼭 너만 하더라□

⑦ 저 도서관만큼 크게 지으시오□/ 애쓴 만큼 얻게 되어 있다□

⑧ 숙제를 해 온 학생은 철수뿐이었다□/ 허공만 응시할 뿐 아무 말이 없었다□

⑨ 약속대로 되었다□/ 바른 대로 대라□

제2장 제대로 인용하기

1. 인용 훈련이 중요한 이유

다음의 〈예시 1〉은 '인용법(引用法, allusion)'을 소개하고 있는 사전적 정의를 모아놓은 것이다. 이를 참고해서 대학생의 학술적 글쓰기에서 '인용'하는 글쓰기가 왜 필요한지 자신의 생각을 정리하는 시간을 가져보자.

예시 1

- 자신의 주장을 강조하기 위하여 남의 말이나 글을 따오는 수사법. 남의 말이나 글을 있는 그대로 따오기도 하지만, 때로는 자신의 말로 요약하거나 표현을 달리하여 언급하는 방식.
- 설명이나 해석을 하는 데 자신의 말보다 자료 그 자체를 제시하는 것이 독자의 이해를 돕는 데 훨씬 효과적이라고 판단되는 경우에 사용하는 방법.
- 인유법(引喩法)이라고도 하는데, 남의 말이나 글을 인용해 글의 신뢰도를 높이거나 내용을 충실히 하고, 자기 이론의 정확성을 꾀하며, 문장에 변화를 주는 표현 방법을 지칭한다.

학술적 글쓰기 작성에서 인용 훈련의 중요성을 강조하는 것은 우리가 그 어느 때보다 지식과 정보의 세계가 무한한 시대에 살고 있기 때문이다. 인터넷의 발달로 정보나 지식을 찾고 수용하는 것이 과거에 비해 훨씬 수월해졌을 뿐만 아니라 지식과 정보의 양도 방대해졌다. 하지만 무한한 정보의 바다에서 자신에게 꼭 필요한 지식과 정보를 찾아내기가 쉽지 않으며, 과다한 지식과 정보의 홍수가 오히려 창의적인 사고를 방해하는 경우도 많다.

따라서 지금의 우리에게 필요한 것은 자신의 생각과 의견을 창의적이고 논리적으로 표현하는 훈련이다. 이는 필요한 자료를 선별하여 이를 참조하되 자신의 사고과정을 통해 적절한 결과로 귀결되는, 이른바 글쓰기에서 요구되는 의사소통의 과정이라고 할 수 있다. 이런 훈련을 통해 필요한 자료의 목록을 확인하고 또 적합한 정보를 수용하여 기본적인 지식 습득의 과정을 거치면서, 다소 소박하거나 미흡한 자신의 지식과 논리가 좀 더 발전되거나 풍부한 단계로 완성될 수 있게 된다.

그런 의미에서 인용은 학술적 글쓰기의 꽃이다. 제대로 인용한다는 것은 제대로 자료를 찾았다는 것이고, 이는 곧 정확히 주석을 단다는 것이고, 아울러 참고문헌 작성까지 제대로 할 수 있다는 것을 의미하기 때문이다.

인용의 절차

인용의 방법을 적용하기 위해서는 다음과 같은 절차를 기억해두는 것이 편리하다. 예를 들어, 다음과 같은 글을 자신의 리포트에 활용하고 싶다면 우리는 먼저 자료 정리의 방법에 따라 자료카드들로 정리해두어야 한다. 이렇게 자료카드 작성법에 따라 정리된 것이 바로 〈예시 2〉와 〈예시 3〉이다.

예시 2

노인의 죽음에 대한 비유
"한 사람의 노인이 죽게 되면, 그것은 도서관 하나가 불타버리는 것과 같다."
*출처: 마르틴 라퐁, 『파란 앞치마』, 김이소 옮김(도서출판 이레, 2001), 책머리에 있는 글.

예시 3

나이에 관한 고전적 명문
"나는 열다섯에 학문에 뜻을 두고, 서른에 서고, 마흔에 미혹되지 않게 되었고, 쉰에 천명을 알게 되었으며, 예순이 되어 남의 말을 사실 그대로 들을 수 있게 되고, 일흔이 되어 원하는 대로 행하여도 규범의 틀을 넘지 않게 되었다."
*출처: 공자, 『논어』, 김형찬 역(혜인출판사, 1975), 23쪽.

다음으로, 이렇게 자료카드가 만들어지면 이것들을 이용하여 인용하는 글쓰기를 할 수 있게 된다. 〈예시 4〉에서와 같이 일정한 주제에 따라 자료카드에 정리된 글들을 인용하며 자신의 의견을 개진하며 글쓰기를 해나가게 되는 것이다.

이러한 방식으로 리포트를 작성할 때, 학술적 글쓰기에서는 자료를 찾아서 '인용'하고 '주석(註釋) 달기'까지 하였다고 말한다. 이 경우 정해진 방법에 따라 인용과 주석 작업의 규칙을 따라야 함은 당연하다.

예시 4

과연 어떻게 사는 것이 바람직한 것일까? 이 문제에 대하여 한 번쯤 생각해보았을 것이다.

> 나는 열다섯에 학문에 뜻을 두고, 서른에 서고, 마흔에 미혹되지 않게 되었고, 쉰에 천명을 알게 되었으며, 예순이 되어 남의 말을 사실 그대로 들을 수 있게 되고, 일흔이 되어 원하는 대로 행하여도 규범의 틀을 넘지 않게 되었다.[1]

☜ 〈예시 3〉의 자료카드를 직접인용하고 있다.

위의 글은 공자가 그의 일생을 통해 일군 학문을 이루는 과정을 나타낸 것이다. 이 글을 보면, 공자라는 성인도 '학문'이라는 하나의 뜻을 이루기 위해 평생의 시간을 소비하였다는 것을 알 수 있다.

요즘 우리는 너무 빠른 시대를 살고 있는 것 같다. 무엇이든 빨리 하지 않으면 패배하고 뒤처지는 것으로 간주되는 세상이다. 그러나 과연 '천천히' 사는 것이 실패한 삶이라 단정 지어 버릴 수 있는 것일까? 한 사람의 삶은 살고 있는 시간 자체를 통해 완성되는 것이라고 생각한다. 그리고 그런 삶은 다른 세대의 삶의 밑거름이 되어 새 삶을 완성하는 영양분이 된다. 마르틴 라퐁은 한 사람의 노인의 죽음을 '도서관이 불타는 것'에 비유했으니,[2] 사람이 평생을 위해 완성하는 삶의 의미는 사뭇 큰 것이라 할 수 있다.

☜ 〈예시 2〉의 자료카드를 간접인용하고 있다.

무엇인가 삶의 목표를 위해 정진하는 데 있어 시간의 길이는 아무 의미가 없다고 생각한다. 그것을 빨리 끝낸다는 것보다 그것을 음미하고 깨닫는 데 더 의의가 있는 것이 아닐까?

---

1 공자, 『논어』, 김형찬 역(혜인출판사, 1975), 23쪽.
2 마르틴 라퐁, 『파란 앞치마』, 김이소 옮김(이레, 2001), 책 머리에 있는 글.

2. 인용의 방법

2-1 직접인용의 방법

직접인용(direct quotation)은 원문 그대로 옮겨놓을 필요가 있을 때 하는 인용의 방식이다. 예를 들어, 다음과 같은 경우에는 직접인용의 방식을 선택하는 게 더욱 효과적이다.

예시 5

(1) 원문(原文)이 아니고는 다른 적절한 표현을 찾을 수 없을 때
(2) 원문을 그대로 제시하지 않으면 독자가 그릇된 해석을 할 염려가 있을 때
(3) 글쓴이의 입장과는 상충되는 견해를 더욱 분명하게 하고자 할 때

직접인용에서는 다른 사람의 말과 그것을 옮겨다 쓰는 사람의 말을 분명히 구별하기 위하여 따다 쓴 말 앞뒤에 큰따옴표를 붙이는 식으로 사용한다. 직접인용을 할 때는 글의 내용면에서뿐만 아니라 문장 기호, 부호 등을 그대로 옮겨주는 것이 원칙이다. 다음에 제시한 〈예시 6〉의 첫 번째 인용 부분을 살펴보자.

예시 6

그동안의 스포츠는 안전과 절제를 중요시했다. 반면에 이종격투기는 가장 원초적인 상태에서 격투를 진행하고 표현의 수위도 높기 때문에 그 폭력 수위가 높은 것이 사실이다. 하지만 이런 변화가 기존 정서에 맞지 않기 때문에 이종격투기를 스포츠가 아니라고 할 수는 없다. 본래 "육체의 전쟁을 규칙화하여 게임으로 만든 것이 스포츠"[1]이고 사실상 이종격투기는 그런 스포츠의 본질에 가장 가깝기 때문이다.

> 주어진 임의의 규칙 속에서 상대자와의 경쟁적 활동을 통해 인간 투쟁적 욕구를 만족시키려는 놀이가 게임이라고 할 수 있다. 이때의 만족은 어떤 복잡하고도 어려운 문제에 직면하거나 상대의 공격을 예측할 수 없는 상황에서 경쟁적 투쟁을 통해 수수께끼 같은 상황을 타개한 해결의 기쁨과 상대를 패배케 한 승리의 쾌감을 중심으로 한다.[2]

위의 글에서도 볼 수 있듯이 인간은 욕구의 만족을 통해 쾌락을 추구하여 게임을 통해 해결할 수 있는 욕구는 투쟁적 욕구이다. 또한 스포츠를 즐기면 이런 투쟁적 욕구의 해소뿐 아니라 장애물을 해결하여 성취감을 올리고, 나아가 승리를 통한 쾌감까지도 얻을 수 있다.

☜ 인용 부호를 이용하여 직접인용하고 있다.

☜ 인용문단으로 처리하여 직접인용하고 있다.

1 가와베 가즈토, 『게임시나리오』, 김태완 역(시니리오 친구들, 1999), 112~113쪽.

2 설성경 · 김교봉, 『문화산업지대 신국문학을 위한 미디어 문학의 이해』(새미, 2003), 143쪽.

만약 직접인용을 하고자 하는 부분이 비교적 길어 인용 부호를 사용하는 것이 글 읽기에 혼란을 주는 경우라면, 〈예시 7〉의 두 번째 인용 부분에서처럼 지문에서 따로 떼어 별도의 인용문단으로 처리하는 방법을 선택하면 된다. 이렇게 직접인용의 방법을 택하되, 인용문단으로 처리하는 경우에는 몇 가지 규칙이 있다.

예시 7 **인용문단 만드는 법**

(1) 인용 부호를 붙이지 않는 대신 인용 부분의 위아래로 1행씩을 비운다.
(2) 인용 부분 전체는 본문보다 더 들여쓰기할 수 있도록 왼쪽(또는, 양쪽)의 여백에 수치를 설정하는 식으로 문단 모양의 기본 서식을 조정한다.
(3) 인용 부분은 본문의 서식보다 행간을 좁히며 글자 크기를 작게 하여, 시각적으로도 인용문단으로 처리된 것임을 확연하게 구분할 수 있도록 한다.

대상자료를 직접 제시해야 하는 경우

감상의 대상자료를 직접 제시해야 할 때 역시 직접인용의 방법을 사용하는 게 효과적이다. 예를 들어, 한 편의 시를 읽고 감상문을 써야 하는 경우 직접인용의 방법을 통해 대상작품을 제시하는 것이 필요하다.

먼저, 〈예시 8〉에서 보다시피 인용 부호를 사용하여 직접인용을 하는 경우이다.

예시 8

〈긍정적인 밥〉이라는 시에서 "詩 한 편에 삼만 원이면/ 너무 박하다 싶다가도/ 쌀이 두 말인데 생각하면/ 금방 마음이 따뜻한 밥이 되네/"[4]라고 시인은 말한다.

4 함민복, 『자본주의의 약속』(창작과 비평사, 1993), 5면.

다음으로, 인용문단의 방식을 활용하여 직접인용을 하는 경우이다. 이 경우 시 작품을 직접인용의 방식으로 제시하는 방법은 〈예시 9〉에서처럼 전문(全文)을 보여주어도 되지만, 〈예시 10〉과 〈예시 11〉에서처럼 해당 부분만을 발췌하여 보여주어 지면을 효율적으로 절약하는 것도 가능하다. 이 경우에는 인용문단의 방법을 활용한 것이므로, 앞서 제시한 규칙대로 대상자료를 제시하면 된다.

예시 9

詩 한 편에 삼만 원이면
너무 박하다 싶다가도
쌀이 두 말인데 생각하면
금방 마음이 따뜻한 밥이 되네
시집 한 권에 삼천 원이면
든 공에 비해 헐하다 싶다가도
국밥이 한 그릇인데
내 시집이 국밥 한 그릇만큼
사람들 가슴을 따뜻하게 덮어줄 수 있을까
생각하면 아직 멀기만 하네

– 함민복의 시 〈긍정적인 밥〉 전문[1]

예시 10

詩 한 편에 삼만 원이면
너무 박하다 싶다가도
쌀이 두 말인데 생각하면
금방 마음이 따뜻한 밥이 되네

– 함민복, 〈긍정적인 밥〉 중에서[2]

예시 11

詩 한 편에 삼만 원이면/ 너무 박하다 싶다가도
쌀이 두 말인데 생각하면/ 금방 마음이 따뜻한 밥이 되네[3]

알아두면 편리한 몇 가지 사항들

첫째, 직접인용의 경우에는 앞뒤 문장이나 중간 부분을 생략하는 경우가 있다. 이럴 경우에는 〈예시 12〉에서처럼 줄임표(…)를 사용한다. 만약 생략 부분이 한 단락 이상일 경우에는 한 줄 전체를 줄임표로 메워 준다. 인용할 내용이 길다면 줄임표를 적절히 사용하여 중요한 부분만을 언급하면 된다.

예시 12

"결혼을 하였지만, 그 처녀는 솔거의 얼굴을 보고 기절을 하고 … 깨어나서는 그냥 집으로 도망쳐버리고 … . 또 한 번 장가를 들어보았지만, 그 색시 역시 … 무서워서 죽어도 같이 못 살겠노라고 …"[5] 도망쳐버리는 바람에, 화공 또한 두 번이나 결혼에 실패한 전력(前歷)을 가지고 있다.

둘째, 직접인용의 경우 만일 원문에 잘못 표기되어 있거나 인쇄된 말이 있을 경우, 그것이 잘못된 것임을 알아도 마음대로 바로잡아서는 안 된다. 원문에 명백한 오류가 있어서 독자가 그것을 오해할 가능성이 있는 경우에는 〈예시 13〉의 (1)에서처럼 원문 그대로 쓰고 [원문 그대로]라는 표시를 넣으면 된다. 또한 인용 원문 중간에 인용자가 자신의 해석이나 부기 사항을 덧붙이고자 할 때 역시 〈예시 13〉의 (2)에서처럼 [ ]를 하고 적어 넣는다.

예시 13

(1) "춘향으로 해독할 수 잇음을 술하엿다[원문 그대로]"[6]
(2) "영조 38년[서기 1762년] 장헌세재[사도세자를 말함]가 참혹한 죽음을 당할 때…"[7]

셋째, 직접인용을 할 때는 글의 내용면에서뿐만 아니라 문장 기호, 부호 등을 그대로 옮겨야 한다. 만약 인용해야 하는 자료에서 이미 큰따옴표(" ")를 사용하고 있다면, 〈예시 14〉에서처럼 인용문 안의 큰따옴표(" ")를 작은따옴표 (' ')로 처리하는 것이 가독성을 높이는 방법이 된다.

예시 14

우리는 가끔 학문을 배우느냐 아니면 스스로 하느냐 하는 문제를 제기하는 수가 있다. 이 점에 대해 칸트는 일찍이 "나는 철학을 가르치지 않는다. 다만 '철학하는 일'만을 가르칠 뿐이다"[8]라고 말한 바 있다.

2-2 간접인용의 방법

간접인용(indirect quotation)은 인용하고자 하는 부분을 원문 그대로 옮기지 않고 글쓴이의 말로 바꿔서 인용하는 것을 말한다.

예시 15

직접인용	간접인용
우리는 가끔 학문을 배우느냐 아니면 스스로 하느냐 하는 문제를 제기하는 수가 있다. 이 점에 대해 칸트는 일찍이 "나는 철학을 가르치지 않는다. 다만 '철학하는 일'만을 가르칠 뿐이다."[1] 라고 말한 바 있다.	우리는 가끔 학문을 배우느냐 아니면 스스로 하느냐 하는 문제를 제기하는 수가 있다. 이 점에 대해 칸트는 철학은 가르칠 수 없고 철학하는 것을 가르칠 수 있다고 주장하였다.[1]

직접인용에서는 다른 사람의 말과 그것을 옮겨다 쓰는 사람의 말을 분명히 구별하기 위하여 따다 쓴 말 앞뒤에 큰따옴표를 붙이는 식으로 구별하였다. 하지만, 간접인용에서는 이러한 인용 부호를 사용하지 않고, 인용이 끝나는 지점에 주석 번호를 달고 각주에 그 출처를 명시하는 방식을 취하고 있다. 그렇기 때문에 간접인용의 방법을 적용할 때는 표절의 의혹을 받지 않도록 출처 표기에 더욱더 신경을 써야 한다.

간접인용의 방법은 원문의 내용을 자기의 표현방식으로 바꾸어 자신의 논의과정에 끌어들이는 것으로, 자신이 쓰고자 하는 글의 흐름과 자연스럽게 어울리게 표현을 더욱 다듬어야 한다. 그래서 이러한 작업을 명확하면서도 세련되게 해내기 위해서는 지식을 자기 것으로 소화해내는 인용자의 학문적 식견이 더더욱 요구된다.

자연스럽게 익숙해지기까지 충분한 연습이 필요하다는 점에서 직접인용보다 어려운 작업이라 할 수 있다. 하지만, 간접인용은 직접인용을 적용하기 어려운 상황에서 그 어려움을 해소할 수 있는 장점을 지니고 있어 보다 보편적으로 쓰인다. 대표적인 두 가지의 경우를 들어 살피기로 하자.

요약의 방식을 활용한 간접인용

먼저, 원문의 길이 조정이 필요할 때 요약(要約)의 방식을 활용하여 간접인용의 방식을 적용할 수 있다. 곧 원문의 요점만 간추려 짧게 줄여 인용하는 방법으로, 인용하고자 하는 원문의 길이는 몇 장 이상의 분량을 차지하고 있음에도 간접인용의 방식을 활용하면 불과 몇 줄의 요점으로 간추려져 인용되기도 한다.

예시 16

텔레비전 드라마를 분석한 최근의 한 연구에 따르면, 등장인물 중 남성은 74%가 직업을 가진 것에 비해, 여성의 경우 약 40%가 주부이고 37%만이 직업을 가지고 있는 것으로 나타난다. 뿐만 아니라 남성의 경우에는 전 연령마다 골고루 직업을 가지고 있으며 직종 또한 다양함에 비해 여성들은 대개 미혼 여성이나 특수한 경우(대부분 미망인이나 이혼녀)에 한해서만 직업을 가졌으며 직종도 극히 제한되어 있다고 한다.[1] **이 같은 사실은 어느 정도는 현실을 반영한 것이라 할 수 있다. 문제는 드라마에서 여성의 사회적 활동을 다루고 있는 방식 및 내용에 있다.**

1 고은찬, 「텔레비전 드라마에 반영된 한국 여성의 역할 및 이미지 연구」(박사학위논문, 한국교원대학교, 1992), 25~30면.

다음의 〈예시〉들에서 보다시피 요약하는 스타일에 따라 여러 가지 글쓰기가 가능해진다. 자신의 전공 분야에서 개론서로 꼽히는 책을 찾아 요약의 방식이 어떻게 활용되고 있는지를 아울러 살펴보자.

예시 17

각 지방의 향촌사회에서 이들이 벌였던 활동으로 현재의 연구 성과를 통해 포착되는 것을 들자면 두 가지가 있다. 그 하나는 개별적으로 서재를 열어 인재를 양성하고자 한 것[1]이고, 다른 하나는 유향소를 조직하여 향촌사회 통솔을 주도하고자 한 것[2]이다. 이러한 움직임은 북송 구법당이 정치체제의 일차적 기반으로 내세운 향촌지주층의 역할에 꼭 들어맞는 것이라 할 수 있다.

1 최한성, 「여말선초의 과업교육」, 『역사학보』67호(역사학회, 1985), 49~53면.
2 한유주, 『사림파의 유향소 복원 운동』(역사비평사, 1972), 16면.

예시 18

D. S. 라이트는 미국의 경우를 들어 중앙정부, 주정부 및 지방정부 등 각 정부수준간의 실제적 힘의 역학관계를 분리형, 내포형, 중복형으로 구분하고 있다.[1] 이 글에 의하면 분리형은 국가와 주정부가 경계를 이루어 각각 독립적으로 자치권을 행사하는 한편, 지방정부는 주정부에 종속되어 이원적 관계에 놓이는 유형이다.

1 라이트, 『미국의 지방행정연구』, 현진헌 역(돌베개, 1998), 36~44면.

의역의 방식을 활용한 간접인용

다음으로, 원문의 표현을 자기의 말로 바꾸어 서술하는 의역(意譯)의 방법도 간접인용에서는 흔하게 활용된다. 의역의 방법은 원문에서 제시된 형태 그대로를 인용하는 것이 어려울 때, 특히 문체의 이질감(異質感)이 커 자신의 글쓰기에 어울리지 않을 때 많이 사용한다. 인용하고자 하는 원문의 어구를 다른 말로 바꾸어서 알기 쉽게 다듬거나, 글 전체의 흐름을 다듬고 표현을 매끄럽게 정리하여 서술하게 된다.

예시 19

직접인용	간접인용
이 문제에 대하여 교황 파이우스 12세는 이렇게 말했다. "인공수정은 완전히 제거되어야 한다. 생식은 오직 창조자의 의지와 계획에 따라 이루어져야만 하며 배우자간의 존엄성과 물질적이고 영적인 본성, 그리고 아이를 행복하게 키울 수 있는 환경 등이 조화를 이룰 수 있도록 노력해야 할 것이다."[1]	교황 파이우스 12세는 '인공수정은 완전히 제거되어야 한다'라고 천명하면서, 생식이란 오로지 창조자의 의지와 계획에 따라서만 이루어져야 하며, 일단 결혼하여 짝을 이룬 사람들은 배우자 간의 존엄성과 물질적이고 영적인 본성, 그리고 아이를 행복하게 키울 수 있는 환경 등이 조화를 이룰 수 있도록 노력해야 한다는 점을 강조하였다.[1]

의역의 방식을 활용한 간접인용에서는 원문을 다른 말로 바꾸어 부연하기 때문에 원문보다 길이가 반드시 줄어드는 것은 아니다. 오히려 자연스럽고 매끄럽게 인용하는 글쓰기를 하는 데 목표를 둔다는 점에서 다음의 〈예시〉들에서 보다시피 의역하는 스타일에 따라 여러 가지 글쓰기가 가능해진다. 자신의 전공 분야에서 개론서로 꼽히는 책을 찾아 의역의 방식이 어떻게 활용되고 있는지를 아울러 살펴보자.

예시 20

직접인용	간접인용
"뇌의 기능적 특성을 살펴보면 다음과 같다. 인간의 대뇌는 좌뇌와 우뇌라는 두 개의 반구로 나뉘어져 있으며, 그 형태와 크기는 동일하다. 그런데 좌뇌는 인체의 오른쪽에서 오는 반응을, 우	인간의 대뇌는 형태와 크기가 거의 같은 두 개의 반구, 즉 좌뇌와 우뇌로 나누어져 있다. 각각의 뇌는 몸의 반대편에서 오는 정보를 수용하고 신체의 반대편을 조절한다. 예를 들어 오른쪽

뇌는 인체의 왼쪽에서 오는 반응을 조절한다. 이처럼 각 반구는 서로 다른 방식으로 정보를 받아들이고 해석하는 것을 뇌의 기능분화 또는 뇌의 기능적 특성이라 한다."[1]	으로 들어온 시각 정보는 좌뇌에서, 왼쪽 눈으로 들어온 시각 정보는 우뇌에서 처리된다. 이처럼 좌뇌와 우뇌로 나뉘어져 각각이 서로 다른 기능을 수행하는 것을 뇌의 기능 분화 또는 기능적 특성이라고 한다.[1]

예시 21

직접인용	간접인용
"조직의 운영 실태와 조직목적에 합당한 성과 획득을 위해서는 조직경영자와 구성원 간의 상호관계가 매우 중요하며, 조직운영자의 지도성 유형이 조직 구성원의 태도나 사기 및 생산성에 큰 영향을 미치게 된다."[1]	하나의 조직이 어떻게 하면 보다 능률적으로 운영되며 조직목적에 합당한 성과를 올릴 수 있는가 하는 문제는 조직경영자와 구성원의 상호관계에 따라 좌우되며, 조직운영자의 지도성 유형이 그 구성원의 태도나 사기 및 생산성에 깊은 관계가 있다.[1] 특히 학교조직체에 있어 구성원의 특성요인에 따른 효과적인 지도성 행사는 더욱 필요하다고 본다. 왜냐하면 학교조직체는 전문적인 교육을 받은 사람들로 구성되었기 때문에 교장의 지도성에 대해 민감하게 지각하고 반응하며 이에 따라서 조직에 만족, 혹은 불만족을 초래할 수 있기 때문이다.

3. 주석 작업

주석의 표기 양식은 시대의 흐름을 어느 정도는 반영하며, 무엇보다 학문 분야나 전공 학과에 따라 조금씩 다르다. 전공 분야의 학자들이 왕성한 활동을 벌이는 학회마다 자체적으로 학회지를 발간하고 있으며, 논문 투고 시 필요한 주석 형식을 제시하고 있다. 경우에 따라서는 출판사에 따라서도 달라질 수 있는 게 바로 주석의 스타일이다.

인용과 주석의 방법은 그 스타일이 다양하여 일반적인 방법을 지키는 선에서 한 걸음 더 나아가는 공부가 필요하다. 특히 전공과목의 텀 페이퍼 작성의 경우에는 더더욱 자신의 학문 분야나 전공 학과에 맞는 스타일을 알아두는 것도 좋은 공부가 된다.

다음의 〈예시 22〉를 참고하여 자신의 전공 분야에 밀접한 학회를 조사하고 해당 학회에서 제시한 논문 작성방식을 알아보자.

예시 22

☞ **주중원 님의 질문:** 우리 대학교의 차무혁 교수님께서 듀이와 브루너의 이론을 정리해오라는 과제를 내시면서 APA 스타일로 작성해오라고 하셨는데, 어떤 방법인가요?

☞ **태공실 님의 답변:** 내각주(內脚註)라고도 하는데요, 미국 심리학회에서 공식적으로 쓰고 있는 양식이지요. APA양식에서는 주를 거의 사용하지 않는 대신 본문 내에서 인용한 자료의 출처를 확인하는 데 필수적으로 요구되는 사항 즉, 저자와 연도를 밝히는 방식을 채택하고 있답니다. 논문에서 인용한 문헌의 저자와 연도, 그리고 필요한 경우 쪽수만을 본문에 간단히 밝히고 기타 저서명이나 출판사항 등 자세한 내용은 논문 말미의 참고문헌 목록에 저자명의 가나다 순, 또는 알파벳 순서로 제시하는 방식이지요.

☞ **최현욱 님의 조언:** 예를 들면, 다음과 같이 작성하는 것이지요.

- 차윤서(2001)는 각성과정에 대하여 아래와 같이 설명하였다.
- 차윤서는 각성과정을 이렇게 설명하였다.(2001: 27–28)

그리고 참고문헌은 아래와 같이 작성하시면 됩니다.

- 1인 저서의 경우: 차윤서(2001). 《심리학의 기초》 현대의학사.
- 공저의 경우: 김도한 · 유채경(1997). 《지식이란 무엇인가》 박문사.

☞ **서유경 님의 또 다른 질문:** 우리 학회에서는 논문을 쓸 때, 특히 참고문헌 부분에 있어서 시카고 방식을 권장하고 있습니다. 어떻게 작성하는 것인지요?

☞ **독고진 님의 답변:** 흔히 "시카고 방식"으로 통용되는 참고문헌 및 주석 다는 방법은 "The Chicago manual of style"이라는 책을 참고하시면 됩니다. 간단히 말하면, 저자명A, 저자명B, "논문제목.", 간행물명, 권 (발행 연도) : 인용면수.의 방식으로 표기하는 것을 말합니다. 예를 들면 다음과 같지요.

- 김삼순. "논문특성에 관한 연구." 안전경영과학회지, 6(1996):19–30.

☞ **구애정 님의 조언:** 참고문헌 및 주석 다는 방법은 APA 스타일, MLA 스타일, 시카고 매뉴얼, 튜라비안(Turabian) 방식, ACS 스타일 등 다양한 방식이 존재하며 또 학문 분야에 따라 적용하는 방법이 매우 다르답니다. 흔히 문헌정보학에서는 이러한 부분을 상당히 꼼꼼히 공부하시는 것 같았어요. 기왕에 배울 거라면 지루하고 따분하더라도 정확하게 익혀두는 것이 낫겠지요!

이 책에서 다루는 주석의 방법은 가장 일반적으로 통용되는 방식을 기준으로 삼은 것이다. 주석 작업을 엄격히 지키기 위해서는 이 책에서 소개하는 일반적인 원칙을 토대로 자신의 학교에서 요구하는 스타일을 확인하기 바란다. 특히 학위논문을 작성해야 하는 경우에는 학교마다 자체적으로 정한 스타일이 있으므로, 이에 관한 사항을 먼저 확인하기로 하자.

3-1 내용주와 참조주

내용주

주석(註釋) 작업이란 원래 "말 또는 책의 본문 가운데에 있는 어떤 부분에 대해 이해를 빠르게 하려고 그 뜻을 풀어주는 보충적 설명"이라는 의미를 지닌다. 이런 본래의 의도를 잘 살린 주석 작업을 내용주(內容註, content notes)라고 한다.

내용주는 대개 보충 설명의 내용이 지면을 많이 차지하는 경우에 흔히 사용하는 주석 방법으로, 매우 다양한 용도로 융통성 있게 활용할 수 있다. 대표적인 사례를 들면 다음과 같다.

첫째, 본문에 넣으면 글의 흐름을 방해하지만 내용 이해에 도움이 되는 내용을 서술하고 싶은 경우이다. 본문 내용에 대한 부연 설명을 하고 싶거나, 논외(論外)로 이루어지는 보충 설명이 필요하다고 판단될 때 내용주를 활용하면 효율적이다.

예시 23

> 낙엽이 떨어지는 10월의 어느 날, 〈선생 김봉두〉[3]라는 영화를 처음으로 보게 되었다. 나는 메시지가 있는 영화를 좋아하는데, 김봉두 역의 차승원이라는 배우는 그저 코믹 연기에만 주력할 뿐 내면의 연기를 소화하기엔 부족하다고 생각하고 있었다. 그러나 〈선생 김봉두〉에 대한 주위의 좋은 평들이 있었기에 뒤늦게나마 영화를 보게 되었다.

3 장규성 감독/차승원 주연의 2003년 개봉작이다. 영화의 줄거리를 소개하면 다음과 같다. 서울 어느 학교의 선생이던 김봉두가 촌지만 밝히다가, 뜻하지 않는 사건으로 전교생 5명뿐인 분교로 부임하게 되었고, 그곳을 벗어나기 위해 고군분투하는 과정에서 진정한 교육자로 거듭난다는 내용이다.

예시 24

2 이 부분에 대해서는 김두식의 책 『불편해도 괜찮아』(창작과 비평사, 2010)에 자세히 설명되어 있다. 저자는 자신의 딸이 중학교 1학년이 되더니 "엄마 아빠 같은 찌질이로는 살지 않겠다"고 선언하고 사사건건 충돌을 일으키자 희망제작소의 유시주에게 고민을 털어놓았고, "모든 인간에게는 평생 쓰고 죽어야 하는 '지랄'의 총량이 정해져 있다. 어떤 이는 그 지랄을 사춘기에 다 떨고 어떤 이는 나중에 늦바람이 나기도 하지만, 어쨌거나 죽기 전까진 반드시 그 양을 다 쓰게 되어 있다."라는 대답을 들었다고 한다. 채윤경 · 송지영 · 권혁재, 「중2, 넌 도대체 누구냐」, 『중앙일보』 2013년 4월 6일자.

둘째, 본문에서 사용한 용어나 개념 등에 대하여 보충 설명이 필요한 경우에도 내용주를 활용하게 된다.

예시 25

한국 경제는 6.25전쟁 이후 엄청나게 빠른 속도로 성장해 오면서 '한강의 기적'이라고까지 불리는 성과를 이루어내었다. 하지만 분배보다는 성장에 치중한 경제발전 속에서 싹튼 무한 경쟁주의는 경쟁을 통해 승리하는 것이 성공의 지름길이라는 인식을 생겨나게 하였다. 이러한 치킨게임[4] 형식의 경쟁사회는 우리나라의 경제 발전과 한국 기업 고성장의 밑거름이 되었으나, 오늘날 취업 일선에 뛰어들어야 하는 한국 젊은이들에게는 끝없는 경쟁을 해야만 하는 현실로 다가오고 있다. 이러한 사회 분위기 속에서 한국의 젊은이들은 상대 경쟁자를 앞지르기 위해 소위 '좋은 스펙'이라는 것에 집착하고 있다.

4 치킨게임이란 경제학에서 서로 경쟁에서 승리하기 위해 큰 위험성을 감내하는 방식을 말하며, 치킨게임에서는 어느 누가 양보를 하지 않으면 결국 경쟁하는 두 명 모두 실패를 면할 수 없다.

예시 26

5 현대사회의 탈진증후군이나 연소증후군을 뜻하는 신조어로, 미국의 정신분석의사 H. 프뤼덴버그가 자신이 치료하던 한 간호사에게서 이 증후군의 최초 사례를 찾아내면서 사용한 심리학 용어. 어떤 일에 지나치게 집중하다 어느 시점에 갑자기 모두 불타버린 연료와 같이 무기력해지면서 업무에 적응하지 못하는 상황으로, 일이 실현되지 않을 때나 육체적 피로와 정신적 피로가 극도로 쌓였을 때 나타난다. 즉, 일과 삶에 보람을 느끼고 충실감에 넘쳐 신나게 일하던 사람이 어떤 이유에서건 그 보람을 잃고 돌연히 슬럼프에 빠지게 되는 현상이다.

셋째, 인용한 자료의 출처를 밝히고자 하는데 문헌자료가 아니어서 서지사항을 적는 것이 애매할 때 내용주를 활용하면 편리하다.

예시 27

6 이 부분은 산울림이 부른 〈무지개〉라는 노래에서 인용한 것이다. 가사 전체를 소개하면 다음과 같다. "왜 울고 있니 너는/ 이 아름다운 세상에서/ 왜 웅크리고 있니/ 이 풍요로운 세상에서/ 너를 위로하던 수많은 말들 모두 소용이 없었지/ 어둠에서도 일어나야만 해 모두 요구만 했었지/ 네가 기쁠 땐 날 잊어도 좋아/ 즐거울 땐 방해할 필요가 없지/ 네가 슬픈 땐 나를 찾아와 줘/ 너를 감싸 안고 같이 울어줄게/ 네가 친구와 같이 있을 때면/ 구경꾼처럼 휘파람을 불게/ 모두 떠나고 외로워지면/ 너의 길동무가 되어 걸어줄게/"

2 〈세이빙 미스터 뱅크스(Saving Mr. Banks)〉에 나오는 대사로, 이 영화의 기본 정보는 다음과 같다. 2013년 개봉작으로, 존 리 행콕이 감독하였고, 엠마 톰슨, 톰 행크스, 콜린 파렐 등이 출연하였다.

3 구준표 학우(청지, 16)가 제시한 의견이다. 그는 개가 인간의 말을 할 수 없다는 측면에 초점을 맞춰 반려동물을 아끼는 삶을 강조하였는데, 언어 수단의 부재에 대해 언급한 것이 청소년지도학을 전공하는 이의 따뜻한 마음으로 느껴졌다.

참조주

학술적 글쓰기에서는 자신의 논의 전개를 위해 인용하고 참고한 자료의 출처를 밝혀주는 주석 작업이 더욱 활발하다. 이렇게 인용된 자료의 출처를 밝혀주는 주석 작업을 참조주(參照註, reference notes)라고 한다.

참조주는 연구에서 인용한 이론이나 자료, 연구 결과 등을 창출한 원저자의 학문적 공적을 인정하고, 다른 사람의 연구 결과와 의견 등을 참조한 사람이 마땅히 해야 할 감사의 표시이다. 독자에게 필요하다면 인용한 자료를 확인하거나 검색하여 이용할 수 있도록 안내하는 역할까지도 한다.

〈예시 28〉에서 보다시피, 다른 사람의 자료에서 직접인용했을 때뿐만 아니라 자신이 요약하거나 의역한 부분이 있다면 그 어느 경우에라도 해당 자료의 출처를 분명히 제시할 수 있어야 한다.

예시 28

우리나라의 경우에는 OECD 및 EU 가입국 등 많은 국가들보다 동물보호에 관련된 법이 부실한 편이다. 동물보호법이 제정된 1991년에 이르러 비로소 실질적 동물복지에 관한 법률이 마련되었기 때문이다. 해외에서는 동물보호법 제도가 200여 년의 역사를 가지고 있으며, 동물복지에 대해 다양한 법률을 제정해온 것과는 대조적이다.[4]

뿐만 아니라 우리나라에서는 동물을 학대한 사람에게 내리는 처벌이 매우 가볍다. 가장 문제가 되는 점은 독일이나 프랑스 등 다른 나라들과 달리 동물을 '물건'과 동일하게 취급한다는 것이다.[5] 이에 수많은 동물보호단체들이 이에 대해 반발하고 있고, 국회에서도 동물보호법 개정의 필요성을 밝혔다. 농림축산식품부의 2년 전 보도자료에 따르면 "동물학대자에 대한 처벌 및 동물복지를 위한 법 규제 강화 등에 대해 90% 이상이 찬성하였으며, 동물보호를 위한 정책적 추진에도 불구하고 71.7%는 선진국에 비하여 국내의 동물보호 수준이 아직 낮다고 평가하였다."[6]고 한다.

4 송진영, 「동물보호법제에 관한 법정책적 연구」(석사학위논문, 대진대학교, 2017), pp.13~14.

5 같은 글, p.26.

6 농림축산검역본부, 「동물보호, 복지 국민공감대 향상」, 『농림축산식품부 보도자료』 2015년 12월 18일자, p.3.

3-2 완전 주석과 약식 주석

인용 작업에 필수적으로 뒤따르는 참조주 작업을 제대로 해내기 위해서는 완전 주석과 약식 주석의 두 방법을 알아두어야 한다. 완전 주석은 본문을 쓰는 과정에서 인용하고 참조한 문헌의 출처를 일정한 양식으로 밝혀주는 방법을 말하며, 약식 주석은 완전 주석에서 소개된 문헌을 다시 인용할 때 일정한 부호로 간략하게 출처를 밝혀주는 방법을 말한다.

서지사항을 적는 일반원칙

참조주 다는 방법을 보다 효율적으로 연습하기 위해서는 출처를 밝히는 일반적인 원칙이 무엇인지 알아두는 것이 필요하다. 일반적으로 참조주 작업에서 필수적으로 요구하는 사항은 단행본을 기준으로 할 때 '① 저자명, ② 서명, ③ 출판사항, ④ 인용 면수'에 관한 네 가지 항목이다. 항목별 세부적인 원칙을 정리하면 다음과 같다.

예시 29

항목	원칙
① 저자명	▪ 공저의 경우 3인까지는 모두 표기하되, 이름 사이에 가운뎃점을 찍어 구분한다. 저자가 4인 이상일 경우, 맨 처음 이름만을 쓰고 '000 외 0명'으로 적는다. ▪ 편저/번역서의 경우, 편자/역자의 이름 뒤에 '편/엮음', '역/옮김'이라는 말을 쓴다. 번역서의 경우 원저자와 역자를 동시에 적어주는데, 역자는 저서명 뒤에 표기한다. ▪ 저자명 뒤에 쉼표를 찍어주어 다음에 기록하는 사항과 구분하게 된다.
② 저서명	▪ 자료 유형에 따라 단행본/학술지/신문/잡지류의 제목 →『 』/ 학술논문이나 학위논문의 제목 →「 」식으로 사용할 부호를 규정하고 있다. ▪ 정기간행물의 경우 논문 제목과 간행물의 제목을 아울러 표기해야 하며, 간행물의 제목 뒤에는 반드시 권호수를 표기해야 한다.
③ 출판사항	▪ 출판사항은 괄호 안에 출판사와 출판 연도를 쉼표로 연결하여 표기한다.(*예: (명지대출판부, 2016)) ▪ 정기간행물의 경우에는 발행처와 발행 연도를 밝혀주면 된다. (*예: (사고와 표현학회, 2016)) ▪ 신문이나 잡지류의 경우, 동어반복이 된다면 발행사항 (*예: (중앙일보사, 2017))부분을 생략하기도 한다.

④ 인용면수	■ 인용한 지면이 한 페이지라면 숫자 앞에 'p.'라고 쓰며(*예: p. 14.), 인용한 지면이 두 페이지 이상일 경우 숫자 앞에 'pp.'라고 표기한다.(*예: pp. 25-36.) ■ 최근에는 숫자 뒤에 '면'이나 '쪽' 등의 표현을 쓰는 방식을 선호하기도 하는데(*예: 14면/14쪽.), 어느 경우에나 한 편의 글에서는 한 가지 표현으로 통일하는 것이 좋다.(*예: 14면/25-36면.) ■ 신문의 경우, 인용면수 대신 '사설/ 칼럼/ 기사' 등으로 글의 종류를 표시하기도 한다. ■ 인용면수를 기록하고 나면, 반드시 마침표를 찍어 주석 작업을 마무리한다.

그렇다면, 다음의 〈예시 30〉에서와 같이 인용된 자료의 출처를 밝히고자 할 때 정확한 주석 작업을 해내려면 어떻게 해야 될까?

예시 30

---

1 펄프 에세이라는 책의 167쪽을 인용하였는데, 서울에 있는 하늘연못이라는 출판사에서 1997년에 나왔다. 저자는 장정일이다.
2 출판저널에 민준국이 쓴 "좋은 책은 그리 좋기만 하나"라는 글의 23쪽을 인용하였다. 이 잡지는 2002년 3월호이다.
3 주1)에서 인용한 자료를 다시 인용하였는데, 25쪽이다.
4 차관우의 석사학위논문 "대학생의 음주문화"의 79쪽을 인용하였다. 명지대에서 2000년에 나왔다.
5 주4)의 자료를 다시 인용하였는데, 173쪽에서 178쪽까지이다.
6 어제 발행된 조선일보에서 서도연의 칼럼 "대학에서 살아남기"를 인용하였다.

일단은 〈예시 30〉에서처럼 문장으로 처리하는 것은 비효율적일뿐더러 통용되지도 않는다. 인용 작업에 필수적으로 뒤따르는 참조주 작업을 제대로 해내기 위해서는 완전(完全) 주석과 약식(略式) 주석의 두 방법을 알아두어야 한다. 그래야 〈예시 30〉의 주석 작업을 정확히 보완할 수 있기 때문이다.

완전 주석은 본문을 쓰는 과정에서 인용하고 참조한 문헌의 출처를 일정한 양식으로 기록하는 방법을 말한다. 약식 주석은 완전 주석에서 소개된 문헌을 다시 인용할 때 일정한 부호로 간략하게 기록하는 방법을 말한다. 〈예시 30〉의 경우에도 이제부터 배울 완전 주석과 약식 주석의 방법에 의거하여 다음의 〈예시 31〉과 같이 작성하여야 한다.

예시 31

1 장정일, 『펄프 에세이』(하늘연못, 1997), 167쪽.	☜ 완전 주석(단행본)
2 민준국, 「좋은 책은 그리 좋기만 하나」, 『출판저널』 2002년 3월호, 23쪽.	☜ 완전 주석(정기간행물)
3 장정일, 앞의 책, 25쪽.	☜ 약식 주석
4 차관우, 「대학생의 음주문화」(석사학위논문, 명지대학교, 2000), 79쪽.	☜ 완전 주석(학위논문)
5 같은 글, 173~178쪽.	☜ 약식 주석
6 서도연, 「대학에서 살아남기」, 『조선일보』 2020년 3월 2일자, 칼럼.	☜ 완전 주석(정기간행물)

자료유형별 완전주석

완전 주석에서는 다음의 〈예시〉들에서처럼 자료의 유형별 서지사항을 적는 방법을 익히는 것이 중요하다.

예시 32 단행본의 경우

① 저자명, 『저서명』(출판사, 출판 연도), 인용면수.의 순서로 표기.

*예1) 전미옥, 『대한민국 20대, 말이 통하는 사람이 돼라: '취업 경쟁력'과 '신입사원 경쟁력' 향상을 위한 커뮤니케이션 바이블 』(명진출판, 2009), 112면.

② 공저의 경우:

*예2) 설성경 · 김교봉, 『문화산업지대 신국문학을 위한 미디어 문학의 이해』(새미, 2003), 43쪽.

*예3) 조덕성 외 3인, 『취업 로드맵』(비전코리아, 2010), p. 29.

③ 번역서의 경우:

*예4) 스티븐 코비, 『성공하는 사람들의 7가지 습관』, 박재호 · 김경섭 · 김원석 옮김(도서출판 김영사, 1994), 132쪽.

④ 편저의 경우:

*예5) 한국대중가요학회 편, 『아이돌과 예술사의 관련양상』(상상사, 2002), 99면.

⑤ 편자와 필자를 같이 보일 경우:

*예6) 김슬기, 「빅뱅의 성공학」, 한국대중가요학회 편, 『아이돌과 예술사의 관련양상』(상상사, 2002), 99면.

⑥ 단행본에 수록된 글의 제목을 같이 보일 경우:

*예7) 김찬호, 「캠퍼스, 낭만과 불안 사이」, 『문화의 발견』(문학과지성사, 2007), 173쪽.

예시 33 정기간행물의 경우

① 필자명, 「논문제목」, 『게재지명』 권호수(발행처, 발행 연도), 인용면수.의 순서로 표기한다.

*예1) 안관수, 「대학 취업경쟁력 강화와 직업진로지도 방안」, 『경영교육논총』 13집(한국경영교육학회, 2006), p. 190.

② 잡지류에 실린 기사의 경우, 출판사항을 생략해도 된다.

*예2) 이채은, 「드라마 〈밀회〉의 연주장면 속 비밀」, 『객석』 2014년 5월호, 212면.

③ 신문기사의 경우, 발행사항에 대한 것은 생략해도 된다. 인용면수도 생략 가능하다.

*예4) 김민순, 「SNS 사진 허락 없이 퍼나르면 낭패」, 『세계일보』 2014년 6월 14일자.

예시 34 **학위논문의 경우**

① 필자명, 「논문제목」 (학위종류, 학교명, 발행 연도), 인용면수. 의 순서로 정리한다.

*예1) 안나영, 「대학생이 지각한 성공한 직업인의 요인과 직업포부 분석」(석사학위논문, 경기대학교, 2004), pp. 12~19.

*예2) 강현숙, 「다양한 독해 전략을 적용한 대학 교양영어에서 협동 학습의 효과」(박사학위논문, 홍익대학교, 2006), 128~129면.

예시 35 **웹문서의 경우**

① 필자명, "글제목", 웹 주소, (최종 검색일).의 순서로 정리한다. 인터넷을 이용한 전자문헌의 경우 자료 내용이 수시로 새롭게 갱신되므로 유일한 발행일이 존재할 수 없다. 따라서 최종 검색한 일자를 기재하여 인용 자료의 신뢰성을 높이도록 한다.

*예1) 마이클 더글라스, "전자문헌 세계의 무질서와 목록의 문제", http://www.nanet.go.kr/nal/neal703.html, (2014. 3. 21. 최종검색).

② 해당 자료의 글쓴이와 글제목을 함께 제시하여 다른 검색엔진을 통해서도 정보를 얻거나 확인할 수 있도록 하는 것이 좋다. 만약 해당사항을 확인할 수 없다면, 이 부분을 생략하고 나머지 사항을 제시한다.

*예2) http://www.kyobobook.co.kr, (2017. 4. 10. 최종검색).

약식 주석

약식 주석은 완전 주석에서 소개된 문헌을 다시 인용할 때 일정한 부호로 간략하게 기록하는 방법을 말하는데, 앞서 출처를 밝힌 문헌을 다시 소개하는 번거로움을 피하기 위해 약속된 약어(略語)를 사용하고 있다. 다음의 〈예시 36〉을 살펴보자.

예시 36

1 홍혜성, 『국문학과 자연』(성균관대학교 출판부, 1977), 292면.	
2 빅토르 어얼리치, 『러시아 형식주의』, 박거용 역(문학과지성사, 1983), 23~25면.	
3 홍혜성, 앞의 책, 294면.	☜ 약식 주석
4 노민혁, 「〈도산십이곡〉의 구조와 의미」, 『한국시가연구』 제11집(한국시가학회, 2002), 202~203면.	
5 같은 글, 245면.	☜ 약식 주석
6 강현숙, 「다양한 독해 전략을 적용한 대학 교양영어에서 협동 학습의 효과」(박사학위논문, 홍익대학교, 2006), 128면.	
7 같은 글, 같은 곳.	☜ 약식 주석

첫째, 앞서 인용한 자료를 거듭 인용하는 경우로 '저자명, 앞의 책, 인용면수.'의 형식으로 써주면 된다. 서양서에서 자주 쓰이는 'Op. cit.'라는 표현은 '인용된 작품에서'라는 뜻의 라틴어 opere citato의 약어이다. 한자어 표현을 즐겨 쓰던 시대에는 '전게서(前揭書)'라는 표현을 쓰기도 하였지만, 최근에는 단행본의 경우 '앞의 책'이라는 표현을 쓰고 그 외의 자료에서는 '앞의 글'이라는 표현으로 대신하고 있다.

둘째, 연이어 동일한 문헌을 인용하는 경우로 '같은 책, 인용면수.'의 형식으로 써주면 된다. 서양서의 경우 흔히 쓰이는 표현은 'Ibid.'로, 이는 '같은 자리에'라는 뜻의 라틴어 ibidem의 약어이다. 한자어 표현으로 '상게서(上揭書)'라 하기도 하는데, 최근에는 단행본의 경우 '같은 책'이라는 표현을 쓰고 그 외의 자료에서는 '같은 글'이라는 표현으로 대신하고 있다.

셋째, 만약 연이어 동일한 문헌의 동일한 인용면수를 인용하는 경우라면 '같은 책, 같은 곳.' 또는 '같은 글, 같은 곳.'의 형식으로 써준다. 서양서의 경우 흔히 쓰이는 표현은 'Loc. cit.'로 '인용된 자리에서'라는 뜻의 라틴어 loco citato의 약어이다.

3-3 각주와 미주

주석 작업에서는 주석 부분을 어느 위치에서 제시하느냐에 따라 각주(脚註, footnote)와 미주(尾註, endnote)로 구별하고 있다.

각주

각주는 본문 페이지의 하단에 7cm 정도의 검정 선을 긋고, 그 하단에 주석 작업을 정리해놓는 것을 말한다. 그래서 예전에는 각주를 일명 하단주(下段註)라고도 하였다.

최근 보다 다양한 주석의 양식들이 등장하였다고 하지만, 학술적 글쓰기에서는 여전히 각주 방식을 기준으로 삼는 경향이 보편적이다. 특히 학위논문 작성에서는 각주 방식을 기준으로 삼으며, 리포트 작성의 경우에도 특별한 스타일을 제시하지 않는다면 각주의 방식을 취하면 된다.

미주

미주는 각 페이지에 위치시키지 않고 장이나 절의 끝 부분, 또는 연구논문 전체의 말미에 제시하는 방법이다. 논문의 끝 부분에 주석 작업을 제시한다는 의미에서 후주(後註)라고 부르기도 한다.

본문에서는 인용된 부분마다 주번호만 보일 뿐 주석의 구체적인 내용은 논문의 말미에 모아놓았기 때문에 본문의 흐름을 좇아 논지를 따라 읽어나가기는 훨씬 수월하다. 하지만, 그때그때 확인해야 하는 주석 작업이 많아지면 글의 앞뒤를 왕복하며 읽어가야 하는 번거로움도 있다.

예전에는 편집상의 어려움으로 인해 미주 방식이 선호되었지만, 문서 작성 기술이 발달한 오늘날에는 잡지류와 같이 학술적 성격이 약화된 저술에서 통용될 뿐, 미주 방식은 극히 제한적으로 사용된다.

3-4 참고문헌 작성 시 달라지는 지점들

참고문헌(參考文獻)은 연구를 수행하는 전체 과정에서 참고한 자료를 일정한 형식에 맞추어 정리한 목록을 말한다. 참고문헌을 작성하는 목적은 해당연구에 관심을 가진 독자에게 필요한 정보를 일목요연하게 제공하는 동시에 충분한 참고자료를 토대로 연구가 타당하게 이루어졌음을 입증하기 위함이다. 참고문헌 목록은 경우에 따라서는 학술적 글쓰기의 수준을 판단하는 자료로 활용될 수도 있으므로 제대로 작성할 필요가 있다.

참고문헌의 세부 형식 역시 주석 작업에서와 마찬가지로 다양한 스타일이 존재한다. 가장 일반적인 원칙을 기준으로 작성법을 정리하면 다음과 같다.

첫째, 참고문헌의 범위는 주석 작업의 경우보다 확대된다. 인용 작업을 하기 위해 참고한 자료뿐만 아니라, 인용을 하지 않았더라도 기본적인 공부를 위해 참고한 자료까지 포함되기 때문이다. 따라서 참고문헌 작성에서는 서지사항을 적을 때 인용면수를 표시하지 않고 출판사항 다음에 마침표만을 찍는 식으로 달라지게 된다.

둘째, 참고문헌의 배열도 주석 작업의 순서와는 달라지게 된다. 주석 작업에서는 인용된 순서를 따르게 되지만, 참고문헌 작성에서는 저자명을 기준으로 하여 가나다 순서로 배열하게 된다. 이때, 번역서가 있다면 한 줄 비우기를 한 후 적절하게 정리를 해주는 식으로 센스를 발휘하면 훨씬 더 깔끔하게 작성할 수 있다.

예시 37

참고문헌

강현숙, 「다양한 독해 전략을 적용한 대학 교양영어에서 협동 학습의 효과」(박사학위논문, 홍익대학교, 2006).

김찬호, 『문화의 발견』(문학과지성사, 2007).

설성경 · 김교봉, 『문화산업지대 신국문학을 위한 미디어 문학의 이해』(새미, 2003).

신영복, 『더불어 숲』(랜덤하우스, 2003).

——, 『담론』(돌베개, 2015).

안나영, 「대학생이 지각한 성공한 직업인의 요인과 직업포부 분석」(석사학위논문, 경기대학교, 2004).

장욱희 · 이상호, 「대학생의 역량과 구직성과와의 관계에 관한 연구」, 『조직과 인사관리 연구』 33권 12호(한국인사관리학회, 2009).

조덕성 외 3인, 『취업 로드맵』(비전코리아, 2010).

한국대중가요학회 편, 『아이돌과 예술사의 관련양상』(상상사, 2002).

빅토르 어얼리치, 『러시아 형식주의』, 박거용 역(문학과지성사, 1983).

히가시노 게이고, 『옛날에 내가 죽은 집』, 이영미 옮김(청해, 2008).

4. 인용의 효율성을 높이려면

◈ 신뢰할 만한 자료를 찾아 인용하기

첫째, 인용되는 자료가 신뢰할 만한 것이어야 한다. 신뢰할 만하다는 것은 기본적으로 인용하는 자료의 출처가 정확하다는 것을 의미한다. 이러한 기본적인 신뢰성은 어찌 보면 지극히 당연한 것이기도 하다.

그래서 인용의 효율성을 높이려면 여기에 더하여, 인용하는 자료가 전거(典據)로서의 충분한 권위가 있거나 최근까지의 연구 성과를 정확히 보여주는 것인지 등을 살피는 것도 중요하다.

중요한 자료를 찾아 제대로 인용하면 자신의 논지 전개에 힘이 될 만한 설득력을 발휘할 수 있다. 그러므로 무턱대고 인용하기보다는 자신에게 필요한 부분을 살릴 수 있도록 옥석(玉石)의 가치를 가려 사용하는 안목이 필요하다.

다음에 제시하는 〈예시〉들을 살펴보고, 자료의 신뢰성을 검토해보자.

예시 38

사람이 자신을 알기 위해서는 자기를 둘러싼 껍질 속에서 나와서 자기 자신을 냉정히 볼 줄 알아야 한다.

*출처: 마하트마 간디, 『날마다 한 생각』, 함석헌 · 진영상 역(호미, 2002), 56면.

예시 39

"사명은 인간의 정신적 지주요, 목표 확립이요, 방향 설정이다. 나의 설 자리를 찾고 나의 할 일을 깨닫고 나의 갈 길을 발견하는 것이다. 인생은 너와 나와의 깊은 만남이다. 인생의 만남 중에서 가장 중요한 만남은 생명과 사명과의 만남이다. 나의 생명이 나의 사명을 만나는 것처럼 중요한 것이 없다. 나의 생명이 나의 사명을 만날 때 나의 생명은 감격하고 깊어지고 위대해진다. 나의 생명은 나의 사명을 만나야 한다. 사명을 만나지 못하는 생명은 허전하고 무의미하다. 만남은 감격이다. 깊은 만남은 깊은 감격이다. 깊은 만남은 커다란 기쁨이다. 갈릴리 호반에서 고기를 낚던 베드로는 어느 날 그리스도를 만나 새사람이 되어 위대한 사도(使徒)의 길을 걸었다. 젊은 안연(顔淵)은 학성(學聖) 공자를 만나 깊은 진리를 깨달았다. 20세의 젊은 청년 플라톤은 철인(哲人) 소크라테스를 만나 정치가의 길을 버리고 그의 스승의 뒤를 따라 철학자가 되었다. 33세의 청년 유학도(儒學徒) 율곡(栗谷)은 35세 연장인 퇴계(退溪)선생을 찾아뵙고 깊은 정신적 조우(遭遇)와 학문적 감화(感化)를 받고 조선 유학의 거봉(巨峰)이 되었다. 깊은 만남은 커다란 감격의 원천이다."

*출처: 안병욱, 『인생론』(철학과 현실사, 1997). p. 94.

예시 40

"어떤 책은 맛만 볼 것이요, 어떤 책은 통째로 삼켜버릴 것이요, 또 어떤 책은 씹어서 소화시켜야 할 것이다."

*출처: 베이컨, 『독서의 기술』, 이은성 역(동아출판사, 2003), 38면.

예시 41

"나와 같이 징역살이를 한 노인 목수 한 분이 있었습니다. 언젠가 그 노인이 내게 무얼 설명하면서 땅바닥에 집을 그렸습니다. 그 그림에서 내가 받은 충격은 잊을 수 없습니다. 집을 그리는 순서가 판이하였기 때문입니다. 지붕부터 그리는 우리들의 순서와는 거꾸로였습니다. 먼저 주춧돌을 그린 다음 기둥 · 도리 · 들보 · 서까래 · 지붕의 순서로 그렸습니다. 그가 집을 그리는 순서는 집을 짓는 순서였습니다. 일하는 사람의 그림이었습니다. 세상에 지붕부터 지을 수 있는 집은 없습니다. 그럼에도 불구하고 지붕부터 그려온 나의 무심함이 부끄러웠습니다. 나의 서가(書架)가 한꺼번에 무너지는 낭패감이었습니다. 나는 지금도 책을 읽다가 '건축'이라는 단어를 만나면 한동안 그 노인의 얼굴을 상기합니다."

*출처: 신영복, 「드높은 삶을 지향하는 진정한 합격자가 되십시오」, 『나무야 나무야』(돌베개, 1996), p. 90.

정확하게 인용하기

둘째, 인용의 효율성을 높이려면 정확하게 인용하는 자세가 중요하다.

출처만을 정확히 밝히는 것은 지나치게 소극적이다. 오히려 학술적 글쓰기를 통해 학문하는 자세를 훈련하는 우리들에게 중요한 것은 원래의 취지와 의도를 왜곡시키거나 편파적으로 자기식의 해석을 가하는 경우에 대한 경계이다. 지나치게 자의적인 해석으로 독자의 혼란을 불러일으키게 된다면 역효과를 내기 쉽다. 인용하고자 하는 자료의 핵심을 정확하게 파악하여 그 뜻을 명확히 전달할 수 있어야 한다.

자신의 생각을 정확하게 표현하기도 어렵지만, 타인의 생각을 자신의 글 안에 제대로 융화시키기도 어려움을 실감할 수 있을 것이다. 물론,

그러한 어려움에도 정확하고도 적절하게 인용하는 글쓰기를 제대로 훈련하고 싶은 여러분에게 따뜻한 격려를 보낸다. 성장통(成長痛)을 두려워하지 말기를!

다음의 〈예시〉들은 앞서 제시한 〈예시 38〉과 〈예시 40〉을 인용하여 만들어진 결과물이다. 어느 부분이 부족하거나 넘치는지 차분히 살펴보면서, 인용의 효율성을 높이는 방법들을 고민해보는 계기로 삼아보자!

예시 42

"어떤 책은 맛만 볼 것이요, 어떤 책은 통째로 삼켜버릴 것이요, 또 어떤 책은 씹어서 소화시켜야 할 것이다"[1]라는 말에서 알 수 있듯이, 책은 그 종류와 성격에 맞게 읽어줘야 한다. 이것은 독서가 어떻게 하면 작가의 생각과 지식을 효율적으로 받아들일 수 있을까 하는 고찰에서 나온 것이라 할 수 있다.

책을 읽음으로써, 독자는 해보지 못한 경험이나 지식의 확장, 감동 등을 느낄 수 있을 것이다. 이것은 마치 자신을 알기 위해서는 자신을 둘러싼 껍질 속에서 나와 자신을 냉정히 봐야 하는 것[2]처럼 자신의 입장에서만이 아닌 작가의 입장에 서서 세상을 바라보는 경험일 것이다. 바로 이것이 독서의 절대적인 필요성이 아닐까 싶다.

1 베이컨, 『독서의 기술』, 이은성 역(동아출판사, 2003), 38쪽.
2 마하트마 간디, 『날마다 한 생각』, 함석헌 · 진영상 역(호미, 2002), 56쪽.

예시 43

책을 읽는 방법에는 크게 세 가지가 있다. 베이컨의 저서[1]에 따르면 어떤 책은 맛만 볼 것이라고 했다. 이런 책은 목차만 훑어 내려가거나, 검색하듯이 필요한 부분만 읽는 책을 말한다. 다른 책은 둘째로 삼켜 버릴 것이라고 한다. 이런 책은 처음부터 끝까지 정독해서 읽고, 내용파악에 힘을 기울이는 책이다. 또 어떤 책은 씹어서 소화시켜야 한다고 말한다. 내가 권장하고 싶은 독서가 바로 이런 것이다. 베이컨의 표현처럼 씹어서 소화시킨다는 것은 결국 온전한 내 것으로 만들어서 나의 행동과 인식을 변화시키는 것이다.

"사람이 자신을 알기 위해서는 자기를 둘러싼 껍질 속에서 나와서 자기 자신을 냉정히 볼 줄 알아야 한다"[2]라는 말이 있다. 나는 세 번째 책의 종류가 이러한 변화를 일으킬 수 있다고 생각한다. 예를 들면, 학문 서적의 경우 나와 반대되는 학문의 책을 봄으로써 나의 학문적 식견과 견줄 수도 있고 자신의 식견 안에서 알 수 없었던 사실을 알게 되면서 더욱 반박의 근거를 찾거나, 나의 의견을 제시하는 데 좋은 증거가 될 수도 있다. 또 다른 예를 들면, 지침서의 경우에는 자신의 경험 밖의 이야기를 읽으면서 그 글의 주인공에 나를 대입시켜 또 다른 이야기를 만들어낼 수도 있는 일이다.

1 베이컨, 『독서의 기술』, 이은성 역 (동아출판사, 2003), 38쪽.
2 마하트마 간디, 『날마다 한세상』, 함석헌 · 진영상 역 (호미, 2002), 56쪽.

문체적 측면에서 다듬어주기

셋째, 무엇보다 인용의 효율성을 높이기 위해서는 문체적 측면에서 거친 부분을 다듬어주는 것이 필요하다. 인용 작업이 제대로 효과를 보기 위해서는 원문의 내용과 구성에 있어 동반자 내지 협력자의 역할을 할 수 있어야 하기 때문이다.

인용 부분의 처리는 인용 부분의 길이나 성격에 따라 좌우된다. 인용문을 도입할 때마다 누구는 '이렇게 말했다' 또는 '다음과 같이 말했다'는 식으로 천편일률적으로 처리한다면, 표현이 단조로워질 뿐만 아니라 무엇이 핵심인지 알기 어렵게 된다. 그래서 인용의 효과를 높이려면 자신의 글이 아닌 남의 것을 자기의 글에 융합시켜 문장 구조와 논리 전개를 조화롭게 하는 능력이 필요하다.

다음의 〈예시 44〉와 〈예시 46〉은 앞서 제시한 〈예시 39〉와 〈예시 41〉을 인용하여 만들어진 결과물이다. 공통되는 읽기자료를 인용하였음에도 완성된 글쓰기에서는 각자의 개성이 드러나 있으며, 독자에 따라 호오(好惡)의 평가가 나뉠 수 있다. 〈예시 45〉와 〈예시 47〉에서 덧붙인 도움말을 참고하여 인용하는 글쓰기에서 중요한 지점들을 꼼꼼히 살펴보도록 하자.

예시 44 **진정한 만남의 의미**

옛 말에 옷깃만 스쳐도 인연이라는 말이 있다. 그만큼 인연이라는 것이 특별하다는 것이다. 우리는 여러 가지 만남을 가진다. 원하는 만남이나 또는 원치 않는 만남을 말이다. 만남을 가지는 것은 좋으나 이것이 고착화되면 안 된다. 다시 말하면 고정관념이 생기면 안 된다는 말이다. 그 예로, 감옥에서 같이 있던 목수가 집을 그리는데 작가의 고정관념과는 달리 목수는 자기의 작업순대로 그리는 것이었다. 이것을 보고 작가는 무지로부터 비롯된 고정관념을 깰 수 있었다고 한다.[1] 세상에는 고정관념으로 박힌 것들이 너무나 많다. 그것이 틀린지도 모른 채 맞는 것으로 당연하게 간주하며 살아가고 있는 것이다.

1 신영복, 「드높은 삶을 지향하는 진정한 합격자가 되십시오」, 『나무야 나무야』(돌베개, 1996), p. 90.

진정한 만남을 위한 준비가 필요하다. 다양한 경우의 만남이 있을 수 있으나 참된 만남을 위해선 본인 스스로가 준비해놓지 않으면 안 된다. 예컨대, 준비된 자에게는 기회가 온다는 말이 있다. 여기서 기회란 보통 물질적인 성공을 의미하지만 다른 뜻으로 해석하면 좋은 만남이라는 뜻으로도 해석이 가능하다. 진정한 만남을 위한 가장 좋은 방법은 그 사람에게 진실로써 대하는 것이다. 나의 진실이 상대에게 전해질 때 상대 역시 나에게 진실하게 대해준다. 이 같은 상호작용에 의해 좀 더 발전된 만남이 이루어질 수 있다.

겉모습만 가지고 사람을 판단해서는 안 된다. 첫 이미지는 첫 이미지일 뿐이다. 첫 이미지가 안 좋았을지라도 점점 만남을 가져가면서 마치 양파 껍질을 벗겨내듯이 끝이 없는 매력이 발산되는 사람이 있다. 다양한 만남을 통해 그 사람을 알아가고 또한 좋은 만남은 여러 모로 도움이 된다. 누구를 만나는가에 따라 인생의 결과가 달라진다.[2] 친구 따라 강남 간다는 말이 있듯이 인생의 동반자가 누구냐에 따라 자기의 인생이 180도 변하게 된다. 서로가 서로에게 친구이므로 둘 다 윈-윈 할 수 있는 기회가 주어지는 것이다. "깊은 만남은 커다란 감격의 원천이다."[3]라는 안병욱의 말처럼 가벼운 만남의 태도가 아닌 상대편에게 성실한 만남의 태도를 보여준다면 그것이 소중한 만남으로 이어질 수 있을 것이다.

2 안병욱, 『인생론』(철학과 현실사, 1997). p. 94.
3 같은 책, 같은 곳.

예시 45 도움말을 준다면?

주제 선정은 분명한 편인데, 글 전체의 흐름이 다소 어색하구나. 세 개의 문단에서 이야기하는 만남의 내용이 긴밀하게 연결되지 않는 것 같거든. 그래서 주1)의 인용은 차라리 맨 마지막에 하는 게 낫지 않을까 하는 생각이 들기도 해. 글쓰기의 구상 작업에 좀 더 신경을 써보되, 생각을 그대로 문장화시키지 않고 좀 더 정돈해보는 연습도 병행하길!

예시 46 멋진 인생이라는 가장 위대한 건축

인생을 건축물로 보자면 우리는 모두 건축가이고 또 기업으로 보자면 경영자이다. 평상시에는 이것을 인식하지 못한 채 하루하루 해야 할 일에 치여 잊고 살지만 우리 모두는 인생이라는 그것도 '나의 인생'이라는 가장 큰 과제를 맡고 있는 것이다. 이런 엄청난 과제를 성공적인 완성물로 만들어내기 위해서는 어떠한 마음가짐으로 임해야 할까?

인생을 살아가면서 누구나 이런 생각을 한 번쯤 하곤 한다. '내 인생을 어떻게 하면 내 마음에도 들고 누가 봐도 멋진 인생으로 만들 수 있을까?'라고 말이다. 인생을 건축물로 비유하자면 이런 고민에 대해서 현명한 답을 얻을 수 있다. 건축물에서 가장 중요한 것은 무엇일까? 눈에 가장 먼저 들어오는 멋들어진 지붕일까? 징역살이를 한 노인 목수 한 분이 있었는데 그 분이 무심코 그리는 집은 보통사람들과 다른 순서로 그리고 있었다. 바로 지붕부터가 아닌 주춧돌을 먼저 그린 것이다.[1] 여기에서 보듯이 건축에서 중요한 것은 건물을 받쳐주고 있는 주춧돌이다. 이것을 인생에 비유하자면 인생에서 주춧돌과 같은 역할은 바로 사명이다. "사명은 인간의 정신적 지주요, 목표 확립이요, 상향 설정이다. 나의 설 자리를 찾고 나의 할 일을 깨닫고 나의 갈 길을 발견하는 것이다."[2] 이렇게 사명이라는 것은 인생의 기본기이자 인생을 가치 있게 만들어주는 주춧돌이다. 인생에 사명이란 든든한 주춧돌을 가지고 있다면 앞으로 어떤 어려움이 닥쳐와도 방향을 잃지 않고 힘들지만 이겨낼 수 있는 멋진 인생이 될 수 있을 것이다. 이제 멋진 주춧돌이 갖춰졌다면 주춧돌 위에 집을 완성하기 위해 튼튼한 기둥에 해당하는 것이 필요하다. 이 기둥은 바로 만남이라고 생각한다. 살아가면서 수없이 많은 만남을 갖지만, 만남 속에서 인연을 만들기보다는 필요에 의해서 잠깐 인맥을 유지했다가 지나치는 만남들이 흔하다. 하지만 만남은 인생에서 기둥에 해당하는 매우 중요한 역할을 하고 있다.

> 만남은 감격이다. 깊은 만남은 깊은 감격이다. 깊은 만남은 커다란 기쁨이다. 갈릴리 호반에서 고기를 낚던 베드로는 어느 날 그리스도

1 신영복, 「드높은 삶을 지향하는 진정한 합격자가 되십시오」, 『나무야 나무야』(돌베개, 1996). 90쪽.

2 안병욱, 『인생론』(철학과 현실사, 1997). 94쪽.

를 만나 새사람이 되어 위대한 사도의 길을 걸었다. 젊은 안연(顔淵)은 학성(學聖) 공자를 만나 깊은 진리를 깨달았다. 20세의 젊은 청년 플라톤은 철인(哲人) 소크라테스를 만나 정치가의 길을 버리고 그의 스승의 뒤를 따라 철학자가 되었다. 33세의 청년 유학도(儒學徒) 율곡(栗谷)은 35세 연장인 퇴계(退溪)선생을 찾아뵙고 깊은 정신적 조우(遭遇)와 학문적 감화(感化)를 받고 조선 유학의 거봉(巨峰)이 되었다. 깊은 만남은 커다란 감격의 원천이다.[3]

여기에서 볼 수 있듯이 만남은 한 사람의 인생을 바꾸어놓을 만큼 강력한 힘을 가지고 있다. 그리고 여기서 말하는 만남이란 훌륭한 사람과의 만남인데 이것이 좋은 가문에서 태어났다거나 지위가 높은 사람만을 의미하는 것은 아니다. 실제로 훌륭하다고 평가할 만한 사람, 세상이 훌륭하다고 인정해주는 사람을 뜻하는 것이다. 인생에서 이렇게 자신에게 많은 깨달음과 배움을 줄 수 있는 만남이 이루어진다면 그 어떤 보석보다도 값진 것이 될 것이다. 우리는 이렇게 만남의 힘을 알고 작은 만남이라도 소중히 하고 또 진정한 만남을 위해서 힘써야 할 것이다. 그리고 자신이 이런 진정한 만남의 대상자가 될 수 있도록 부단히 노력해야 할 것이다.

이렇게 튼튼한 주춧돌과 멋진 기둥이 잘 갖추어져 있다면 멋들어진 지붕인 인생의 성공은 당연할 것이고, 절대 무너지지 않는 인생이 될 것이다.

3 같은 책, 같은 곳.

예시 47 도움말을 준다면?

주제도 분명하고 글의 흐름도 잘 잡고 있어. 문제는 문단 구성이 효율적이지 못하다는 데 있는 것 같아. 둘째 문단의 경우 하나의 문단으로 하기에는 무리가 아닐까? 인용도 잦은 데다가 꼬리에 꼬리를 무는 식으로 글을 써나가다 보니 주제 전달력이 조금 떨어지거든. 의견을 발전시키는 데 적절한 문단 구성이 중요하다는 점을 명심하면 큰 발전 있으리라 기대한다!!

인용 부분의 길이는 적절하게 제한하기

넷째, 인용 부분의 길이는 글의 핵심을 해치지 않고 인용의 목적을 달성할 수 있는 적절한 범위로 제한하는 것이 필요하다.

다음의 〈예시 48〉은 다양한 자료를 찾아 인용하는 태도는 칭찬할 만하지만, 자신의 것으로 소화해서 완성하는 데까지는 다소 미흡하다는 인상이 든다. 인용문의 비중이 길어지면서 결과적으로 자신의 의견을 개진하는 부분이 너무 소략해져버렸기 때문이다.

예시 48

개구리 핑은 자신이 살던 연못에서 떠나 목적지를 정하지 못해 방황하고 있을 때, 그의 멘토가 되는 부엉이를 만나서 새로운 시각과 마음으로 자신의 삶을 살아가게 된다.[1] 또한 마시멜로 이야기에 나오는 찰리도 조나단이라는 훌륭한 스승을 만나 자신의 지금까지 살아온 삶의 모습을 바꾸어 나가게 된다.[2]

> "한 발자국 물러서서 우리 삶을 관조하며 '이게 다인가? 이게 내가 원하는 것인가? 뭔가 빠진 건 없나?' 하고 돌아보는 습관을 갖지 못하지…" "누군가는 그런 방향으로 이끌어줄 사람이 필요하네. 혼자선 그런 생각을 하며 살기는 힘든 법이거든." 나는 선생님이 무슨 말을 하는지 알았다. 우리 모두 평생의 스승이 필요하다는 것을….[3]

이처럼 멘토 스승을 만나는 것은 삶을 살아가는 데 있어서 큰 도움이 되는 일인 것이다. 나 역시 그런 멘토 스승을 만나고 싶다.

1 스튜어트 에이버리 골드, 『핑』, 유영만 역(웅진 윙스, 2006), p. 56.
2 호아킴 데 포사다, 『마시멜로 이야기』, 정지영 역(한국경제신문사, 2005), p. 134.
3 미치 앨봄, 『모리와 함께한 화요일』, 공경희 역(세종서적, 1998), p. 76.

자기계발서는 현대 한국 사회의 출판계에서 양적, 질적으로 매우 높은 비중을 차지하고 있다. 과거에 '비소설'이나 '경제/경영' 코너에 부분적으로 존재해왔던 장르의 비전문성에서 벗어나, 최근에는 '성공', '처세', '재테크', '여성 자기계발' 등과 같은 세분화된 코너에서 접할 수 있는 전문적인 장르로 거듭났다. 그러나 이러한 '자기계발서의 홍수'의 시대에 학문적인 연구에서는 느슨한 개념정의만 존재할 뿐 아직까지 명확한 정의 없이 이 용어를 사용하고 있다는 것을 발견할 수 있었다.[4]

4 김정은, 「'자기 돌봄'으로서의 자기개발-자기계발서 독자들을 중심으로」(석사학위논문, 서강대학교, 2008), p. 20.

그래서 다양한 자료를 찾아 인용하더라도 인용 부분의 길이를 적절히 조절하는 것이 필요하다. 인용 부분은 길어도 한 면의 절반 이상의 분량을 넘지 않는 것이 좋다. 인용문이 지나치게 길어지면 독자는 그 글이 인용문이라는 사실을 잊고 필자의 견해로 오인하기 쉽다. 또한 문제의 초점을 흐리게 만들 우려도 있다.

다음의 〈예시 49〉 역시 인용 부분의 길이 조절에 실패한 경우이다. 글쓴이의 의견은 비교적 명확한 편이지만, 직접인용의 방법에만 의존하여 논의를 전개하고 있기 때문이다.

더욱이 분량이 상당한 신문기사를 이렇게 인용문단으로 처리하여 직접인용의 방법을 적용하게 되면, 독자의 입장에서는 기사의 내용을 파악하는 데 신경을 써야 하는 불편함이 생길 수 있다. 그래서 이런 경우에는 오히려 신문기사의 내용을 요약해서 간접인용의 방법을 적용하는 것이 훨씬 더 효율적이게 된다. 인용문단으로 직접인용하는 경우에는 핵심적인 부분만을 추려내어 제시하는 식으로 인용문의 길이를 조절해 주는 센스를 발휘해야 한다.

만약, 자신의 글에 필요 불가결의 인용문으로 도저히 길이 조정을 할 수 없을 정도로 길다고 생각되면 부록 부분을 이용하여 전문(全文)을 보여주는 방법을 써도 된다.

예시 49

또 다른 청년실업의 원인으로 대학교육이 사회가 요구하는 인재상을 양성하지 못한다는 점을 들 수 있다. 사회는 어느 분야의 어떤 일이든 융통성 있게 대처할 수 있는 창의성 있는 인력을 요구하는 데 반해, 현재 대학교육이 생산해내는 인력들은 대부분이 창의성을 기르는 것과는 거리가 먼 교육을 받아오고 있다는 것이다.

> 27일 기업 인사담당자의 대학교육에 대한 만족도가 매우 낮은 수준인 것으로 조사됐다. 현재 대학교육의 가장 큰 문제점은 무엇이라고 생각하냐는 질문에 많은 인사담당자가 창의성 · 독창성을 길러내지 못한다'(35.3%)라는 답변을 들었다. 무엇보다 '획일적 인재' 양산에 대한 아쉬움이 컸던 것. 해당 분야의 전문성을 살리지 못한다'(33.2%)는 의견도 만만치 않았는데, 신입사원이지만 해당 분야에 능숙한 '전문 인력'이길 원하는 기업의 의중이 담긴 것으로 보인다. 이처럼 기업 인사담당자가 실무능력을 중요시 여기는 데에는 신입사원을 교육시키는 데 소요되는 기간도 영향을 미치는 것으로 보인다. 대졸 신입사원을 실무에 투입하는 데까지 드는 기간은 '6개월~1년'(62.3%)이 대부분인 것으로 조사됐으며 '1~2년'(16.6%), '6개월 미만'(12.8%) 순이었다. 인사담당자들이 대학교육에 가장 바라는 점으로는 인사담당자들이 대학교육에 가장 바라는 점으로는 실습 및 현장학습위주의 교육'(43.6%)이라고 응답해 대학교육과 실제 직무현장 사이에 괴리가 있음이 나타났다.[1]

1 윤성은, "인사담당자의 대학교육 평가, 10점 만점에 5.6점", http://people.incruit.com/news/newsview.asp?gcd=10&newsno=521711, (2010.10.11. 최종검색).

한편, 다음에 제시한 글에서는 '능력'과 '성공'이라는 단어에 정면으로 도전하고 있다. 사회에서 통용되는 성공 공식이라는 것에 우리가 끌려 다녀야 하는지에 대해 물음을 던지고, 왜 주체적이지 못한지에 대해 돌아보게 하고 있다.

> 실상 매일매일이 시험 기간이다. 밤새 꺼질 줄 모르는 도서관의 불빛 아래 친구들은 공무원 고시 문제집을 바쁘게 넘기며, 노트북을 통해 흘러나오는 동영상 강의에 충혈된 눈을 박고 있다. 자격증, 대학 졸업장, 포트폴리오, 토익점수, 어학연수, 유학, 인턴, 자원봉사, 프로젝트, 소설보다 쓰기 어렵다는 자기소개서……. '스펙'은 우리 시대 젊음의 키워드가 되었다.[2]

2 김예슬, 『오늘 나는 대학을 그만둔다, 아니 거부한다』(느린걸음, 2010), 41쪽.

보 충

다음은 〈'표절 한국' 이젠 바로 잡자〉라는 제목으로 실린 기사(『동아일보』 2007년 2월 21일자)의 일부이다. 이 기사를 읽고 새롭게 알게 된 사실이 있다면 무엇이며, 표절이 근절되지 않는 이유는 무엇인지에 대해 서로 이야기를 나눠보자.

예시 1 **하버드대생 매학기 '학문정직성' 서명**

중학교 3학년 때 미국 버지니아 주로 가족과 함께 이민 간 김 모(22) 씨는 2004년 버지니아 주립대에 입학했다. 그는 졸업 후 의학전문대학원에 진학할 계획을 세우고 지난해 봄 화학 강의를 들었다. 친구의 실험보고서에서 서너 문장을 베껴 과제물을 냈지만 큰 문제가 되지 않을 것으로 생각했다. 담당교수는 표절 대목을 정확히 찾아내 "절대 하지 말아야 할 금기를 깼다"면서 징계위원회에 김 씨를 회부했다. 무기정학을 당한 김 씨는 다른 대학에 편입할 수도 없었다. 미국 대학은 표절 사실을 성적표에 남기기 때문. 그는 한국인 상점에 취직해 한 달에 100만 원 가량을 벌며 학교 측에 편지로 선처를 호소하고 있지만 학교 측은 꿈쩍도 않고 있다. 김 씨의 한 친구는 "그는 좌절감에 빠져 한국 친구들과도 연락을 끊었다"고 말했다.

김 씨뿐만이 아니다. 외국에서 남의 것을 베끼다 낭패를 보는 한국인이 적지 않다. 미국 등 선진국 대학에선 "한국을 비롯한 동아시아 학생의 보고서는 여러 번 꼼꼼히 살펴야 한다"는 이야기가 나돌 정도로 한국에 대한 인상이 나빠지고 있다.

글로벌 시대에 세계 곳곳에서 활동하는 한국인들이 표절에 대한 글로벌 스탠더드와는 거리가 멀어 국제적으로 망신을 당하는 경우가 많다. 이는 개인의 문제가 아니다. 이들은 어릴 적부터 표절 방지 교육을 하지 않은 '표절 공화국' 한국 사회가 만든 피해자이기도 하다.

지난해 7월 미국 하버드대 행정대학원(케네디스쿨) 신입생 환영회장에서 사회자는 "해마다 3, 4명은 동급생과 함께 졸업하지 못했다. 표절 때문이다. 실수도 허용되지 않는다"고 경고했다. 이 대학 행정대학원생 제이슨 임 씨는 "환영 행사의 절반 이상이 표절 경고로 채워졌다"고 말했다.

하버드대 신입생들은 4시간 동안 의무적으로 구체적인 표절 예방 교육을 받아야 한다. 재학생도 매 학기 '표절하면 어떤 처벌도 감수하겠다'는 '학문 정직성 메모'에 서명해야 한다. 이 학교 조지프 매카시 부학장은 기말고사, 논문 제출 시기를 앞두고 모든 학생에게 "표절을 조심하라"는 경고 메일을 보낸다.

한국에선 찾아보기 힘든 풍경이다. 개인의 도덕성에 기대기보다는 철저한 예방 교육과 엄격한 제재로 표절을 추방하는 것이다.

프랑스 파리1대학 대학원생 다니엘 오페르(27 · 무역학) 씨는 논문을 쓸 준비를 하기 전 교수에게서 "표절에 주의하라"는 말을 들었다. 그는 "교수들이 컴퓨터 프로그램으로 논문뿐만 아니라 리포트도 표절했는지를 일일이 조사한다"고 말했다. 국가가 학위를 주는 프랑스에선 학위논문을 표절하거나 졸업시험에서 부정행위를 하면 5년간 운전면허시험을 포함한 모든 국가시험에 응시조차 할 수 없다.

일본에선 대학과 연구기관에 표절 등 논문 부정 의혹을 신고하는 별도의 창구를 만들어놓은 곳이 적지 않다. 2000년 10월 교토(京都)대의 한 농학부 교수는 다른 학자의 논문을 표절해 저서를 냈다가 결국 사임하고, 책에 붙일 사죄문을 전국 300여 개 도서관과 출판사에 보내야 했다.

'표절과의 전쟁'은 한국 유학생들을 공포로 몰아넣고 있다. 이 때문에 유학생끼리 자체적으로 '표절 과외'를 하기도 한다. 미 미네소타대 홍보학 박사과정에 재학 중인 이형민(28) 씨는 "한국 유학생들은 매 학기 유학 온 후배를 불러 표절의 위험성을 설명한다"며 "표절하면 무조건 제적당하고 '몰랐다' '실수다'라는 변명도 통하지 않는다는 걸 알려준다"고 말했다.

이젠 한국도 '표절 공화국'이란 오명을 벗어야 한다. 표절을 하고서는 떳떳하게 세계를 활보할 수 없는 시대다. 표절 관련 규정을 정비하고 실질적인 교육을 통해 표절을 추방해야 하는 이유는 명백하다.

예시 2 해외의 표절 예방교육 실태

외국 대학생들이 숙제를 하거나 논문을 쓸 때 표절에 각별히 조심하는 태도는 하루아침에 길러지는 게 아니다. 어릴 때부터 질서 있게 줄을 서고, 교통신호를 잘 지키는 등 시민의식이 몸에 밸 정도로 철저히 배우고 학교에서는 정직하게 자신의 생각을 표현하도록 가르친다. 이런 밑거름 속에서 표절을 멀리하는 학문의 규칙이나 양심의 명령을 지키는 의식이 자리잡게 된다

■ 학교와 가정이 손잡고 표절 예방 = "과제물은 '창의성'이 채점 기준이고 … 인터넷 내용을 베껴 학생 자신의 주관이 들어가 있지 않은 에세이는 최저점을 준다." 캐나다 밴쿠버의 포리스트힐 중학교가 학기 초 학부모에게 보내는 과제물 작성 요령 등에 관한 가정통신문의 일부분이다. 학교 측은 부모가 학생이 과제물을 작성하는 것을 지켜보도록 권유하고, 과제물 아래 확인란에 서명하도록 요구한다. 학생은 모든 과제를 직접 손으로 쓰고, 인터넷에선 관련 자료들을 찾아 인쇄해 별도로 제출하는 것을 원칙으로 삼고 있다. 과제물을 발표할 때는 참고한 인터넷 사이트를 학생들에게 알려야 한다. 이 학교 8학년생 김 모(15) 군은 "인터넷을 참고하면 사이트와 사이트의 페이지까지 명기해야 하고, 컴퓨터로 작성할 경우 인용된 대목의 색깔을 달리 표시해야 한다"고 말했다.

캐나다 온타리오 주 윗비 초등학교 교사 퍼트리샤 캐스타노스(28 · 여) 씨는 "가정에서도 자녀에게 정직한 글짓기 습관을 들이기 위해 표절 방지 교육을 중요하게 여긴다"며 "부모는 자녀가 직접 쓴 글이 아니면 다시 쓰라고 지도한다"고 말했다.

■ 표절하면 엄격한 벌칙 = 프랑스에서 자란 박혜진(21 · 여) 씨는 "어렸을 때부터 표절하지 말라는 말을 하도 들어서 '표절=나쁜 짓'이란 생각이 머리에 박혔다"며 "중학교 3학년 때 라틴어를 프랑스어로 번역하는 숙제를 베낀 학생이 걸려 엄청나게 혼났다"고 말했다.

프랑스 학교에서는 표절 사실이 드러나면 20점 만점에 4점 이상을 주지 않는다. 3문장 이상이 같으면 표절로 간주된다. 이런 엄격함은 단순히 정직성을 가르치기 위한 것이 아니다. 자기 스스로 생각하고 만들어내는 창의성은 표절이 아닌 정직함 속에서 꽃핀다는 철학이 반영되어 있다.

영국에서는 에세이와 비평 과제가 집중적으로 늘어나는 중학교 때부터 표절 예방 교육이 시작된다. 교사들은 숙제를 내줄 때마다 "정답은 없다. 다른 사람의 아

이디어를 베끼지 말고 자신의 생각을 담아라"는 말을 지겹도록 반복한다. 고교 1학년 때까지 영국에서 지낸 한국외국어대 4학년 박 모(24) 씨는 "교사들이 나만의 생각을 요구하기 때문에 표절할 필요성을 느끼지 못한다"며 "베끼다 걸리면 교사의 처벌보다는 친구들로부터 '생각이 없는 아이'로 찍히는 걸 더 두렵게 여긴다"고 말했다. 영국문화원 영어강사인 샐리 핸더슨(31 · 여) 씨는 "학생이 자꾸 표절하면 학부모를 불러 이를 알려주고 교사가 부모의 숙제 점검방식, 자녀 학업에 대한 관심도 등을 상담하는 절차를 밟는다"고 말했다. 부모도 표절 예방 교육을 받는 셈이다.

캐나다의 한 대학에 교환학생으로 다녀온 김혜진(28 · 여) 씨는 "오리엔테이션 때 학교 측이 '지금까지 당신들이 생각했던 표절 개념과 우리의 표절 개념은 큰 차이가 있으니 실수로라도 출처 없이 글을 옮기지 말라'고 경고했다"며 "출처를 많이 밝힐수록 준비를 꼼꼼히 했다는 의미라는 걸 깨달았다"고 말했다.

미국 고교 1학년 때 숙제를 베껴 낸 적이 있는 이 모(29) 씨는 자신의 과제물에 빨간 줄이 가득 쳐져 있는 것을 보고 깜짝 놀랐다. 도서관에서 요약본을 빌려다 '로미오와 줄리엣'에 관한 보고서를 써냈다가 교사에게 들킨 것이다. 그는 "낙제를 당할 뻔했지만 교사가 점수를 깎는 선에서 선처해 위기를 모면했다"며 "그 교사가 '다시는 베끼지 마라'고 훈계한 이후 표절은 꿈도 꾸지 않게 됐다"고 말했다.

제3장 제대로 요약하기

1. 요약 훈련이 중요한 이유

요약을 제대로 하기 위해서는 글에 대한 독해 능력이 무엇보다도 중요해진다. 대학에서 이루어지는 공부의 대부분이 요약의 기술을 기초로 하고, 대학생들의 학문 활동에서 학업 능력을 향상시키는 중요한 방법으로 요약의 훈련을 강조하는 이유가 바로 여기에 있다.

또한, 요약 훈련은 논리적인 글쓰기의 기초가 된다는 점에서 대학 시절에 필요한 글쓰기 실력을 키우는 데 유익하다. 대학에서의 공부는 지식을 정확하게 이해하되, 자신의 말로 다시 바꾸어 서술할 수 있는 단계에 이르렀을 때 보다 효율성이 높아지기 때문이다.

서술형 시험답안 작성의 경우

대학에서는 무엇을 얼마나, 어떻게 알고 있는지를 확인하기 위한 시험을 치를 때에도 단답형 답안 작성보다는 서술형 답안 작성을 요구하는 경우가 많다. 이때 단순 암기에 의한 지식의 단편적인 나열에 치중하기보다는, 소화된 지적(知的) 논리를 보여주는 게 중요하다.

예시 1

문제 1: '21세기형 개인주의'에 대한 필자의 논지를 간략하게 서술하시오.

● 필자는 21세기형 개인주의의 중요한 특징으로 세 가지를 들고 있다. 첫 번째로, 나르시시즘이다. 21세기형 개인주의자들은 전체의 기준에서 벗어나 개인의 가치를 최고로 부여하고, 그것을 인정하며 표현한다.

두 번째는, 자유를 열망하는 것이다. 이것은 과거 전체주의의 억압적 금지에 대해 저항하는 여러 가지 혁명에서도 찾아볼 수 있다. 과거 전체주의는 정치제도에 극단적으로 구현되기도 했는데, 개인주의자들은 체제라는 이름의 전체에 대항해 자아와 개인성을 긍정한다. 이러한 저항은 예술 분야에서는 모더니즘이라는 이름으로 나타난다.

세 번째는, 21세기의 개인주의자들이 다른 개인과 연합하는 것을 주저하지 않는다는 것이다. 언뜻 생각해보면 개인주의자들을 비사교적이고 사회의 은둔자로 볼 수 있으나 그것은 전체주의적 관점이므로 지양해야 한다. 개인주의자들이 다른 개인과 연합하는 것은 집단의 틀 안에 들고자 하는 것이 아니다. 개인주의자들은 개인마다 다른 개인주의의 개념을 가지고 있으므로 그들과 연합해 서로 이타적으로 타인의 가치를 이해하고 인정하는 것이다.

예시 2

문제 2: 전체주의와 개인주의의 차이에 대해 설명하시오.

전체주의는 파시즘이나 스탈린주의와 같이 한 사람에게서 개인의 얼굴을 지워 버리고 집단의 표상만을 읽으려고 하는 것이다. 이것은 전체가 그것을 이루는 부분들과 독립적인 실체이고 그 부분들보다 더 우월하다고 생각하는 세계관이다. 반면 개인주의는 한 사람의 자유는 다른 사람의 자유가 시작되는 곳에서 멈춘다는 고전적 자유관의 심리적 표현처럼 특정한 주체의 관점을 옹호하고 드높인다.

전체주의는 집단이나 조직의 가치를 우선시하고 개인의 가치를 묵살하는 방식으로 체제를 유지하므로 체제 유지를 위해서 억압과 강요가 발생하게 된다. 이러한 것들은 '금지를 금지하라'는 외침과 같은 저항으로 이어져 체제를 불안하게 만든다. 하지만 개인주의의 경우는 개개인이 다른 사람을 방해하지 않는 범위 내에서 자유롭기 때문에 능동적이고 적극적이며 실천적이다.

감상문 과제 작성의 경우

소설이나 영화 감상문을 쓸 때 요약의 기술을 활용할 수 있다. 서사적 구성을 근간으로 하는 대상작품을 선택하여 감상문을 써야 한다면 배경과 인물과 사건이라고 하는 세 축을 염두에 두고 중심적인 줄거리를 추출해내는 것이 중요하다.

예시 3

사랑과 전쟁, 중년부부의 결혼생활 들여다보기

–〈토끼를 기르기 전에 알아두어야 할 것들〉을 읽고–

처음 이 책을 읽은 느낌은 말로 표현할 수 없을 정도였다. 물론 장르 자체가 워낙 환상적이고 독특하다는 교수님의 말씀이 있었지만 결혼에 대한 내 생각이 무참히도 깨지는 기분이라고나 할까? 박형서라는 신예작가가 데뷔작으로 선보인 이 작품은 그동안 내가 즐겨 읽었던 흥미 위주의 판타지나 사실적인 풍속소설과는 확실히 다른, 풍부한 체험과 깊은 사색을 보여주고 있어 새로웠다.

주인공 '나'와 그의 아내는 30년을 함께 살아온 부부 사이다. 아내는 3주 동안 기르던 토끼가 별다른 이유 없이 죽자, 그 죽음의 원인을 알아내기 위해 애쓰다 못해 토끼 흉내 내기에 이른다. 토끼가 '뷔페식' 식사를 즐겼던 마당을 발가벗고 돌아다니면서 토끼가 먹었던 풀을 한 가지씩 맛보던 아내는 3일 만에 갑작스레 죽어버린다. 그리고 '나'는 아내의 죽음을 통해 외로움의 실체를 엿보게 된다.

이러한 줄거리만 보아도 다분히 황당하고도 엽기적이어서 의아한 부분도 많았지만, 미혼인 나의 입장에서는 한 번쯤은 진지하게 생각해볼 만한 시사점도 던져주었다. 특히 중년 부부의 사랑에 있어서 부부들이 보여주는 견해 차이와 그 해결방식에 대해 고민해볼 수 있었다.

특히 사건을 요약할 때는 장황해지지 않도록 주의하는 것이 좋다. 감정에 몰입되거나 군더더기를 과장하여 이를 요약하는 데 치중하면 전체의 핵심을 놓치기가 쉽기 때문이다. 주요한 갈등을 중심으로 서사 구조의 핵심만을 간추리는 서술이 되는 것이 이상적이다. 사건의 요약 전달이 제대로 이루어지지 않을 경우, 비약이 있거나 왜곡되면서 요약답지 않은 요약이 될 수 있다.

예시 4

〈선 따라 걷는 아이〉는 선을 따라서 걷는 놀이를 좋아하는(좋아한다고 믿는 것이라고 해석할 수도 있는) 아이가 등장하는 동화이다. 아이는 간혹 선을 그리며 길을 만들어 나가기도 하지만, 선을 벗어나 떨어지면 괴물이 있다고 믿기 때문에 선에서 절대 떨어지려고 하지 않는다. 어느 날 아이는 실수로 선에서 떨어지게 되고, 괴물을 만날까 두려워하게 된다. 하지만 아이의 우려와는 달리 괴물은 존재하지 않았고, 거기에는 주인공보다 먼저 떨어진 아이들이 선을 밟지 않는 놀이를 하며 재미있는 시간을 보내고 있었다. 이 모습을 본 '선 따라 걷는 아이'가 선을 밟지 않는 놀이에 참여하면서 동화는 끝이 난다.

서평 과제 작성의 경우

요약의 기술이 보다 활발하게 활용되는 사례는 서평의 경우에서 쉽게 찾을 수 있다. 서평의 대상자료는 교양 서적에서부터 전공 서적에 이르기까지 논의 수준이 다양하고, 짧게는 한 편의 글에서부터 많게는 몇 권 분량의 책에 이르기까지 분량도 다양하다.

다음의 〈예시 5〉는 서평의 일부분으로, 대상자료의 논점과 내용을 효율적으로 소개하는 데 요약의 기술을 적용하고 있다.

예시 5

이 글의 필자는 서론 부분에서 현대사회에서 광고의 역할과 새로운 소비자 계층으로 급부상한 신세대들에 대해 소개하고 있다. 현대사회에서 광고는 국제화, 개방화 시대에 국제 경쟁력을 높이기 위한 창조활동 산업으로, 신세대들의 사고방식을 중심으로 광고시장의 상황을 분석하여 문제점 분석과 앞으로의 지향점 제시에 연구의 목적을 두고 있다.

필자는 광고의 시대적 역할을 세 가지로 나누어 소개하고 있다. 첫째, 사회 변화의 촉매가 된다는 점이다. 광고는 대중매체로써 소비자들의 생활을 윤택하게 돕는 정보전달 매개체 역할을 한다. 둘째, 기업의 이윤추구 매체가 된다는 점이다. 광고는 본질적으로 제품이나 서비스를 제공하기 위한 기업의 설득 커뮤니케이션이며 궁극적인 목표는 이윤추구에 있다. 셋째, 대중문화의 활성화를 유도한다는 점이다. 광고는 문화를 대중에게 보급하여 평준화시키고 소비자들의 욕구와 유행 선도, 편의와 오락 제공 등 고급문화 형성에 촉매역할을 해오고 있다. 그러나 매스컴의 지나친 상업주의는 부정적, 충동적이라 비판받기 쉽고 신세대 문화에 커다란 영향을 미치므로 지양되어야 한다고 필자는 주장한다.

2. 요약의 효율성을 높이려면

2-1 요약의 과정을 제대로 지키자

요약을 제대로 하기 위해서는 대상자료를 정확히 읽어낼 수 있어야 한다. 대상자료의 정확한 독해는 요약의 과정을 제대로 지키는 데서 가능해진다. 이에 효율적인 요약의 과정을 간략히 설명하면 다음과 같다.

대상자료의 기본 정보 파악하기

먼저, 요약의 준비 작업으로 대상자료에 제시된 객관적 정보를 파악하는 것이 필요하다. 예를 들어, 책의 서지사항이나 책의 구성 혹은 형식상의 특징 등을 미리 파악하는 것이다. 경우에 따라서는 책의 목차나 머리글을 미리 일독하는 것도 필요하다.

이러한 준비 작업은 대상자료의 전모를 파악하여 요점을 정확히 읽어 나가기 위한 것이다. 이러한 작업을 소홀히 하면 자신의 관심사에 치중해 부분적이고 지엽적인 곳에 몰두하거나, 지루하고 산만한 읽기를 하여 피상적인 독해를 하게 되기 쉽다.

다음의 〈예시 6〉을 읽고 요약의 준비 작업으로 어떤 것을 체크해놓았는지를 살펴보자.

예시 6

치열하면서 아름다운, 깊은 사색의 흔적들

– 김종철의 『간디의 물레』를 읽고–

김종철의 『간디의 물레』(녹색평론사, 1999)에 담긴 34편의 에세이는 어느 것을 읽어도 그 하나하나가 잊을 수 없는 감동을 준다. 글 속에 배어 있는 저자의 사물 현상에 대한 섬세한 관찰력, 사유의 타당성과 투명성, 문장들이 풍기는 문학적 향기, 그리고 무엇보다도 문명사적 위기에 처한 현실 앞에서 저자가 지식인으로서 애타게 느끼는 사명 의식 때문이다.

이러한 감동의 요소들은 「간디의 물레」, 「자동차가 없는 세상을 꿈꾸며」, 「걸어다니기」, 「인간에 대한 모욕」, 「어머니의 이기심」, 「고무신 두 켤레」 등의 글에서 각별히 두드러진다.

「간디의 물레」에서 저자는 "진정한 행복에 이르기 위해서 지금까지와는 근원적으로 다른 것을 욕망할 줄 알아야 된다"는 간디의 상징적 메시지를 읽고, 「자동차가 없는 세상을 꿈꾸며」와 「걸어다니기」에서는 자동차 타기를 철저히 거부한, 70개의 언어를 자유롭게 구사하는 뉴욕의 어느 기이한 대학 교수와 영국의 한 시골을 녹색 운동의 메카로 만든 인도인 쿠마르라의 예를 들어 종말론적 현대 문명을 비판하고 이에 대한 근본적 극복 방법을 제안한다.

그리고 「인간에 대한 모욕」에서 저자는 재일 교포 작가 이회성 씨가 우체국의 원고 분실 건과 관련해 일본 정부에 취했던 태도에 대한 일화를 통하여 모든 것을 경제적 가치로 환산하려는 현대인의 사유를 비판하고, 「어머니의 이기심」에서는 현대인의 가장 큰 문제의 하나가 이기적 사고를 벗어나지 못하는 데 있음을 지적한다.

「고무신 두 켤레」에서는 고무신을 벗고 택시를 탄 시골 할머니와 술만 먹고 나면 언제나 신발을 잃어버리는 고 김관식 시인의 우스운 일화를 통해 "물건을 아끼고, 삼가고, 수줍어하면서 살아가는 평범한 사람들의 겸허한 인생 태도의 편린"이라는 깊은 의미를 느끼게 한다. 이처럼 모든 글이 재미있고 교훈적일 뿐 아니라 아름답고 깊은 사색을 담고 있다.

내용 요약하기

다음으로, 형식문단의 차원에서 대상자료의 내용을 파악하는 독해 작업을 차분히 하는 것이 필요하다.

특히 글 전체의 길이가 너무 길어 내용을 요약하기 어려울 때에는 우선 '형식문단'으로 나누어 내용을 정리해보는 것이 간편하다. '형식문단'은 대체로 3~5문장 정도로 그 길이가 짧기 때문이다. 그래도 어렵다면 '형식문단'의 맨 처음 문장과 마지막 문장을 살펴서 요점을 파악해보자. 문단은 보통 하나의 '중심 문장'과 여러 개의 '뒷받침 문장'으로 되어 있다. '중심 문장'은 그 문단의 중심 내용을 담고 있는 것으로 대개 문단의 맨 앞이나 끝에 위치하기 때문이다.

이렇게 '형식문단'의 내용 요약이 끝난 후, 내용문단의 차원에서 글 전체의 요지를 파악하는 것이 다음 단계의 작업이다. 곧, 여러 개의 형식문단의 내용을 살펴 서로 관련이 있는 형식문단끼리 묶어서 내용문단으로 만들어본다.

이때 특히 각 형식문단의 '접속어'와 '지시어'에 유의하는 것이 중요하다. '예를 들어'라는 접속어는 중심 내용이 아니므로 그냥 지나쳐도 좋으며, '그러나'는 앞의 문단과 반대의 이야기가 나타나는 경우이고, '요컨대'는 지금까지의 내용이 요약되어 있으므로 매우 중요한 부분이 되는 셈이다. 여러 개의 형식문단은, 이와 같은 방법을 통해 몇 개의 '내용문단'으로 정리되게 된다.

이렇게 내용문단이 묶여지면, 이들 내용문단의 중심 내용을 짧게 정리한다. 내용문단의 중심 내용을 파악해서 하나의 문장으로 만들고, 다시 연관 있는 내용문단의 중심 내용끼리 묶어가면서 서서히 범위를 좁혀 내용을 정리하게 되면, 가장 중요한 핵심이 무엇인지 파악하는 것이 보다 쉬워지게 될 것이다.

이제, 다음에 제시하는 〈예시 7〉을 읽고 한 문단 정도의 길이로 요약해보자.

예시 7

『연탄길』은 한국판 '마음을 따뜻하게 해주는 101가지' 이야기다. 이 책에 실린 40편의 이야기는 지은이가 겪었거나 서울 노량진에서 학원 강사로 일하던 시절 학생들에게 들은 이야기를 각색한 것이다. 본문 삽화도 지은이가 직접 그렸다.

『연탄길』에는 콧등을 시큰하게 하는 내용이 많다. 그래선지 『연탄길』에 대한 독자의 반응은 아주 호의적이다. 다음과 같은 독후감이 일반적이다.

> 다른 사람에게는 전시나 과시용으로 보이기 위한 형식적인 사랑보다 진심에서 우러난 이웃의 사랑을 다룬 『연탄길』은 이 시대를 살아가는 사람들에게 훈훈한 즐거움을 느낄 수 있는 작품이었다.

(『동아일보』 2월 16일자 '이렇게 읽었다'에서)

물론 다른 의견도 있다. 다음은 연세대 국문과 강사 최기숙씨가 『출판저널』(제319호 2002년 3월 5일자)에 기고한 「삶을 반성하기보다 낙관론을 강요하는 희망 동화들」이라는 글에서 행한 비판이다.

> 『연탄길』이 보여주는 작위적 사랑은 차라리 도취적이다. 안이한 인과응보나 자기 처벌에 관한 과장된 시선을 단지 실화라는 이유만으로 설득하는 데는 한계가 있다. 인간의 마음을 작위적으로 설정하거나 부자들에 대한 적개심을 자연화하는 것은 위험하기조차 하다.

『연탄길』에 실린 이야기들은 몇 가지 패턴을 보여주는데 인과응보 · 자업자득 계열과 동병상련 계열이 유독 눈에 띈다. 인과응보 · 자업자득 계열의 이야기들은 '적선지가 필유여경(積善之家 必有餘慶) 적불선지가 필유여앙(積不善之家 必有餘殃)'을 강조한다.

그런데 뺑소니를 당한 사람을 구해준 부부의 가족은 그로 인해 화를 입지 않고, 뺑소니를 저지른 부부는 재앙을 입는 이야기(「우리가 서로 사랑할 때」)나, 돌아가신 시아버지를 지난 밤 꿈에서 본 며느리가 남편과 함께 성묘에 나선 덕분에 역시 화를 면한 이야기(「약속」)는 선을 쌓아야 한다는 교훈을 주기보다는 섬뜩하고 오싹한 기분이 들게 한다. 마치 수년 전 TV에서 인기를 끌었던 「미스터리 극장」을 보는 듯하다.

현실감이 떨어지기는 동병상련 계열도 마찬가지다. '운명을 같이 하지 않으면 진정한 사랑은 싹트지 않는다'를 주제로 한 이 계열의 이야기는 일방통행식의 사랑이 억지스럽고, 또한 그것이 오히려 감동을 떨어뜨리는 요소로 작용한다. 교통사고로 다리 불구가 된 딸을 위해 하반신 불구인 체하는 아버지는 그렇다 쳐도(「아빠의 눈물」), 빗나간 아들을 바로잡기 위해 교도소 수감을 자청하는 아버지의 희생은 설득력이 없다(「먼 불빛」).

또, 상대방을 배려하기 위해 주위에서 산 사람을 죽은 것처럼 연기하는 내용이 왕왕 나오는데 이것은 진정한 배려가 아니다. 지고한 목적을 위해서라면 무슨 수단도 가능하다는 메시지로 읽힐 수 있다. 중요한 경기를 앞둔 운동선수에게 가족의 죽음을 알리지 않는 것이 마치 그 선수를 위하는 것인 양 착각하는 것과 같다.

이야기의 끝자락이나 중간에는 글자 크기를 키우고 색깔을 입히는 글귀가 나온다. 예컨대 이런 것들이다. "마음만 있다면 풀 한 포기만으로도 아름다워질 수 있는 게 우리의 인생이다", "우리에게 해를 끼치는 것은 다른 사람이 아니다. 그것은 바로 우리들 자신이다", "생각해보면 사람이 자신은 생각하는 것만큼 불행하지 않다. 그리고 자신이 생각하는 것만큼 행복하지도 않다."

주제를 함축한 이런 글귀들이 뜻하는 바는 자못 심각하다. 가난과 결부 지어 인용한 글귀들을 확대 해석해 보자. '가난해도 마음만 부유하면 얼마든지 행복해질 수 있고, 내가 가난한 것은 오로지 내 탓이며, 찢어지게 가난해도 행복한 사람이 있는가 하면 아무리 돈이 많아도 불행한 사람이 있다.'

가난과 빈곤에 대한 피상적인 접근은 『괭이부리말 아이들』이나 『봉순이 언니』도 마찬가지다. 『연탄길』이 좀 심할 따름이다. 좋은 책에도 좋지 않은 구석은 분명히 있다. 하지만 아무 생각 없이 그저 따라 읽는 요즘 독자들에게 비판적 독서를 기대하는 것은 무리다. 아니, 예전에도 의미를 부여해가며 책을 읽는 사람은 드물었다. 그래도 요즘 자신이 읽을 책을 고르는데 영화를 볼 때보다 고민을 덜 하는 것만은 분명하다.

자신의 말로 바꿔서 서술하기

마지막으로, 정리된 내용을 자신의 입장에서 설명할 수 있는지를 검토하는 것이 무엇보다 중요하다. 제대로 논점을 파악하고 구체적인 내용을 이해하였다고 해도 자신의 말로 바꾸어 설명할 수 없다면 절반의 성공이라고밖에 할 수 없다.

긴 글을 '형식문단'으로 짧게 끊어서 정리하고, 또 관련 있는 문단을 묶어 '내용문단'으로 분류해가면서 그 내용을 서로 연결하면 대상자료의 내용을 보다 쉽게 요약할 수 있다. 그렇다고 대상자료의 중요한 지점을 그것 그대로 옮겨놓으면, 요약문 자체로는 글의 문맥을 제대로 파악하기 곤란할 것이다.

고로, 대상자료에서 중요한 정보를 간추려 요약한 후, 글의 목적에 따라 몇 가지 논점으로 분류하고 관련된 정보끼리 통합하여 글 전체의 흐름을 만들어보는 것이 필요하다. 요약문에서는 써놓은 항목들의 인과 관계와 상호 관계에 의해 글의 전체 문맥이 보여야 한다.

이제 앞서 제시한 〈예시 7〉의 글을 한 문단 분량으로 요약한 결과물을 살펴보기로 하자. 다음의 〈예시〉들을 살피면서 어떤 식으로 요약하는 것이 가장 효율적일지에 대하여 고민해보고, 요약하는 글쓰기를 보다 다양하게 연습해보자.

예시 8

〈연탄길〉에 대한 독자의 반응은 진심에서 우러난 이웃의 사랑을 다룬 점에서는 호의적이지만, 동병상련이나 인과응보라는 과장된 시선이라는 점에서는 비판적이다. 억지스럽고 현실적이지 못한 점이 감동을 떨어뜨리는 요소로 작용한다. 좋은 책에도 좋지 않은 구석이 분명히 있다. 요즘 독자들은 아무 생각 없이 그저 따라 읽는 경향이 있다. 이런 점에서 비판적 독서가 필요하다.

예시 9

대부분 독자들은 〈연탄길〉에 대해 호의적이지만, 이와 달리 필자는 이것을 비판적 시각으로 접근하고 있다. 필자는 〈연탄길〉에 실린 이야기들을 몇 가지 패턴으로 나누어 검토하였다. 예를 들어 인과응보와 자업자득 계열의 이야기는 교훈보다는 오싹한 기분이 들게 하고, 동병상련 계열의 이야기는 억지스런 사랑을 강요하여 감동을 떨어뜨린다고 하였다. 이렇듯 좋은 평가를 받는 책에도 좋지 않은 구석이 있으니 비판적인 독서가 필요하다고 필자는 강조하고 있다.

예시 10

필자는 〈연탄길〉을 한국판 '마음을 따뜻하게 해주는 101가지 이야기'라고 표현하며 대부분 독자들의 반응이 매우 호의적이라고 말하고 있다. 하지만, 필자는 교훈을 주기보다는 섬뜩하고 오싹한 기분이 들게 하는 인과응보 자업자득의 이야기 패턴과 현실감이 떨어지는 동병상련 이야기 패턴, 그리고 가난과 빈곤에 대한 지나친 피상적인 접근에 부정적인 견해를 보이고 있다. 뿐만 아니라 좋은 책이라고 해서 비판적 의식 없이 그저 따라 읽는 요즘 세대의 독서태도를 지적하고 있다.

2-2 논평의 단계까지 진행시키자

논평 작업이란 요약한 글에 대해 다양한 의견이나 소감, 혹은 평가에 관한 지적사항 등을 제시하는 것을 말한다. 요약의 효율성을 높이려면 요약 작업을 단지 요약에서만 멈추지 않고 논평의 단계로까지 발전시키는 것이 필요하다. 요약 활동에서는 논리적으로 읽고 쓰는 힘을 보여주는 것이 중요하기 때문이다.

논평 작업과 친해지려면

요약 작업이 끝나면 스스로 자신의 이해한 바를 점검하고 자신의 견해를 세우는 논평 작업을 간단하게라도 해보는 게 좋다.

이를 위해 '이 설명은 설득력이 있다, 다른 저서에는 다른 말을 하고 있는데 어느 쪽이 옳은 말일까? 이 주장은 다소 앞뒤가 맞지 않는다, 수치에 입각한 근거가 부족하다' 등 다양한 질문을 던지고 그에 대한 자신의 의견을 메모해두는 것이 필요하다.

다음의 〈예시 11〉에서처럼 대상자료를 같이 읽은 소감 등을 친구들과 공유하면서 의견을 교환하는 것도 논평 작업을 구체화시키는 좋은 훈련이 된다.

예시 11

- 장회익이 쓴 〈나의 학문과 글쓰기〉라는 글, 읽어보았니?
- 글쓰기를 통한 학습이 갖는 의의라는 주제는 참신하고 가치 있는 주제라고 생각해. 독자들이 글쓰기를 통한 학습의 의의가 무엇인지를 생각해보게 한다는 점에서 긍정적이야.
- 나도 이 글을 읽으면서, 글쓰기가 학문 연구에 효과적인 방법이란 것을 알게 되었어. 특히 필자의 경험에서 비롯된 이야기라 그런지 더 솔깃했어.
- 글쓰기를 통해 깊이 있는 학습을 할 수 있다는 것에는 동의하지만, 글쓰기의 중요성을 너무 강조하다 보니 글 읽기의 중요성은 상대적으로 간과되었다고 생각해.
- 필자는 학문의 단계를 초기 · 중기 · 성숙 단계로 나누어 각각의 예시를 들며 글을 전개해나갔는데, 글의 처음 부분에서 학문의 단계를 세 가지로 나누고 본론에서 그 단계에 맞게 설명하려는 점이 독자가 글의 구조를 판단하고 이해하게 하는 데 도움이 되었어.
- 하지만, 단계를 맞추어 설명하려고 하다 보니, 초기와 성숙 단계의 예문의 양이 비대한 것에 비해 중기 단계의 경우 예시문은 없고 서술도 너무 간략해.
- 글쓴이가 물리학자여서 그런지 사례들이 모두 물리학에 치중되어 물리학과 거리가 먼 사람들이 읽기엔 다소 딱딱하게 느껴지지 않을까? 예를 들면, '양자역학의 대립'에 대한 언급이 있었는데, 전문지식이 없는 사람을 대상으로 한 예문으로는 부적절하다고 생각해. 왠지 상식적인 교양도 모른다고 할까 봐 조금은 속상하더라.
- 그렇게 볼 수도 있겠구나, 예시라는 것이 이해를 돕기 위한 거니까 말이야.
- 그래도 나는 영화, 책 등 많은 분야에서 예시를 찾아내서 다루어진 것이 좋았는데…….

• 오히려 나는 전체적으로 예문이 장황하다는 인상이 들었어. '바둑'에 대한 예시도 글의 흐름상 억지로 끼워 넣은 듯해 적절한 예시라고는 생각되지 않았어.

발전된 공부의 계기로 삼기

논평한다고 하여 반드시 비난하거나 비판할 지점만을 찾는 것은 아니다. 모든 글에는 그 글 나름의 성과와 의의가 있다. 예를 들어, 이런 부분이 도움이 되었거나/아니거나, 설득력이 있거나/부족하거나, 동의하거나/그렇지 못하거나, 보충설명이 필요하거나/아니거나 하는 부분 등을 세세히 따져보면 소극적이고 수동적인 공부 자세에서 벗어나 훨씬 발전된 공부를 할 수 있다.

논평 작업이란 이렇게 성과의 긍정적/부정적인 측면, 의의와 한계, 장점과 단점, 특징적 지점에 대한 호오(好惡) 등을 설득력 있게 개진하는 것이다. 완벽한 글이 없다는 말에 자신감을 갖되, 구체적인 논평의 지점들을 찾고 그에 대한 근거를 제시하는 식으로 연습을 해보자.

보다 효율성을 높이려면 다음의 〈예시〉들에서처럼 논평의 지점과 관련하여 지식을 충전하는 다양한 자료 수집을 병행하는 것이 반드시 필요하다. 그래야 지금 현재 알고 있는 것(〈예시 12〉)에서 좀 더 나아가 다른 사람의 의견은 어떤지 확인하고(〈예시 13〉), 현실에서 일어나는 현상들에 눈을 돌리고(〈예시 14〉), 학자들의 연구 작업에서 도움받을 지점들을 찾아(〈예시 15〉) 자신의 의견과 지식을 보다 명확하고 탄탄하게 다져나갈 수 있기 때문이다. 그리고 이렇게 적극적으로 요약하고 논평하는 작업을 통해 나를 발전시킬 수 있게 된다면 대학에서 이루어지는 공부의 세계가 힘들기는 해도 어찌 즐겁지 않겠는가?

예시 12 **논평의 지점 찾기**

- "손에 피 묻혀가며 일하는. 나 같은 유통업자한테 고맙다고는 못 할망정… 소, 돼지는 다 처 먹으면서!! 개는 불쌍하다 이거냐?! 정의로운 척 오지네!!" (출처– 기안84가 네이버 웹툰에 2017년 3월 7일에 연재한 〈복학왕〉의 제136화 개순이 마무리 편)
- 개장수가 개순이 학대를 말리려던 학회장 형에게 한 이 말은 식용동물 유통 과정에서의 학대에 대한 나의 무관심을 깨닫게 해주었다.
- 과연 개장수의 외침처럼 이것이 단지 개와 소, 돼지 같은 동물의 종류의 문제일까? 나는 문제가 어떤 고기를 먹느냐에 있다고 생각하지 않는다. 그 과정에서 어떤 일이 벌어지느냐가 중요한 것이다.

예시 13 **친구의 의견 모아보기**

(1) 현아(행정, 17): "사회문화에 따라 어떤 나라에서는 개고기를 먹고 어떤 나라에서는 개고기를 먹지 않는다. 그렇기에 개고기를 먹는 것이 문제가 아니다. 문제는 개를 죽이기 전에 개에게 끔찍한 행동을 일삼았다는 것이다. 이는 사회적인 문제이기도 하다."

(2) 보검(영문, 17): "말을 못한다고 고통을 겪게 해서는 안 된다. 죄 없는 동물을 학대하는 현실에 대해 개인 차원의 문제라고 도외시하지 말고 사회적 차원에서 공론화시키는 것이 필요하다."

예시 14 **신문기사 검색해서 자료카드 만들기**

강화된 동물보호법 그러나 식용 개의 언급은?

'동물보호법 개정안'이 국회 본회의를 통과하면서 개나 고양이, 토끼 등 반려동물을 판매하는 소위 '동물생산업'을 신고제에서 허가제로 전환하고 동물을 잔인하게 죽이거나 학대하는 행위가 금지됐다. 동물학대 행위에 대한 처벌 역시 강화되었다. 이전까지는 개를 도살하는 과정에서 고통을 주거나 보관할 때

철장에 가둬두는 등 도축과정에서 동물학대 행위가 많았다. 관련 학자들은 이번 개정안을 통해 과정에 대한 처벌이 가능할 것이라는 기대를 내놓기도 했다.

문제는 이 법이 식용 개에 적용이 되느냐는 점이다. 축산물 위생관리법은 개를 명문화해 관리하고 있지 않으며 이번 개정안 역시 마찬가지다. 개로 명시되어 있는 것이 아니라 반려동물 범주에 개가 해당되는 것으로 보아야 하는 것이다. 결국 도축장의 경우에는 각 지자체에서 조례로 규정을 하여야 한다. 현 상태가 유지되거나 성남 모란시장과 같이 지자체장과 도축업자 간 업무협약을 통해 자진 철거하는 과정을 거칠 수밖에 없다는 얘기이다.

*출처: 원호연, "강화된 동물보호법에도 개 도축장 문제는 여전", http://news.heraldcorp.com/view.php?ud=20170305000079, (2017. 6. 6. 최종검색).

예시 15 문헌자료 검색해서 자료카드 만들기

개고기 관련 정책에 등 돌린 정부

"서울 올림픽 때 정부는 개고기 식용을 금지시키지 않으면 올림픽을 보이콧하고, 한국산 상품을 불매한다고 하는 외국 동물보호론자들의 위협에 대도시에서 보신탕 영업을 못 하게 하고, 시골에서만 영업을 하게 하였다.

이들 조처는 정책적 문제를 낳았다. 개고기 식용이 불법이라면 못 먹게 하든가, 먹게 하려면 합법화시켜야 하는데, 못 먹게 하지도 않고 단속도 하지 않고 있어서 위생의 사각지대에 놓여 있다. 또한, 정부는 개고기 식용에 대하여서는 문제화되는 것을 싫어하여 내버려두는 무정책으로 일관하고 있다."

*출처: 안용근, 「연구노트 : 한국의 개고기 식용 정책의 개선방향」, 『한국식품영양학회지』 16권 1호(한국식품영양학회, 2003), 73면.

연 습

다음은 요약문 쓰는 연습을 한 결과물이다. 요약의 대상이 되는 읽기 자료를 전부 제시하기는 어렵지만, 서로 다른 요약문을 살펴보고 요약문만으로도 내용 전달이 명확하면서도 간결하게 이루어진 사례를 골라 꼼꼼히 살펴보자. 만약 문장이 거칠거나 문맥이 깔끔하게 정리되지 않은 부분이 있다면 표현을 다듬어주는 센스를 발휘하면서 우리들의 글쓰기 실력도 키워보자!

예시 1

(1)	결혼은 현실이라서 살다보면 연애할 때는 몰랐던 힘든 일들이 생기기 마련이다. 그렇지만 이를 자기만의 스타일로 극복하며 행복을 꾸려가는 부부들은 여전히 존재한다. 그리고 이들의 모습을 그린 웹 툰이 속속 연재되고 있다. 국제연애, 결혼에 대한 편견 때문에 마음 고생했던 〈펭귄 러브즈 메브〉 부부, 남편과 아내의 역할이 뒤바뀐 〈마조 앤 새디〉 부부, 결혼 후에도 서로의 직업적 역할에 변함이 없는 〈결혼해도 똑같네〉의 부부, 〈어쿠스틱 라이프〉의 게임 덕후 남편과 그의 열정을 함께 나누는 아내 모두 이러한 모습을 보여준다.
(2)	이 글에서는 판타지가 아닌 결혼이라는 현실을 그린 각기 다른 5개의 웹 툰을 소개하고 있다. 〈마조 앤 새디〉는 머신 '덕후' 남편이 뼛속까지 주부가 되는, 가정주부 남편의 결혼생활을 그린다. 반면 〈어쿠스틱 라이프〉는 게임 '덕후' 남편과 그에 맞춰 게임 '셔틀'이 된 부인의 이야기다. 〈결혼해도 똑같네〉는 같이 일하던 동료에서 인생의 동반자가 된 부부의 별다를 것 없는 소소한 결혼생활 이야기이다. 영국남자와 한국여자의 결혼생활을 그린 〈펭귄 러브즈 메브〉도 국제결혼이라는 편견을 제외하면 소소하면서 사랑스럽긴 마찬가지다. 마지막으로 〈딩스 뚱스 in 아메리카〉는 아무것도 없는 신혼부부가 미국에서 겪는 고난과 사랑을 그린다.

예시 2

(1)	대화를 하기 위해 가장 중요한 것은 바로 올바르게 경청하는 것이다. 경청하는 법은 크게 다섯 가지로 들 수 있는데, 첫째 주제를 잘 파악하는 것이고 둘째 말하는 이가 얼마나 설득력 있는 자료로 이야기하는 것이다. 셋째로는 화자가 어떤 주장을 펴는지에 대해 알아야 하고, 넷째 단계인 화자의 주장에 따라 어떤 반응을 해야 하는가에 대해 듣는 이가 판단하는 것이다. 마지막으로 화자만의 독특한 특성을 찾아내는 것이 중요하다. 더 나아가 화자가 무엇을 말할지 앞서 나가 생각해보는 것 또한 좋은 경청법이다. 이런 목표를 설정해서 경청하게 될 때 듣기의 생산성이 높아지는 유익한 방법이 될 것이다.
(2)	'SMART 경청법을 연습하라'는 제목답게 이 글의 저자는 평소 우리의 대화 방식을 예로 들며 듣기의 중요성에 대해서 역설하고 있다. 그리고 그 듣기를 잘하기 위한 방법으로, 'S–주제, M–자료, A–주장, R–반응, T–독특한 특색'이라는, 듣기의 중요한 5가지 방법을 다룬 'SMART 경청법'을 소개하고 있다. 마지막으로 '앞지르기'라는 듣기의 한 방법과 함께 'SMART 경청법'의 중요성을 강조하고 있다.
(3)	이 글은 우리가 듣기에 사용하는 시간은 쓰기의 5배, 읽기의 3배, 말하기의 2배라 하며 듣기의 중요성을 강조하며, 잘 듣기 위한 구체적인 방법으로 앞글자를 따서 'SMART 경청법'을 소개하고 있다. 'SMART 경청법'이란 말하는 이의 주제(S: subject)와 주제를 뒷받침하는 자료(M: material), 말하는 이의 주장하는 바(A: assertion)와 그에 대한 동의나 반대를 표하는 반응(R: reaction), 그리고 화자의 말의 독특한 특색(T: trademark)에 주의를 기울이며 듣는 것을 뜻한다. 이 글은 또한 'SMART 경청법'에 추가해서 '앞지르기'라 하여 다음 이야기할 것을 추정하고 그대로 전개되는지를 확인하라고 한다. 후반부에 첨부된 간단한 문항들은 자신의 듣기 평가를 진단하기 위한 저자의 배려이기도 하다. 듣는 것이 중요하다고는 하나 실천하기는 어렵다. 그러므로 자신이 들어야 할 사항을 정하고 'SMART 경청법'을 사용한다면 듣기에 집중하는 데 도움이 될 것이다.

예시 3

(1)	이 글에서 저자는 학습 유형을 '글쓰기'와 '글읽기'로 분류하고 각각의 유형에서 얻을 수 있는 장단점이 다르기 때문에 자신의 학문 경향과 특성을 고려하여 두 가지 유형 중 자신에게 보다 유용한 유형을 선택하기를 권하고 있다. 또한 학문의 성격에 따라 그에 적절한 학습 유형을 제안하고 있는데, 그 중 '글읽기'는 많은 지식이 요구되는 분야에서, '글쓰기'는 새로운 틀을 제시하는 것이 중요한 분야에서 필요하다고 한다. 글쓰기와 글읽기 양쪽 모두 학습에 있어서는 매우 중요한 부분이다. 그러나 저자의 의견과 같이 학습 유형을 양분화시켜 제시하는 것은 동의하기 어렵다. 두 유형의 장점과 단점을 조화시키고 보완하는 것이 가장 바람직하기 때문이다. 더구나 저자는 창의적인 학문이 글쓰기의 유형에 더 적합하다고 이야기한다. 그러나 내 입장에서는 보다 많은 지식의 축적은 그것이 밑거름이 되어 더 무궁무진한 사고들을 촉진시킬 수 있다는 점에서, 오히려 글읽기가 더 적합하지 않을까 생각한다.
(2)	2장(글쓰기와 학습)에서 저자는 우리가 배워 나가는 과정, 즉 학문의 과정에서의 글쓰기가 어떤 역할을 하는지 말해 주고 있다. 저자의 의견을 따르자면, 학습함에 있어서 우리가 그 내용을 직접 써 보는 것만큼 자신에게 가장 쉬운 이해를 줄 수 있는 것은 없다는 것이다. 저자는 그 예로써 자신이 학생 때부터 교수가 될 때까지의 경험을 들어 설명해 주고 있다. 그리고 자신과 어울리는 즉, 코드가 맞는 책의 선택이 그 무엇보다도 중요하다고 강조한다. 아무리 그 책이 명저이고 저자가 유명인이라 해도 우리의 성향과 맞지 않으면 아무런 소용이 없다는 것은 굳이 이 책에서의 사례가 아니더라도 일상에서 흔히 접할 수 있는 일일 것이다. 이 장은 이 글 전체에 포함된 여느 장에 비해 저자가 드는 사례가 비교적 적고, 읽기 쉬운 부분이다. 하지만 저자가 드는 사례가 자신의 전공 분야 관련에만 머물러 있어서 범용적인 글쓰기 지침으로 삼기엔 다소 부족한 감이 있다는 생각이 들었다. 그럼에도 불구하고 코드를 맞추는 것이 중요하다는 저자의 의견은 한 번 쯤 귀담아 들을 만한 내용이다.

앞서 학술적 글쓰기의 형식과 절차, 그리고 기본기로 요구되는 요약과 인용의 방법 등에 대하여 살펴보았다. 이제 이 책을 마무리하면서 흔히 접하게 되는 학술적 글쓰기의 유형을 몇 가지로 나누어 소개할까 한다.

먼저, 대학 새내기에서부터 졸업반에 이르기까지 요약의 기술을 활용한 과제가 다양하게 지속되는 만큼 학년 혹은 과목의 난이도에 따라 다양하게 작성될 수 있는 요약 보고서의 사례를 들어 작성포인트를 설명하고자 한다.

제4부
유형별 작성 포인트

다음으로, 학술적 글쓰기의 큰 비중을 차지하는 리포트로 감상문과 서평의 경우를 들 수 있는데, 이들 유형의 다양한 사례를 제시하여 대상 자료의 특성과 과제의 목적에 맞춰 독해와 분석, 감상과 평가의 과정을 통해 이루어지는 지성적 사고 훈련을 도모하고자 한다.

이들 유형은 학술적 글쓰기의 기본기를 토대로 대학생활 내내 다양한 과목들에서 응용되거나 변형되어 부과되는 학술적 글쓰기들이다. 제시된 사례들을 참고하여 적절하게 조정하는 연습이 뒷받침되기 바란다.

제1장 요약 보고서

앞서 학술적 글쓰기의 기본기로 제대로 요약하는 훈련이 중요함을 강조한 바 있다. 요약의 기술이 대학에서의 학문 탐구에 기본적인 토대가 되는 만큼 요약 보고서를 쓸 기회는 의외로 많다. 대학 새내기에서부터 졸업반에 이르기까지 요약의 기술을 활용한 과제가 다양하게 지속되는 만큼 요약 보고서의 작성법을 한 가지로 이야기하기는 어렵다.

특히 요약의 대상으로 부과되는 읽기자료들은 작게는 한 편의 논문에서부터 많게는 한 권의 책에 이르기까지 분량이 다양하고, 교양과 상식을 넓히는 선에서 제시되는 읽을거리에서부터 전공 분야의 본격적인 학술 논저(論著)에 이르기까지 대상자료의 수준이나 관심사 역시 다양하다.

요약의 기본적인 방법에 대해서는 앞선 장에서 이미 설명하였으므로, 이 장에서는 다양하게 작성될 수 있는 요약 보고서의 사례를 크게 두 가지로 나누어 살피고자 한다. 학년에 따라, 혹은 과목의 난이도에 따라 요약 보고서에서 기대하는 바가 다양할 수 있으므로, 제시된 사례들을 참고하여 적절하게 조정하는 연습이 뒷받침되어야 할 것이다.

◆ 내용 요약만을 제시하는 경우

첫째, 대상자료의 내용 요약만을 간략히 제시하는 경우이다. 다음의 〈예시 1〉은 내용 요약을 중심으로 작성된 쪽글과제의 사례이다.

예시 1

〈광고 크리티에이브의 시대적 변화와 그 대응〉

(이상원, 1994)에 대한 요약

이 글은 광고의 시대적인 역할인 사회변화의 촉매, 기업의 이윤추구 매체, 대중문화의 활성화 유도, 이 세 가지 역할의 연관성을 기초로 한다. 기업은 이윤을 추구하기 위해 광고를 하고 상품의 정보를 소비자에 전달한다. 그 과정에서 효과적인 전달을 위해 대중적인 매스미디어를 사용하게 된다. 이는 광고가 대중문화를 이끄는 계기가 되고, 미디어를 통해 소비자에게 전달된 정보는 소비자에게 구매를 유도하게 되어 시장경제를 발전시킨다.

경제의 발전은 곧 사회변화의 촉매가 된다. 필자는 이에 따른 광고와 광고매체의 변화가 생기게 되는 이유를 다음과 같이 설명하고 있다.

고도의 경제성장은 소비자들의 욕구를 다양화시키고, 기업의 이윤추구 매체인 광고는 제품에 대한 정보를 소비자에게 빠르게 알리기 위해 경쟁한다. 그 결과 소비자들의 의식이 변화하고 각자 추구하고자 하는 목표에 따라 광고의 수요 계층이 다변화되었다. 다변화된 수요 계층 중 경제성장의 가장 큰 수혜자인 신세대들이 등장하게 되면서 광고와 매체가 변하게 된다.

신세대들은 시각적이고 높은 정보의식을 바탕으로 기존의 문자문화를 영상문화로 바꾼다. 자연히 광고의 주요 매체 역할을 해온 4대 매체 즉, 신문, 잡지, TV, 라디오 중 TV의 비중이 커지게 되고 다양한 영상매체가 등장하게 된다. 이에 따라 광고에서도 신세대에 맞추어 광고의 재미 요소를 보다 강조하게 되고, 감성 광고가 두각을 나타나게 된다. 또 개성 위주의 광고가 증가하면서 다양한 광고로 인해 광고의 라이프 사이클이 단축되는 결과도 나타나게 된다.

필자는 이러한 변화의 가장 큰 이유가 신세대에 있다고 보고, 신세대의 사고방식을 중심으로 우리 광고가 앞으로 나아갈 방법을 다음과 같이 설명하고 있다.

우선, 개성시대에 맞는 광고 크리티에이티브의 강화로 국제경쟁력에서 앞서는 광고를 만들어나가야 한다. 다음으로, 혁신적인 유행성과 개성, 그리고 끊임없는 변화 추구와 정보화 사회에 매력을 느끼는 신세대를 위해 탈정형화한 포스트모더니즘 광고기법을 지향하는 것이 필요하다. 이를 위해 다양해진 광고매체의 특성에 따라 각 매체에 맞는 광고 기법을 사용해야 한다. 마지막으로, 신세대들이 광고에 쉽게 접근할 수 있도록 동질성 추구를 바탕으로 하여 신선한 충격과 올바른 정보를 제공해서 그들의 라이프 스타일에 맞추려는 노력이 필요하다. 이 같은 노력으로 사회변화에 심도 있고 능동적인 광고를 만드는 것이 필요함을 필자는 강조하고 있다.

내용 요약과 논평 작업을 아우르는 경우

다음으로, 대상자료의 내용 요약과 논평 작업을 아울러 수행하는 경우이다. 요약 보고서의 분량이 제한되어 있지 않거나, 3장 이상의 분량으로 요약 보고서를 작성해야 한다면 단지 내용 요약에만 그치는 것은 아쉽다는 점을 기억하자!

하나의 보고서 안에 요약과 논평 작업을 동시에 수행하는 요약 보고서의 사례로 〈예시 2〉를 살펴보자. 목차의 표제에서 확인되듯이 내용 요약과 논평 작업을 분리하여 작성하고 있다. 자칫 번거로울 수도 있지만 요약의 기술을 훈련하고, 무엇보다 요약과 논평 작업 양자를 충실히 연습하는 데 유효한 방법이다.

예시 2

'서울 노래'를 통한 1930년대 사람들의 정서 고찰

–장유정, 「1930년대 서울 노래의 이중성 : 웃음과 눈물의 이중주」를 읽고–

Ⅰ. 들어가며

노래는 그 어떤 형태보다도 그 시대의 화젯거리나 분위기 등을 잘 담아내고 있다. 더구나 노래는 기본적으로 여러 사람들이 부르게 하는 데 그 목적이 있다는 점에서, 가장 쉽게 사람들의 정서와 사상에 녹아들 수 있는 형태이기도 하다.

장유정의 논문 「1930년대 서울 노래의 이중성 : 웃음과 눈물의 이중주」는 30년대 대중가요를 통해 그 시대를 조명해보려는 의도로 쓰인 글이다. 이 글을 읽고 내가 아직 모르고 있는 30년대에 대해 좀 더 깊이 있는 이해를 할 수 있는 계기가 되지 않을까 하는 생각에 선택하게 되었다. 특히 실제 작품들을 면밀히 분석하여 서울 노래의 특징을 살펴보고 있다는 점이 독특하다고 생각하였다.

이에 먼저 대상자료의 내용을 요약하고(Ⅱ장), 이 글에 대한 평가를 두 가지 측면으로 나누어 살펴보고자 한다(Ⅲ장).

Ⅱ. 내용 요약

본격적인 논의에 앞서, 필자는 1930년대의 서울을 전통과 근대의 공존, 그리고 두 개의 생활권이라는 측면에서 이중성을 갖는 특수한 공간으로 전제한다. 이중성을 지니는 공간을 살아가는 당시 사람들이 바라보는 30년대에 대해 고찰하기 위하여 필자는 이른바 '서울 노래'를 살펴보고자 한다. 덧붙여 공간의 이중성을 문화의 신파성으로 바로 연결하는 기존 연구의 한계를 지적하면서 서울 노래를 연구한 첫 작업으로서의 의의를 제시하고 있다.

서론에 이어 2장(1930년대 서울의 이중성)에서는 1930년대 서울의 북촌과 남촌을 중심으로 '서울의 이중성'에 대하여 소개하고 있다. 1930년대는 일본의 식민지 정책의 일환인 불균형적 거점 개발로 인하여 서울이 급속히 팽창하기 시작한 시기이고, 필연적으로 이는 '서울'의 노래 소재화로 이어졌다고 한다.

당시 서울은 일본인 생활권인 남촌과 우리 민족의 생활권인 북촌이라는 이질적인 두 생활권으로 나뉘어져 있었는데, 이를 필자는 '서울의 이중성'이라고 표현한다. 여기서 필자는 북촌의 '종로'에 주목한다. 이것은 '서울 노래'가 우리 민족의 정서를 반영해야 한다는 결론 하에 종로는 일본인 생활권인 남촌에 비해서 상대적으로 우리 민족의 애환과 자존심이 집결된 장소로서의 상징을 갖기 때문이라고 한다. 이러한 주장은 '종로'가 등장하는 노래의 수가 많음을 근거로 뒷받침된다.

3장(거리 두고 바라보기—웃음의 서울)에서 필자는 '풍자'의 기법으로 당시의 서울을 표현한 서울 노래들을 실제 작품들을 통해 들여다보고 있다. 그리고 웃음으로 당대를 표현할 수 있었던 것은 거리를 두고 서울을 바라보았기 때문에 가능했다고 주장한다. 필자는 당시 서울 풍경에 대한 웃음은 '풍자'와 '비웃음'을 뜻한다고 말한다. 이는 당시 사회 모습인 전통과 근대의 부조화스러운 공존, 그리고 문란해진 성(性) 문화에 대한 비판적 시각에서 비롯된 것이라고 한다.

혼란스러운 사회 모습은 당시 사회 전면으로 등장하기 시작한 '여성'과 결부되어 많이 논의되며, 그 대표적인 예로 여러 차례 작품 속에서 비판의 대상으로 등장하는 '카페 걸'을 제시하기도 한다. 이 외에도 〈모던 서울〉, 〈서울가두풍경〉 등의 작품을 통해 당시 사회의 혼란한 모습을 비판적으로 비추어보고 있다.

덧붙여 필자는 서울 노래 속 풍자의 의도를 설명한다. 그에 따르면, 많은 대중들에 의해 불리는 '서울 가요'에 풍자를 투영시킴으로써, 대중에게 현실에 대한 인식을 각성시키고 더불어 의미를 내포한 웃음을 유발시키는 효과를 가져올 수 있다고 말한다.

4장(그 속에서 체험하기—눈물의 서울)에서는 눈물의 정서를 통해 30년대의 서울을 느끼고 표현하는 서울 노래들을 실제 작품들을 통해 들여다보고 있다. 그리고 그 눈물이란 서울 생활의 직접 체험에서 비롯되었기에 가능한 것이라는 점을 전제로 삼는다. 당시 사회는 근대적 서울로의 갑작스런 변모와 동시에 식민지배라는 특수한 상황이 존재하고 있었다고 한다. 이로 인해 당대 사람들은 정체성의 상실과 함께 옛 것에 대한 그리움을 맛보고 있었다고 한다.

이러한 비극성은 '속울음'이라는 극도의 슬픔을 응축한 방식으로 표출되는데, 여기서의 눈물을 결코 '신파의 눈물'로 이해해서는 안 된다는 것이 필자의 생각이다. 이 눈물에 소극적으로나마 희망이 내포되어 있음은 〈서울의 밤〉, 〈세기말의 노래〉 등의 작품이 뒷받침하고 있기 때문이다. 그리고 이러한 '눈물의 노래'가 대중들이 함께 보편적인 감수성을 형성하고, 서로의 고단한 삶을 위로하는 수단이 된다는 데서 필자는 큰 의미를 찾기도 한다.

필자는 식민지배 하에 일어난 근대화 물결이라는 우리나라의 특수한 상황을 고려할 때 당시를 신파의 시대로 연결 짓는 경향이 옳지 못함을 지적하고 있으며, 오늘날 대중가요를 예로 들어 과거와는 다른 풍자의 변모양상을 제시하고 있다. 마지막으로, 다시 한 번 서울 노래 고찰의 첫 작업으로서의 의미를 강조하며 글을 맺고 있다.

Ⅲ. 논평

우리는 지금까지 한국의 1930년대라는 시대적 상황을 항상 '일제'라는 단어와 결부 지어 생각해왔다. 그리하여 당시가 마치 암울한 '우리 문화 정체의 시간'인 양 여겨왔던 것이 사실이다. 그런 의미에서 볼 때 이 글은 일제에 관련된 논의에서 조금은 벗어나, 당시의 도시문화와 근대화에 대한 고찰을 했다는 점에서 큰 의의가 있는 글이라고 생각한다. 이를 통해 독자들에게는 충분히 30년대에 대한 새로운 시각을 제시할 수 있을 것으로 생각된다.

또한 이 글은 단순한 견해 제시가 아닌 풍부한 예시를 통해 자신의 견해를 뒷받침하고 있기 때문에, 독자의 이해와 공감을 보다 쉽게 이끌어낼 수 있다.

이는 학습의 측면뿐 아니라, 지루하지 않게 글을 읽어나갈 수 있다는 점에서도 긍정적으로 평가받을 수 있는 부분이라고 생각한다.

이러한 의의에도 불구하고 이 글이 지닌 두 가지 한계를 지적하고자 한다.

그 하나는 '얕은 논의의 깊이'라고나 할까? 이 글은 서울의 '이중성'이라는 제재에 큰 의미를 부여하고 있다. 그래서 제목과 목차에서 드러나는 바와 같이, 전체 글이 '이중성'이라는 하나의 틀 안에서 전개됨을 알 수 있다. 그러나 이것에 너무 집착하다 보니 단순히 시대의 이중성과, 서울 노래의 이중성이라는 두 측면에서만 논의를 하고 있다는 점이 아쉬움으로 남는다. 오히려 '맺음말'에서 필자가 짤막하게 제시하는 여러 논의들을 좀 더 심화하여 본문에 실었다면 보다 폭넓고 깊이 있는 글이 되지 않았을까 하는 생각이다.

다른 하나는 '형식의 빈약함'에 있다. 대상자료의 3장에서 필자는 서울 노래의 이중성을 여러 사례들과 함께 제시하며 논의를 펼쳐나간다. 그러나 이렇듯 광범위한 틀을 웃음과 눈물이라는 단편적인 두 개의 틀로 분류하다 보니, 각각의 작품들의 내용과 형식을 설명함에 있어 다소 정리되지 못한 느낌이 든다. 이러한 문제는 글 내부에서 비슷한 내용이 거듭 나타나는 또 다른 문제를 야기하기도 했다. 그래서 형식과 내용 측면으로 더 세분화시켜서 논의를 전개했으면 하는 아쉬움이 남는다.

또한 필자는 대상자료의 2장에서 논의의 배경이 되는 30년대 서울 사회에 대해 제시하고, 이어지는 3장에서 그 사회를 반영한 작품들을 통해 사회 모습을 살펴보는 형식을 취하고 있다. 텍스트(작품)와 사회의 유기성을 고려하여 시대를 이해하려는 필자의 의도는 좋았으나, 문제는 2장과 3장의 연관성을 찾으려는 시도가 전혀 없었다는 것에 있다. 대상자료의 2장에서는 이중화된 사회 배경에 대해 이야기하고 3장에서는 이중화된 작품에 대해서만 이야기하는 식의, 각기 나름의 논의만 전개할 뿐이다. 필자의 의도를 살릴 수 있는 부분이 글 안에서도 드러났으면 더 좋은 글이 될 수 있었을 것이라고 생각한다.

Ⅳ. 나오며

지금까지 서술된 이 글의 논의내용은 다음과 같다. 먼저 서론에서는 대상자료를 읽게 된 동기와 서지사항, 앞으로 논의할 내용에 대한 간략한 소개를 하였다. 이어지는 2장에서는 1930년대 서울에 대한 당시 사람들의 시각과 정서를 '

서울 노래'를 통해 알아보려는 필자의 논점을 가능한 부각시키는 데 초점을 맞추어, 대상자료를 총 5개의 부분으로 나누어 요약하였다. 3장에서는 30년대 사회를 색다른 측면에서 고찰한 점에 대상자료의 의의가 있음을 표명하고, 부적절한 논의 전개방식에 대한 지적을 통해 한계점도 있음을 제시하였다.

이번 과제를 통해 그동안 내가 생각해왔던 일제에 의한 근대의 우리 사회 모습을 새롭게 이해할 수 있는 기회가 되었다. 과거의 모습에서 현재 우리의 문제를 반성하고 해결할 수 있는 실마리를 찾을 수 있다는 점에서 우리의 역사를 올바로 이해하는 것이 얼마나 중요한 일인가도 깨닫게 되는 시간이었다.

문제의 명확성과 통일성에 신경 쓰기

대상자료의 내용 요약과 논평 작업을 아울러 수행하는 요약 보고서에서는 요약의 기술이 얼마나 능숙한가의 문제와 얼마나 논평 작업을 효율적으로 하느냐의 문제가 맞물려 있다.

다음의 〈예시 3〉은 대상자료의 저자가 주장하는 논점을 지적하면서 그에 대한 자신의 의견도 같이 개진하고 있는 글이다. 그런데 문장이 길어지면서 전달력이 다소 떨어지고 있다. 무엇보다 대상자료에서 저자가 주장하는 바에 대한 설명이 선명하지 않아서 글쓴이가 대상자료의 논점으로 무엇을 지적하고 있는지 명확하게 드러나지 않는 것이 아쉽다.

예시 3

판타지소설에 나타난 환상의 가치

– 대상자료: 조성면, 「오늘의 판타지에 대하여」, 『대중문학과 정전에 대한 반역』(소명출판, 2006) –

판타지의 주 독자층은 10대에서 20대 계층이다. 저자는 이들 신세대는 대중문화를 선택하고 혹은 선택당하며 상호종속적 관계에 서 있는데, 대중문화의 상업성이 젊은이들의 꿈과 모험(드래곤라자) 그리고 골목길 놀이(스타크래프트)마저 상품화해버렸다고 개탄한다. 결국 『드래곤라자』는 지금까지 쌓여온 수많은 무협지와 만화, 게임의 결정판이며, 저자는 천재작가 이영도가 아니라 자본에 종식된 여러 대중문화일 뿐이라고 주장한다.

그런데, 이 소설이 판타지의 전형적 과정을 걷고 있는, 소위 유치한 부분을 가지고 있다 하더라도 중요한 것은 그 전형적 과정을 어떻게 그리는가 하는 데 있다고 생각한다. 『드래곤라자』가 여러 문화적 요소와 혼재되어 있다는 것을 부정할 생각은 없으나, 그런 논리로 따지면 세상에서 대중문화를 벗어나 설명할 수 있는 것은 무엇이 있고, 그 중에서 상업성을 띠지 않는 것은 얼마나 있겠는가? 그런 의미에서 사회는 변화하는데 행동과 사고는 제 자리에 있으라는 저자의 주장은 모순이다. 꿈과 모험 그리고 골목길 놀이의 형식이 변화된 것뿐이며, 우리는 그것을 받아들이고 그 안에서의 해결책을 모색해야 한다.

그런 의미에서 요약 보고서에서 가장 중요한 것은 정확하게 소화하고 자연스럽게 서술하는 문장력에 있다. 익숙해지고 능숙해지기까지 오랜 시간과 노력이 투자되어야 함은 물론이고, 명확하고 유연한 문장 쓰기에도 꾸준한 연습이 필요하다.

특히 요약과 논평 작업을 하나의 보고서에 같이 넣는 경우, 문체의 통일성을 기하는 데 신경 써야 한다. 요약하는 방법에 서툰 사람일수록 대상자료의 중요한 부분만을 발췌하여 그대로 옮겨놓는 경향이 있는데, 그렇게 하다 보면 다음의 〈예시 4〉에서 보다시피 한 편의 글임에도 문체상 이질적인 부분이 발생하기 쉽다.

요약 보고서도 한 편의 글인 만큼 대상자료의 요점을 그대로 옮기기보다는 자신의 말로 바꾸어 요약해야 소화된 공부의 모습을 보여줄 수 있지 않을까?

예시 4

장회익의 글 〈나의 학문과 글쓰기〉를 읽고

1. 내용 요약

학문에 있어서 글 읽기와 글쓰기를 비교해본다면, 우선 주로 많이 읽으며 공부하는 사람과 많이 쓰면서 공부하는 사람을 구별해볼 수 있겠는데, 두 유형의 사람 사이에는 적지 않은 차이가 있음을 알 수 있습니다.

먼저 많이 읽는 데 중점을 두는 사람은 풍부한 지식을 가지게 될 것입니다. 읽기를 즐긴다는 것은 머릿속에 많은 지식을 저장할 수 있는 능력이 있다는 뜻이고, 따라서 읽기에 능한 사람은 풍부한 지식을 요구하는 학문을 하는 데 적합할 것입니다. 반면 글을 쓰는 데 중점을 두는 사람은 습득하는 정보나 지식의 양은 많지 않지만 그것을 잘 조직해서 뭔가 새로운 것을 만들어내는 데 기여할 수 있습니다.

학습에서 글쓰기가 중요한 이유는 글쓰기를 통해서 자신의 이해 여부를 분명히 확인할 수 있기 때문입니다. 자기 스스로 학습 내용을 글로 표현해서 글이 제대로 만들어지지 않으면 그것은 문제가 있다는 증거입니다. 자기가 이해를 못 했거나 그 학문이 체계를 못 잡았거나 둘 중의 하나일 것입니다. 이 때문에 글쓰기를 해보는 것은 학습의 중요한 방법이라고 할 수 있는 것입니다.

2. 논평

필자는 글 읽기 중심의 학문과 글쓰기 중심의 학문을 구분하고, 둘 사이에는 적지 않은 차이가 있다고 했다. 그러나 이것은 서두에서 학문에서의 글쓰기를 강조하기 위해 형식적으로 글 읽기와 구분해놓은 것일 뿐, 사실상 대상자료의 중심 내용을 살펴보면 글 읽기는 글쓰기의 전제가 되고 있다.

필자가 세 단계로 구분하여 강조하고 있는 학문적 글쓰기의 핵심은 각 단계별로 자신이 학습한 내용을 바탕으로 글을 써보고 거기에서 '부족한 부분을 찾아 공부하고 다시 고쳐 쓰는 것'인데, 이때의 '부족한 부분을 찾아 공부한다'는 것은 곧 글 읽기와 관련이 있다. 그러므로 필자가 강조하고 있는 글쓰기를 단계별로 완성해가려면 반드시 글 읽기가 필요한 것이다. 따라서 글 읽기와 글쓰기를 구분하기보다는 이 두 가지를 적절히 활용하여 학문에 도움이 되도록 하자는 것이 더 설득력 있는 주장이 될 것이다.

제2장 서평

서평은 책을 읽고 난 후 그 글에 대해 논평하는 글이다. 대학생의 학술적 글쓰기에서 서평 훈련을 강조하는 이유는 서평 작업을 통해 대상자료의 내용을 소화하고, 한 걸음 나아간 지점에서 그에 대한 분석과 평가의 과정을 거치는 것이 지성적 사고 훈련에 효과적이기 때문이다. 따라서 서평 작업을 제대로 하기 위해서는 앞서 소개한 요약의 기술을 능숙하게 연습해둘 필요가 있다.

이 장에서는 서평 작업을 효율적으로 수행하기 위해 유념해야 할 세 가지 사항을 소개하고자 한다.

1. 대상자료의 내용파악 제대로 하기

첫째, 대상자료의 내용파악을 제대로 하는 것이 중요하다. 이를 위해서는 대상자료를 꼼꼼히 읽는 독서자세가 필요한데, 대상자료의 전체적인 구성과 논의 내용을 정확히 이해하고 파악하는 것이 우선되어야 하기 때문이다.

특히 서평 과제에서는 기본 독서의 수준을 벗어나 분석 독서의 수준에서 효율적으로 독서를 하여 책의 논리적 구성을 파악하는 작업이 보다 중요해진다. 이를 위해서는 다음의 〈예시〉들에서처럼 대상자료의 논점을 두루 살피고 스스로 문제를 발견하여 해결해나가려는 성실한 태도가 필요하다.

예시 1

(1) 대상자료의 기본 정보

이은하 · 정계숙, 「형제관계 개선을 위한 부모-자녀 놀이치료 프로그램 효과 연구」, 『아동학연구』 27권 1호(한국아동학회, 2006), 45~65면.

(2) 이 논문을 선택한 이유

심리치료와 상담에 대한 연구가 계속 진행되어 발전하고 있으나, 내담자에 따라 적용되는 원리나 기법이 다른 경우가 많으므로 어떤 치료 프로그램으로 효과가 있다고 일반화하는 것은 쉬운 일이 아니다. 특히 놀이치료의 경우에는 아동을 대상으로 하고 있어 치료 효과에 대한 자기보고가 어려운 경우가 많고, '놀이'라는 특성상 학문적인 용어로 설명하고 기술하는 것이 쉽지 않다. 따라서 이 논문에서처럼 놀이치료에 관한 연구 역시 대상층에 따라 세분화하는 것이 효율적이며, 놀이치료에 대한 지식도 증대시킬 것이라 기대하여 선택하였다.

(3) 대상자료의 논점에 대한 나의 의견

대상자료에서는 부모-자녀 관계와 마찬가지로 형제 관계가 아동의 건강한 발달에 중요함을 강조하고, 형제 관계에 부모가 큰 영향을 미치고 있음을 주장한다. 따라서 아동의 문제 해결을 위해서는 우선적으로 부모를 훈련하고 변화시킬 필요가 있으며, 이에 구조화된 놀이치료 프로그램을 제안하고 있다. 필자들이 제시한 이러한 논점에 동의한다.

다만, 대상자료에서는 이러한 논점을 기술하는 부분에서 미흡한 부분이 드러났다. 우선 필자들은 '부모-자녀 관계를 위한 연구는 많이 진행된 반면에, 형제 관계가 아동에게 큰 영향을 미침에도 불구하고 그 중요성에 대해서 상대적으로 주목을 받지 못하는 실정'이라고 설명하고자 하는데, 대상자료에서는 이론적 배경으로 형제 관계의 중요성에 대해서 서술하고 있어 이 방면의 연구가 진행된 것처럼 보인다. '형제 관계의 중요성은 뒤늦게 주목받게 되었다'와 같은 표현으로 변경하는 것이 나을 것이다.

또한, 형제 관계의 중요성을 강조하면서 형제간 갈등이 신체적 · 심리적인 상처를 줄 수 있다고 설명하고 있으나, 어떠한 상처인지는 기술하고 있지 않고 있다. 물론 서론의 특성상 자세한 기술이 불필요할 수 있으나, 형제 관계의 긍정적인 이득에 대해서는 구체적으로 기술한 데 비하여 상처에 대한 설명이 부족한 것으로 보인다. 앞뒤 주장의 균형을 맞춰 두 부분 다 설명이 이루어지는 편이 좋았을 것이다.

그리고 놀이치료의 시초이고 일반적인 인식인 아동중심적 놀이치료와 구조화된 놀이치료 프로그램 세션에 대한 설명이 부족하다. 서론에서 구조화된 세션이 형제 관계를 위한 부모자녀 놀이치료에서 더 필요한 것인지, 아니면 비구조화된 세션이 더 필요한 것인지 설명이 없어 혼동되기 때문이다. 서론 이후에 나오는 프로그램 개발 부분에서 아동중심 놀이치료가 효과적임을 설명하고 있기는 하다. 오히려 서론 부분에서 구조화된 세션의 프로그램에 대한 언급을 하지 않거나, 구조화와 비구조화의 차이를 통해 연구자들이 비구조화를 하려는 이유에 대해 기술하는 것이 필요하리라 생각한다.

무엇보다 앞선 장에서 정리한 요약의 기술을 충분히 활용하여 대상자료의 내용을 제대로 요약해놓되, 논평의 단계로까지 발전시켜야 서평 작업을 훨씬 수월하게 마칠 수 있게 된다. 다음과 같이 논평 작업의 방향을 메모해두는 습관을 들이는 것이 필요하다.

예시 2

(1) 대상자료의 선택

- 남인숙. 『여자의 모든 인생은 20대에 결정된다』(랜덤하우스, 2004).
- 나키타니 아키히로. 『20대에 하지 않으면 안 될 50가지』. 이선희 역(바움, 2006).
- 이숙영. 『스스로를 결정하라』(무한, 2002).
- 이지성. 『20대를 변화시키는 30일 플랜』(맑은 소리, 2006).

(2) 논평 작업의 방향 잡기

◎ 필자가 수용해야 할 부분 체크
- 자신에 대한 투자
- 긍정적 마인드의 필요성
- 경제관념 기르기

◎ 필자가 반박하고 싶은 부분 체크
- 나만 당당하면 된다는 생각을 버리라는 주장에 대하여
- 남들이 할 줄 아는 건 다 섭렵하라는 주장에 대하여

◎ 이를 통해 진정한 자기계발이란 무엇인가 되짚어보기

(3) 제목을 고민해보기

자기계발서의 약(藥)과 독(毒)
– 20대 여대생에게 필요한 자기계발서 검토하기 –

2. 대상자료의 평가기준 마련하기

둘째, 서평 작업의 효율성을 높이려면 대상자료를 평가하는 기준과 입장을 마련하는 것이 필요하다. 그리고 이렇게 마련된 평가기준과 입장에 대해서 설명하는 부분이 글에서도 제시되어야 한다.

예시 3

(1) 대상자료의 내용 요약

〈소리괴물〉은 '서로의 말을 귀 기울여 듣자'는 교훈을 담은 그림책으로, 줄거리는 다음과 같다. 서로의 말을 잘 듣지 않아 생긴 날개의 말들이 모여 소리괴물이 만들어

졌다. 사람들은 이 괴물이 왜 만들어졌는지 알 수 없었다. 괴물은 사회를 혼란스럽게 만들었고 사람들은 고통스러워했다. 이런 상황 속에서 사람들은 조금씩 서로의 말을 귀 기울여 듣게 되었고 남겨진 말들이 점점 없어지자 괴물 또한 사라졌다.

(2) 논평 작업의 방향 잡기

- **유아기의 발달특성과 관련 짓기 –** 자아중심적으로 사고하는 아이들은 다른 사람의 관점을 쉽게 이해하지 못한다. 자연스레 타인의 말을 귀담아들으려 하지 않고, 사회성 발달에도 영향을 미친다. 이런 특성을 가진 아이들에게 적절한 교훈을 가진 동화책인가를 살펴보고 싶다.
- **그림책의 삽화가 적절한지 살피기 –** '괴물'의 몸체를 남겨진 말로 구성함으로써 아이들이 괴물을 이해하기 쉽게 표현하였다. 아이들이 쉽게 생각할 수 없는 토론하는 장면이나 실험실에서의 장면도 삽화로 친절히 설명된 편이다.

예시 4

(1) 목차 만들기

뻔하지만 뻔하지 않게 그려낸, 동물학대의 실상과 한국 사회 불평등의 이중주
– 〈복학왕–개순이 편〉을 보고 –

Ⅰ. 서론

Ⅱ. 웹툰이라는 장르의 영향력
1. 그림을 통해 표현하는 장면의 '과장성'
2. 사람들이 쉽게 접할 수 있는 '접근성'

Ⅲ. 이중적 주제의 표출
1. 개순이의 고난을 통해 드러난 동물학대의 실상
(1) 개고기 유통과 개장수의 폭력
(2) 애완동물 방치와 무관심

2. 주인공의 꿈을 통해 나타난 한국 사회의 불평등

Ⅳ. 시점 설정의 다양성

1. 다양한 시점에 의한 수월한 이해와 공감

2. 시점 변화로 빚어지는 몰입도 하락

Ⅴ. 결론

참고문헌

(2) 항목별 의도 설명하기

- 웹툰이라는 장르의 영향력 – 글이 아닌 그림으로 과장되게 표현하여 동물학대에 대한 심각성을 더욱 강조할 수 있다는 점과, 사람들이 쉽게 접하고 많이 소비하는 장르라는 점에서 접근성이 좋다고 판단된다.
- 한 편에 담긴 주제의 다양성 – 동물학대에 대한 다양한 사례들을 보여주고 있으며, 흙수저 논쟁이 연상되는 주인공의 꿈을 통해 한국 사회의 불평등한 모습을 언급해주고 있다.
- 시점 설정의 다양성 – 개순이의 시점과 사람의 시점을 설정하여 이야기를 풀어가고 있어, 동물과 사람의 입장을 모두 이해하고 공감할 수 있다는 점에서는 좋았다. 하지만, 마지막 결론 부분에서는 다소 억지스러운 느낌이 들었고 문제의식이 약화되었다고 생각한다. 사람의 시점에서 보면 개순이가 자신을 구해준 피자가게에서 일하게 된 것이 다행이라 여겨지겠지만, 개의 시점에서도 과연 진정한 해피엔딩일 수 있는가에 대한 아쉬움이 남았기 때문이다.

대상자료의 소개는 효율적으로

서평의 중심은 대상자료에 대한 평가 작업이 되어야 하므로, 저자나 대상자료에 대한 개괄적 소개는 간략하게 필요한 정도로만 줄이는 게 효율적이다. 앞서 서론 작성법을 소개한 데서 설명한 바와 같이, 감상문이나 서평에서처럼 대상자료에 대한 개괄적 소개가 필요하다면 서론에서 간략히 하는 것이 효율적이다. 물론, 설명이 길어지는 경우 서론이 아닌 독립된 장을 설정하여 보다 구체적으로 해설하기도 한다.

저자의 사상이나 이론적 배경, 혹은 작품의 역사적 배경을 파악하는 것도 중요하지만, 이것 역시 서평의 중심을 차지할 정도로 장황해지면 글의 균형을 깨면서 효율성을 떨어뜨리게 된다. 이런 부분들은 논평 작업으로 연결시켜 저자의 견해가 갖는 독자성, 혹은 성과와 한계 등으로 소화하는 것이 자연스럽다.

다음의 〈예시 5〉는 〈철제계단이 있는 천변풍경〉이라는 소설작품을 대상자료로 선택하여 서평 작업을 진행하고 있다. 서론 부분에서 글쓴이는 대상작품에 대한 기본 이해를 돕는 여러 가지 정보를 간략하게 제시하고 있다. 대상작품이 신춘문예로 등단한 작가가 펴낸 첫 작품이라는 사실, 작가의 인터뷰 기사에서 확인된 작가의 창작의도, 그리고 대상작품의 기본 내용 등을 소개하고 있는데, 이러한 다양한 정보들이 글쓴이가 서평과제에서 주목하고 싶은 부분과 잘 연결되어 있다.

예시 5

『철제계단이 있는 천변풍경』에 담긴 휴지(休止)와 생동(生動)의 세계

Ⅰ. 서론

소설『철제계단이 있는 천변풍경』은 1999년 한국일보 신춘문예로 등단한 작가 김도언의 첫 작품이다. 이 작품은 임의의 만남으로 이루어진 '신가족'이라고 하는 작은 군집에 대한 불안과 삶의 불온을, 동거라는 만남을 통해 해결하려 하는 젊은 남녀의 삶에 관한 이야기이다.

버스 정류장에서 우연히 만난 여자를 집에 데리고 온 주인공은 스물여덟 개의 철제계단이 있는 그의 집에서 아무런 이유 없이 그 여자와 동거에 들

어간다. 갑작스런 그녀의 출현에 주인공은 약간의 삶의 변화를 겪게 되지만, 그는 곧 그러한 변화가 자신의 삶 안에서 '새로운 질주를 위한 휴지(休止)'였음을 깨닫게 된다는 내용이다.

이 소설에서 작가 김도언은 그 스스로 작가 자신의 소설에 관한 주제가 '인간과 사회의 관계 맺기'에 관한 것[1]이라고 말할 정도로 인간과 사회의 괴리에 관한 현상을 독자들에게 보여주려 하고 있다. 따라서 우리는 지금까지 이 소설을 단순히 '동거'라는 소재를 다룬 작품으로 이해하기 쉽지만, 나는 동거라는 소재에서 한 걸음 더 나아가 그 이상의 차원에서 작품을 논하고자 한다. 곧 단순히 남녀 사이의 '동거'가 아닌, 그 안에 담겨 있는 현실의 괴리를 휴지(休止)와 생동(生動)이라는 세상과 연관시켜 이야기하는 것이 가능하리라 생각하기 때문이다.

1 정천기, 「인터뷰: 첫 소설집 낸 김도언」, 『연합뉴스』 2004년 1월 14일자, 기사.

3. 논평의 근거 제시하기

셋째, 서평에서 요구되는 평가 작업을 제대로 서술하기 위해서는 논평의 근거가 되는 책의 내용을 정확히 제시해주어야 한다.

다음의 〈예시 6〉은 대상자료에서 독자 참여란이 적절한지를 중요한 평가기준의 하나로 잡고 있는데, 대상자료의 해당 부분을 구체적으로 제시하면서 평가 작업을 설득력 있게 진행하고 있다. 〈예시 7〉의 경우에도 책 속 삽화의 비중과 효과를 따져보는 작업을 하고 있는데, 대상자료의 어느 삽화가 해당되는지를 구체적으로 제시하고 있다.

예시 6

'생각'으로 묻어두는 것과 '말'로 공표하는 것은 하늘과 땅의 차이
–『아들아 머뭇거리기에는 인생이 너무 짧다–커뮤니케이션 편』을 읽고 –

3. 독자 참여란의 적절성

이 책은 하나의 소단원에서 언급했던 내용이나 그에 반하는 내용에 번호를 달아 서술하고 각각의 항목마다 (O, X)를 표시하게 하고 있다. 이것은 단순히 수동적인 독자에 머무는 것이 아니라 독자가 스스로 판단하고 활용할 수 있도록 유도하려는 긍정적인 의도로 해석될 수 있다. 하지만 '당신의 생각은?'에 서술되고 있는 문장들은 필자의 눈살을 찌푸리게 하는 내용들이 많았다.

예를 들어 1장 '인류의 미래를 바꾼 말 한마디'에서 '케네디가의 영광과 비극을 되돌아볼 때 한마디 말로 세계를 움직이는 위대한 일을 하는 것도 좋지만, 평범하고 안락한 삶도 매우 소중하다는 생각이 든다'라는 문장을 제시하며 독자에게 O, X 둘 중에 하나를 고르라고 하고 있다. 그런데 이 문장은 중간입장은 허용하지 않는 지나치게 이분화된 흑백 논리에 빠져 있는 오류를 범하고 있다는 생각이 들었다.

예시 7

희생 아닌 희생의 의미를 되새기다
–『나무를 심은 사람』을 읽고 –

2. 책 속 삽화의 비중과 그 효과

두 번째로 살펴볼 수 있는 점은 이 책의 또 하나의 특징으로 꼽을 수 있는 '삽화'이다. 판화 형식의 삽화가 내 마음을 차분하게 만들어준다. 어쩌면 뻔하다고 생각할 수도 있는 짧은 내용 속에서 군데군데 끼워져 있는 삽화들이 이야기 속의 주인공을 정말 살아 있게 만든다. 그 중 내가 봤을 때 인상적인 삽화를 소개하면 다음과 같다.

우선, 31쪽에 있는 주인공 엘지아르 부피에의 모습이다. 그의 오른손엔 쟁기가 들려 있고 배경은 역시 그가 나무를 심어야 할 풀밭이다. 주목할 점

은 그의 얼굴 모습인데, 판화임에도 불구하고 그의 얼굴에는 인자한 인상이 풍겨져나온다. 그의 눈빛은 선함으로 가득 차 있으며 머리 뒤에서 올라오고 있는 태양은 마치 부처나 하느님에게서 볼 수 있는 광배 같다.

다음으로, 부피에가 도토리 하나를 정성스레 땅에 묻으려 하고 있는 손의 모양을 담은 55쪽의 도판이다. 그의 투박한 손이 작은 도토리 알갱이를 심으면서 무슨 말을 하고 있는 것 같다. 이러한 것이 작가의 의도였는지는 확실히 모르겠지만, 작가가 이 작품을 20년 동안 공들여서 썼다는 점으로 미루어 짐작한다면 그러한 그의 노력이 당연히 이 그림에도 투영되어 있었을 것이라 생각한다.

그런 측면에서 판화라는 형식의 그림을 넣었다는 점을 긍정적으로 평가하고 싶다. 판화 중에서도 '목판화'를 선택한 것이 이 책의 내용과 완전히 부합하여, 마치 내용에서도 그림에서도 나무의 향기가 나고 있는 듯했기 때문이다. 게다가, 이 책은 세계적인 화가 프레데릭 바크가 그림을 그려 애니메이션 영화 〈나무를 심은 사람〉을 탄생시키기도 한 것으로 유명했다. 우리나라에도 비디오로 나와 있다고 해서 찾아보았는데, 나의 예상대로 색연필과 파스텔, 그 부드러운 색감이 놀랄 만큼 역동적으로 움직이고 있다는 인상이 강렬했다. 한 사람의 손에서 생명을 받아 나무가 자라고 숲이 생기고 공원이 조성되며 아이들이 웃고 노는 터전이 되어가는 화면은 잔잔하지만 큰 감동을 주었다.

다음의 〈예시 8〉에서는 대상자료의 해당 부분을 인용한 후 그에 대한 자신의 의견을 병행하고 있다. 이렇게 서평 과제에서도 논평의 근거를 밝히기 위해 인용의 방법을 적절하고도 정확히 사용하는 기술이 필요하다. 책에서 말하고 있는 부분과 그에 대한 자신의 의견을 잘 구분해 주어야 가독성을 높일 수 있기 때문이다.

예시 8

아는 만큼 보이고, 체험의 깊이만큼 더 보인다는 것

– 서경식, 『나의 서양미술 순례』, 박이엽 옮김(창작과비평사, 2002) –

이 책은 저자가 서양의 여러 미술관, 박물관을 돌아다니며 접한 미술작품들에 대한 나름의 생각을 평이하면서도 자유롭게 피력한 에세이 모음집이다. 1970년대 초 재일교포 간첩사건에 연루되어 수감된 두 형(서승, 서준식)의 구명을 위해 20여 년을 보낸 저자가 미술작품 속에서 자신의 가족사를 덮친 고통과 우리 근현대사의 질곡의 의미를 담담하게 읽어내고 있다. 흔히 '아는 만큼 보인다'라고 하는데, 이 책을 읽고 나면 '체험의 깊이만큼 느끼는 게 아닐까' 하는 생각을 그래서 하게 된다.

초판은 흑백의 문고판 스타일이었는데, 독서토론회를 계기로 다시금 찾아 읽은 개정판은 모딜리아니가 그린 〈쑤띤 초상〉을 표지로 장정을 멋지게 한 것이 마치 어릴 적 동무가 숙녀처럼 커버린 것 같은 생소함이 있었다.

무엇보다 개정판 표지를 장식한 이 그림에 어떤 사연이 있었을까 궁금했는데, 이 책의 3장 부분에 이와 관련한 이야기가 자세히 나온다. 쑤띤은 제정러시아의 리투아니아에서 가난한 양복 직공의 아들로 태어났는데, 모딜리아니가 죽으면서 쑤띤의 뒤를 보살펴달라는 유언을 했다는 '전설'이 있을 정도로 두 사람은 가깝게 지낸 사이라고 한다. 모딜리아니가 죽은 뒤 쑤띤은 미국인 수집가에게 인정을 받아 이름이 알려지기 시작했는데, 1911년에 빠리로 가서 에꼴 드 빠리의 다른 예술가들과 마찬가지로 극도로 가난한 생활을 했다고 한다.

저자는 프랑스 아비뇽의 까르베 미술관에서 쑤띤이 그린 〈데셰앙스〉라는 작품을 자세히 감상하고 있다. 제목으로 내건 〈데셰앙스〉는 실총(失寵)이라는 뜻인데, 모자를 쓴 부인의 반신상(半身像)을 그린 이 작품에 대해 저자는 한마디로 "이상한 그림"이라 평가하며 다음과 같이 길게 서술하고 있다.

> 휘갈긴 듯한 독특한 터치, 부인의 눈동자 같은 데는 물감덩어리를 이겨 발랐을 뿐 아닌가. 그런데도 그 눈길은 아련한 두려움과 슬픔을 담고 있어 무언가 긴 이야기를 걸어온다.

어째서 이렇게 강렬한데도 이렇듯 고요한 것인가? … 지금까지 나는 쑤띤 특유의 일그러진 포름은 그의 미칠 듯이 날뛰는 격정에서 온 것이라고 단순하게 생각했는데, 어쩌면 그것이 그의 눈에 하나 가득 고여 있는 눈물 탓인지도 모른다.[1]

이후 저자는 미국 워싱턴의 내셔널 갤러리에서 모딜리아니가 그린 쑤띤의 초상화를 보았는데, 그것은 아비뇽 이래로 저자가 품고 있었던 쑤띤의 이미지와는 다소 다른 것이었다고 한다. 카탈로그에 소개된 바대로라면 '예술가답게 가는 손목, 끝이 뾰족한 손가락에 걸맞은 뭉툭한 콧날과 촌스럽고 불균형한 얼굴 생김새가 풍기는 무골호인의 농민 같은 그의 기묘하게 분열된 풍모를, 모딜리아니는 멋지게 포착해냈다.'라는 데 동의해야 되겠지만, 저자는 "내가 보기에는 어딘지 모르게 19세기의 테러리스트 같은, 말하자면 확신범 같은 면모로 보이는 것이다. 어느 편이든 간에 좀처럼 눈물 따위를 찔끔거릴 것 같지는 않다."[2]라며, 오히려 그 반대의 감상을 털어놓고 있기 때문이다.

이런 식으로 이 책은 저자에게 깊은 인상을 준 미술작품들을 대상으로 떠오른 상념들을 자유롭게 엮어내고 있다. 책 제목대로라면 '서양미술 감상의 길잡이'처럼 느껴질 수도 있고 그래서 미술작품에 대한 해박한 지식이나 배경설명을 기대할 수도 있겠지만, 이 책은 그러한 교과서적 해설방식에서는 철저히 벗어나 있다. 오히려 미술작품을 실마리로 치열한 사색과 독특한 체험을 기록하고 있다는 점에서 유럽여행의 추억을 깨알같이 담은 일기장을 보는 느낌이 훨씬 강하다.

여행길에 무심코 들른 미술관이나 성당에서 갑자기 무엇에 얻어맞은 것처럼 발길이 얼어붙는 경우가 있다. 한 장의 그림, 한 덩어리 조각상이 시공을 초월해서 사람들을 붙들고 놓아주지 않는 마력을 간작하고 있는 경우가 있다. 내가 그런 경험을 한 것은 이때가 처음이었다. 그리고 그것이, 지금 돌이켜보건대 나의 '서양미술 순례'의 시작이었다.[3]

1 서경식, 『나의 서양미술 순례』, 박이엽 옮김(창작과비평사, 2002), 47-48쪽.
2 같은 책, 54쪽.
3 같은 책, 18쪽.

이 책에는 르네상스의 종교화에서 고야나 피카소의 그림에 이르기까지 참으로 다양한 작품들이 소개되어 있다. 크게는 고통받는 인간의 모습이라는 주제로 묶일 수 있을법한 그림들 가운데에는 널리 알려진 것도 있고 처음 들어보는 작품도 있지만, 어느 쪽이든 새롭고 흥미롭게 다가온다. 이는 오늘날의 낭만적이고 여유로운 유럽여행과는 다르게 작가가 지닌 특별한 가족사를 배경으로 "정체를 알 수 없는 불안과 초조에 들볶이듯 미술관에서 미술관으로, 수도원에서 성당으로, 유럽의 낯선 거리를 내달리고 있었"기에 가능한 것이리라.

시간이 흐른다는 것은 무엇인가. 이 책을 통해 시간이 흐르면서 변하는 것을 새삼 느끼며, 그와 마찬가지로 변하지 않은 것들에 대해서도 재삼 살필 수 있을 것이다.

서평을 쓸 때에는 그 책의 해설이나 이미 나와 있는 서평 등을 참고로 해도 좋지만 자신의 생각을 갖추기 전에 기성(旣成)의 비평에 지나치게 의존하는 것은 바람직하지 않다. 자신의 논평 작업을 솔직하고도 자신 있게 펼칠 수 있도록 모범 답안 같은 내용, 서평적인 문체나 형식에 구애받지 말고 보다 효율적인 서평의 틀과 문체를 생각해보기 바란다.

제3장 감상문

감상문은 요약의 경우에서와 마찬가지로 대상자료의 종류나 범위가 다양하다. 문학작품을 대상으로 하면 독서 감상문 혹은 독후감(讀後感)이라 부르고, 영화를 보고 나서 작성하는 경우 영화 감상문이라 부르듯 대상자료의 특성에 맞춰 감상 작업을 행한 후 만들어지는 글쓰기가 바로 감상문이다.

이 장에서는 감상문 과제를 효율적으로 수행하기 위해 유념해야 할 세 가지 사항을 소개하고자 한다.

1. 감상문에서 가장 중요한 작업

예를 들어, 〈공지영의 지리산 행복학교〉라는 책을 읽고 감상문을 쓴다고 해보자. 다음의 〈예시〉들에서처럼 같은 책을 읽고도 저마다 느끼는 바가 다를 수 있고, 겉으로는 감상이 비슷해 보여도 그러한 감상의 근원을 파헤치다 보면 사람들마다 주목하고 싶은 지점들도 다양할 수 있다.

예시 1

도시의 편하고 안락한 생활을 버리고 '자발적 가난'이라는, 현대사회에서는 말도 안 되는 짓을 저지른 사람들이라니……. 지리산으로 떠난 사람들의 이야기를 그린 이 책은, 그들이 소박한 생활에서 나오는 소소한 행복에 감사하는 법을 알게 한다. '버들치 시인'이 찻잔에 아직 덜 핀 매화 봉오리를 따서 찻잔에 넣으면서 활짝 피어나는 꽃잎을 보며 미소를 짓는 장면을 보면, 작은 꽃잎 하나에 감동하는 그들의 행복기준을 알 수 있어 무척 인상적이었다.

어릴 적 병아리나 식물을 키워본 적이 있는가? 작은 병아리가 모이를 주워 먹고 나를 어미로 생각해 끊임없이 따라다니는 모습에 기뻐하고 행복해하고, 식물도 하룻밤 사이에 조금씩 커가는 모습에 행복을 느끼지 않았는가? 살아가면서 행복에 대한 조건이 너무 많아지고 있는 것은 아닌지 돌이켜 보는 시간이 되었다.

예시 2

나는 항상 습관처럼 말해왔다. 서울이 좋다고. 교통도 편하고 볼거리도, 즐길 거리도 많은, 내가 좋아하는 모든 게 밀집해 있는 서울이 좋다고. 언제나 이렇게 생각하고 말해왔던 내가 이 책을 읽고 나서 한동안 띵–한 기분이었다.

'서울을 예찬하고 있던 내가 잘못된 거였을까?'하는 느낌이 바로 그것이다. 서울은 시간에 쫓기며 많은 사람과의 접촉으로 스트레스를 받기도 하고 돈과 지위에 연연하게 되며 인생의 참된 의미를 찾기 어렵다고 느껴졌다. 그에 반해 지리산은 자신에게 필요한 시간을 자신이 원하는 때에 맞추어 자유로이 생활을 할 수 있고 많은 사람과의 접촉으로 인한 스트레스는 걱정하지 않아도 되며, 돈과 지위는 큰 힘이 되지 않음을 알려주어 어쩐지 이솝우화의 개미와 베짱이를 연상시켰다.

하지만 시간에 쫓기며 바쁜 하루하루를 보내는 서울생활이지만, 가끔씩 찾아오는 여유를 즐기는 생활도 충분히 행복하다. 내가 좋아하는 야구경기를 관람하고, 평소에 가보고 싶었던 맛집을 찾아가 맛있는 음식을 먹고, 어느 화창한 날씨에는 여자 친구의 손을 잡고 동물원 나들이를 간다. 아주 가끔이기는 하지만, 서울에서 돈과 시간과 사람에 쫓기면서도 행복은 느낄 수 있다는 것이다.

이 책에서는 너무 한 쪽으로만 치우쳐 서울을 황폐한 도시처럼 느끼게 만들었다. 욕심을 버린다는 것은 자기 자신과의 싸움이나 마찬가지이다. 그러니 이 싸움을 서울에서 하든 지리산에서 하든, 아예 해외에 나가서 하든 그 장소는 중요하지 않은 게 아닐까?

감상문은 바로 이러한 감상의 편린을 부각시켜 자신의 글쓰기로 만들어가는 작업이다. 중요한 것은 동일한 대상작품을 감상하고도 저마다 비슷하면서 또 다른, 다양한 감상의 편린들이 드러날 수 있으며, 이러한 다양성이야말로 저마다의 소중한 감상이라는 점에서 인정받을 수 있다는 전제이다.

그래서 감상문을 쓴다는 것은 자신의 생각이 무엇인지를 파악할 수 있는 가장 근본적인 훈련이 될 수 있다. 대상작품을 감상하면서 스스로 무엇을 느끼고 어떻게 생각하는지에 대해 이야기할 수 있어야 하기 때문이다. 이는 감상문 과제가 대학생들의 학술적 글쓰기에서 적지 않은 비중을 차지하는 이유가 되기도 한다.

그런 의미에서 감상문은 자신의 주관적인 감상을 독자에게 설득력 있게 전달하고 독자의 공감을 받을 때 좋은 평가를 받게 마련이다. 이를 위해서는 대상작품을 어떻게 감상하였는지를 스스로에게 물어보고, 감상문에서 부각시킬 감상의 포인트가 무엇인지를 고민해보는 것이 필요하다. 아울러 이를 설득력 있게 글쓰기로 표현해내는 연습이 뒷받침되어야 한다.

다음의 〈예시 3〉은 영화 〈선생 김봉두〉를 보고 "해피 엔딩은 해피 포에버일까"라는 문제의식을 던지고 있다. 글의 흐름이 다소 거칠기는 하지만 글쓴이의 문제의식과 비판적인 감상이라 할 부분들이 거침없이 드러나 있는 편이라 흥미롭다.

예시 3

해피 엔딩은 과연 해피 포에버일까?

– 영화 〈선생 김봉두〉를 보고 느낀 몇 가지 –

거두절미 하고, 영화의 얼개는 명징하고 간단하다. 첫 장면을 볼 때부터 예상되는 너무나도 명료한 결말과 익히 예상되는 교훈 같은 것들, 그리고 훈훈한 감동. 주인공이 타락한 세상에서 타락한 방식으로 타락한 삶을 살다가 결국 자연(시골, 순수, 부모님, 순박한 아이들과 정 많은 이웃들, 그리운 풍경들)의 품으로 돌아가 수순대로 교화의 과정을 거치고 새 사람으로, 진정한 교사로서 개과천선한다는 내용이다.

먼저, 내가 이러한 류의 '착한' 영화를 애초부터 즐겨 보지 않는 성정인 데다, 한 번 맘에 들지 않는 점이 눈에 띄면 좀처럼 다시 몰입할 수가 없어서 이 영화를 보는 내내 마음이 불편했음을 고백하지 않을 수 없다.

그런 의미에서 꼬집고자 하는 첫 번째는, 유행의 한 콘셉트처럼 반복되는 이야기 귀결 방향이다. 주인공이 새 사람으로 거듭나는 과정에서 뭔가 중복편집처럼 교차되며 떠오르는 이미지들, 영화 〈집으로〉를 통해 관객들이 열광하게 된 코드이자 여봐란 듯이 요즘의 트렌드를 반영한 설정, 바로 '자연으로의 회귀'이다.

삭막하고 타락한 도시에서 따뜻한 정과 순박한 미덕이 넘치는 자연으로 방출되는 전형적인 귀결은 뻔하디 뻔하다 못해 지루함을 줄 정도였다. 도대체 현실세계에서 타락을 씻고 변신할 수 있는 길은 '낙향'밖에는 없다는 말인가? 영화는 결과보다 결과에 이르는 '과정'에서 그 설득력을 발휘하는 것인데, 보다 현실적인 차원에서 이루어지는 적극적인 대안이 없어 보여 너무도 아쉬웠다.

어쩔 수 없는 진부함에 대한 아쉬움은 항상 새로운 접근방식에 관심이 가는 내 성향 탓인지도 모르겠다. 현대인의 정신적 황폐화와 같은 문제들을 좀 더 다른 차원에서 해석하고 풀어나갈 수는 없을까? 그건 영화를 만드는 감독의 탓일까, 영화를 소비하는 관객의 탓일까, 아니면 우리 모두의 몫일까? 아직도 고민이 된다.

물론, 시골 아이들과 김봉두의 대립적인 모습을 보여주는 상황에서는 동상이몽의 사소한 재미들을 맛볼 수 있다. 선생님을 위해 할 수 있는 일을 해 오라고 봉투를 쥐어줘도 돌아오는 건 돈이 아닌 정성스레 쓴 편지와 더덕뿐이고, 자습을 시키고 먼 산을 바라보고 있을라치면 아이들은 선생님이 자신들을 위해 고민하는 것이라고 여긴다. 이렇게 의도된 대립적 구도를 비교적 위트 있게 구성하는 점은 좋다.

하지만 '타락한 도시인' 대 '순박한 시골 촌로', '당연한 듯 촌지를 건네는 전학 온 도시 학부형' 대 '촌지를 요구하는 봉투 속에 더덕과 정성들인 편지를 넣어 건네는 순박한 시골 이웃들', 이렇게 세속적 사고방식과의 차이를 단순 명확하게 구분 짓는 전형적인 이분법적 가치체계들이 과연 적절한지에 대해서는 좀 더 따져볼 필요가 있다. 이런 대조는 확실히 코미디적 특성을 극대화시켜 결과적으로 가장 이해하기 쉽게 만드는 요소이기도 하지만, 마치 동전의 양면처럼 재미를 반감시키는 이 영화의 한계가 될 수밖에 없다. 그러므로 영화의 예정된 결말과 감동을 노린 그 속내는 잘 감추어지지 못한 채 마치 일차방정식처럼 싱거운 느낌을 갖게 만든다.

또한 인물 묘사를 위한 상황 설정이 때로 작위적인 것도 아쉽다. 요즘에 어떤 선생님이 학부모에게 촌지 받기를 거부당했다고 곧바로 아이를 불러 면박을 주고 운동장 열 바퀴를 돌리거나 얼차려를 준단 말인가. 이러한 식의 과장된 제스처들은 오히려 현실감을 반감시키고 있는 듯하다. 이러한 구도 속에 생겨나는 감동과 교훈은 약간 억지 같은 느낌도 준다.

감독의 의도가 '타락한 시대 속 구원의 빛인 자연의 정직함에 우리 함께 세례 받고 거듭납시다!' 하는 거라면 할 말은 없겠다. 나는 그런 의미에서 이 영화는 상당히 교조적이며, 그래서 어쩔 수 없이 표면 위로 둥둥 떠다니는 작위성을 확실히 감추지 못한 '의도된 착한 영화'라고 보고 싶다.

덧붙여, '무작정 착한' 해피 엔딩에 대해서도 한마디만 해 보자. 이야기의 해피 엔딩이란 것은, 그 이후에 뭐가 있는지 사람들은 다 알지만 거기서 해피하게 끊는 것이다. 내가 이야기하고 싶은 것은 김봉두가 새사람으로 거듭나게 되면서 이 한 편의 이야기가 끝나지만, 그 뒤에 서울 생활을 하면서 다시 제 모습을 찾아 타락하게 살아갈지, 분교의 소사처럼 진실되고 소박한 삶을 계속 살아갈지 알 수 없다는 점이다.

솔직히 나의 의견은 전자에 더 가깝다. 타락한 현대인을 종신토록 새 인간으로 살아갈 수 있게끔 교화시킬 만한 절대적인 순수가 작금의 세상에 존재할는지가 의문이기 때문이다. 괜한 냉소인가. 하지만 너무나 아름답고 흔치 않은 것들을 보면 먼저 질투가 나버리는 것이 인지상정인 것을 어쩌랴.

감상메모 만들기

그런 의미에서 자신의 감상을 충분히, 설득력 있게 서술하기 위해 자신이 무엇을 어떻게 느꼈는지에 대한 구체적인 메모를 해두는 것이 필요하다. 예를 들어, 〈한 남자〉라는 길지 않은 분량의 시 한 편을 읽고 감상문을 쓴다고 할 때, 다음의 〈예시 4〉에서처럼 스스로 감상의 흐름을 메모하여 저마다 주목하고 싶은 지점들을 찾아내면 감상 작업의 효율성을 높일 수 있기 때문이다.

예시 4

한 남자

박 용 재

부인이 지켜보는 가운데 죽었다지 그는. 아마 그렇 다지. 남이 피우다 버린 담배꽁초만 주워 피웠다지 그는. 아마 그렇다지. 어느 해변가 드럼통 옆에서 따순 바람 몇 조각을 끼고 살았다지 그는. 아마 그렇다지. 그는 깨어진 거울 한조각을 들고 세상을 돌아다녔다지. 아마 그렇다지. 그는 어느 개인 날 아침 흰모래 해변에서 장가를 들었다지. 아마 그렇다지. 그의 부인은 창녀였대지. 아마 그럴 거야. 그는 지구의 한 동네에서 살았다지. 아마 그럴 거야. 그는 싸구려 술집을 매일 배회했다지. 아마 그럴 거야. 그의 재산목록 1호가 햇빛이었다지. 아마 그럴 거야. 그의 삶이 행복했다지. 아마 그렇지.

강우재의 감상메모

- 〈한 남자〉에서 주인공은 바람, 햇빛 등을 자신의 재산목록 1호라고 여기지만, 세속적 기준에서 보자면 이것조차도 재산이라 할 수 없어. 그럼에도 그는 더할 나위 없는 행복을 느끼고 있다. 그렇기에 주인공은 아무것도 가지려 하지 않는 무소유의 삶을 살았다고나 할까?
- 그래서 나는 현대의 물질 지향적 삶을 돌아보며 각박함을 느끼는 현대사회와 비교해 진정한 삶의 의미가 무엇인지를 감상의 포인트로 잡았다. 행복의 의미를 다시 되새기게 되었거든.

- 이를 위해 시에 나타난 주인공의 삶의 태도를 관심 있게 살펴보았어. 예를 들어, 자연을 벗 삼는 무소유의 삶이 그 하나라면, 소소한 것에도 행복을 느끼는 삶이 다른 하나가 되겠지. 이런 부분들을 보여주는 시의 표현들을 예시하고 분석하고 싶어졌어.
- 이번 감상문에서는 시인 소개나 표현법을 설명하기보다는, 내 마음을 울리는 두 가지 사항을 서술하는 데만 집중하게 될 거야.

이서영의 감상메모

- 나의 경우에는 이 시를 두 가지 차원으로 나누어 감상하니 훨씬 흥미로웠어. 예를 들자면, 같은 말을 반복하는 표현상의 특징을 볼 때 어떤 효과가 있지 않을까 궁금해졌고, 서술형의 선택에서도 뭔가 독특한 것 같거든.
- 이런 표현상의 특징 말고도 이 시에서는 나름대로의 스토리가 있는 것 같아서 주인공의 일생이 과연 어떠했을지 절로 상상하게 되었어. 표면적으로는 그렇게 보이지 않는 남자의 삶을 행복했을 거라고 말하는 부분을 보고 우리의 인생에서 행복의 의미가 무엇인지 생각해보았는데, 쉽게 결론이 나지는 않았어.
- 시의 주인공은 정말 행복했을까?

반복 감상의 중요성

그리고 이를 위해서는 대상작품을 최대한 충분히 감상할 수 있도록 시간적 여유를 확보하여 자신의 감상 작업에 집중할 수 있어야 한다. 다음의 〈예시 5〉에서 글쓴이는 웹툰 〈복학왕 – 개순이 편〉을 대상자료로 선택하여 내리 3주 동안 이런저런 방식으로 친구들과 감상을 공유하면서 반복 감상의 중요성을 체감하게 되었다고 한다. 친구는 같은 대상자료를 몇 주간 다루다 보니 했던 말을 계속하는 것 같다고 투덜대기도 했다지만, 글쓴이는 오히려 매주 감상의 결이 달라지는 것을 느끼면서 활동들 하나하나가 새로워서 좋았다고 한다. 감상문 작업에서는 이런 식으로 시간과 노력을 투자하는 것이 우선되어야 한다.

예시 5

(1)	▪ **우기명의 꿈속 장면 –** 흔히들 말하는 금수저 흙수저 비유를 대상작품에서는 이렇게 표현하고 있었다. 누구는 돈 많은 아버지 덕에 외제차를 타고 가고, 누구는 공무원시험에 합격해서 통근버스를 타고 가고, 이도 저도 아닌 애들은 트럭의 짐칸에 뒤섞여 가고 있는데, 정작 주인공인 우기명은 개처럼 목줄에 매여 질질 끌려가고 있었다. ▪ 우기명의 꿈에 그려진 청춘들의 삶이 너무도 안타깝다.
(2)	▪ **인턴의 고충을 알려준 친구 –** 흙수저 논쟁에 대해 그저 그렇구나 하는 정도일 뿐, 심각하게 받아들이지는 않았다. 최근 인턴활동을 하며 사회의 불평등을 뼈저리게 느끼고 있다는 친구의 이야기를 들으면서 문제의 심각성을 인지하게 되었다. ▪ 나는 주어진 현실에서 최선을 다하자는 마인드여서 그러한 현실을 바꿔야겠다는 생각 자체를 안 하고 있었던 것이다. 친구와의 대화가 나에게 새로운 경험이 되었고, 경험이 사고의 변화를 가져온다는 것을 몸소 체험하고 있다.
(3)	▪ **청춘의 목덜미는 누가 붙잡나 –** 우기명의 꿈속에서 우기명이 트럭 뒤에 묶여서 끌려가는데, 이 장면에서 청춘의 목덜미가 타인에게 잡혀 있다고 느꼈다. ▪ **달리고 있지만 또다시 멀어지는 청춘 –** 노력을 강조하는 사회에서 노력하지만 원하는 바를 이루지 못하는 현실! ▪ **내가 쉴 곳은 떠밀려가는 틈바구니 속 –** 여기저기 치이는 틈바구니지만 잠시라도 숨 돌릴 틈을 만들어 스스로 인생의 방향성을 점검할 수 있어야 해!

	■ **우리는 왜 차가워졌는가? –** 동물학대에 대한 것보다는 오히려 청춘의 현실에 대해서 주목하고 싶었다. 흔히들 '청춘의 열정'이라고 말하는데, 나는 오히려 왜 이리 식어버렸는지…. 우리 청춘들의 현실을 되돌아보는 시간을 갖고 싶다.
(4)	■ **반복감상의 매력 –** 이전에는 영화를 보더라도 이렇게 곱씹어보기보다는 대충 이런 것이야 식으로 나의 감상을 성급하게 마무리 지었는데, 이번 경험을 계기로 반복감상의 매력을 조금은 깨닫게 되었다.

감상의 포인트 부각시키기

그런 의미에서 감상문은 자신의 감상을 나타내는 데 중점을 두어야 한다. 자신의 감상이 빠진 채 내용만을 요약하거나, 작품 외적인 사실만을 소개하는 데 그쳐서는 안 된다. 작품 외적인 사실을 소개하고 내용을 요약해주는 것은 감상문에서 대상자료를 소개하는 쪽으로 연결시키면 된다.

다음의 〈예시 ⑥〉은 영화 〈선생 김봉두〉를 대상자료로 선택하여 작성한 감상문으로, 제목에서 보다시피 대상작품에서 공간적 배경이 어떠한 의미를 지니는지를 주목하고 있다. 글쓴이는 영화의 줄거리를 간단히 소개한 후 이어지는 부분에서 영화의 주요한 사건과 장면을 요약하고 있는데, 이는 글쓴이가 주목하려는 감상의 포인트와 곧바로 직결되는 부분이기 때문이다. 곧 내용 요약을 하더라도 이렇게 감상의 포인트와 연결되는 지점을 찾아 분석하게 되면, 대상자료의 내용과 감상 작업이 보다 밀착되어 훨씬 설득력 있는 글쓰기가 가능해진다.

예시 6

영화 〈선생 김봉두〉에서 공간적 배경의 의미

낙엽이 떨어지는 10월의 어느 날, 〈선생 김봉두〉라는 영화를 처음으로 보게 되었다. 나는 메시지가 있는 영화를 좋아하는데, 김봉두 역의 "차승원"이란 배우는 그저 코믹 연기에만 주력할 뿐 내면의 연기를 소화하기엔 부족하다고 생각하고 있었다. 그러나 〈선생 김봉두〉에 대한 주위의 좋은 평들이 있었기에 뒤늦게나마 영화를 보게 되었다.

영화의 대략적인 줄거리는 간단하다. 서울 어느 학교의 선생이던 김봉두가 촌지만 밝히다가, 뜻하지 않는 사건으로 전교생 5명뿐인 분교로 부임하게 되었고, 그곳을 벗어나기 위해 고군분투하는 과정에서 진정한 교육자로 거듭난다는 내용이다.

영화는 이러한 내용을 잘 표현하기 위해서 상반되는 몇 가지 요소를 내세우고 있다. 먼저, 타락한 교사와 교사를 타락시키는 현실이 그 첫 번째 요소이다. 촌지를 받기 위해 몰두하는 타락한 교사의 모습과, 그렇게 하지 않고서는 안정된 생활을 꾸려갈 수 없는 현실을 동시에 묘사하고 있는 것이다. 영화 속에서 김봉두의 아버지는 오랜 병치레를 하고 있으며, 김봉두는 그가 받은 촌지를 아버지의 치료비로 사용하고 있다. 이러한 사실은 타락한 주인공을 미워할 수만은 없게 만드는 동정심을 유발하게 하고, 후반부에 들어서면 김봉두의 어린 시절이 소개되면서 이러한 공감대는 더욱 강화된다.

그리고 다른 무엇보다 주목해야 할 요소는 서울과 강원도 산골이라는 공간의 대립이다. 회색 건물이 운집해 있는 삭막한 서울에서 벗어나, 산을 넘고 개울을 건너 굽이치는 외길을 한참을 달려가야 나오는 산골 분교. 이러한 공간적 배경의 직접적인 대조는 김봉두가 산골 분교를 벗어나고 싶은 욕망을 부채질하는 동시에 관객들에게는 영화를 느긋하게 볼 수 있는 여유를 제공한다. 너무나 그림 같은 절경을 보는 동안, 관객은 긴장을 풀고서 마치 자신이 소풍을 온 기분으로 영화를 마주하게 되는 것이다.

영화 속에서 서울은 무엇이든 차고 넘치며 이해관계와 감정이 선명한 역동적인 공간으로 묘사된다. 시골 분교로 전근을 갈 교사를 뽑는 장면에서 모두들 고개를 숙이며 눈치를 살피고, 직원 조회에 지각한 김봉두가 교무실 문을 나서는 교사의 무리에 슬쩍 섞여 되돌아 나올 수 있었던 것처럼 서울은 피상적인 삶을 묻어두기에 더할 나위 없는 곳이기도 하다. 이러한 서울의 이미지는 도시에서 온 전학생이 자신의 부모가 김봉두에게 돈을 줬음을 주장하는 사건을 통해 더욱 강화된다.

반면, 강원도 두메산골 사람들은 '메마르다' 싶을 만치 감정표현이 적고 불친절해 보인다. 그러나 이것은 호감을 표현하는 방법이 덜 발달되어 있어 그런 것일 뿐이다. 오히려 김봉두는 이곳 사람들이 타인을 말없이 배려하고 마음 깊은 곳에서는 무방비에 가까울 정도로 개방적이라는 사실을 곧 알게 된다. 김봉두가 아버지의 장례를 치르는 장면에서도, 텅 빈 장례식장에서 그의 곁에 머무른 이는 산골 아이들과 마을 주민들이었다. 다른 사람들도 마찬가지이지만, 그 누구보다도 소사 춘식과 최 노인이 이런 성격을 잘 대변하고 있다.

다음의 〈예시 7〉은 작가의 특이한 이력과 작품 줄거리를 소개하고는 있지만, 그것에만 치중하기보다는 오히려 작품 감상의 깊이를 더하는 쪽으로 연결시키고 있다. 더욱이 감상을 풍부하게 하기 위해 연결되는 노랫말을 소개하여 독자로 하여금 어린 시절의 추억에 빠져들게 하는 효과도 던져주고 있다.

예시 7

어른이 되어 돌아보는, 어린 시절 실수에 대한 기억

– 김소진의 소설 〈눈사람 속의 검은 항아리〉를 읽고 –

많은 날이 지나고 나의 마음 지쳐갈 때
내 마음속으로 스러져 가는 너의 기억이 다시 찾아와
생각이 나겠지
너무 커버린 미래의 그 꿈들 속으로
잊혀져가는 너의 기억이 다시 생각날까
너의 마음속으로 들어가 볼 수만 있다면

철없던 나의 모습이 얼만큼 의미가 될 수 있는지

– 김동률, 〈기억의 습작〉 중에서

영화 〈건축학 개론〉에 나오는 한 장면처럼 지금은 희미해졌어도 아련하게 떠오르는 어딘가의 장소가 그리워질 때 어느덧 우리는 어린 시절의 시간 속으로 추억여행을 떠나게 된다. 1963년 강원도 철원에서 태어나 34세의 나이로 짧은 생을 마감했던 작가 김소진은 자신의 마지막 소설 〈눈사람 속의 검은 항아리〉에서 '미아리 산동네는 여태껏 나를 지탱해왔던 기억이고, 그 기억을 지탱해온 육체'라고 고백하고 있다.[1] 김소진은 길음동 산동네에서 몇 집 건너 두 번 이사했다는데, 재개발 중인 길음동이 이 작품의 배경으로 등장한다.

줄거리를 살피면 이렇다. 결혼하고 경기도 일산으로 이사해 살던 민홍은 경의선 기차를 타고 나와 신촌에서 미아리행 버스를 탄다. 기습 한파에 언 보일러 수리비를 달라고 미아리 셋집 사람이 보채서인데, 어머니는 재개발 지역에 낀 집을 언제 팔면 좋을지 정보도 알아봐줬으면 한다. 이에 민홍은 길음초등학교 담벼락을 끼고 마을버스 종점인 콘크리트 물탱크 밑 '차부'까지 올라갔다가 임마누엘교회와 구멍가게를 빼놓고 이미 철거가 다 끝난, 자신이 어릴 적 살았던 옛 동네를 돌아보며 자신의 어린 시절 저지른 한 '사건'을 회상하게 된다.

어린 시절의 '나'는 눈 내리는 어느 날 아침, 항아리를 깨고 만다. 오줌이 마려워서 화장실을 가던 중 눈 속에 파묻혀 있던 '빠루'라는 연장을 밟는 바람에 욕쟁이 할멈의 짠지 단지를 깬 것이다. 금이 간 항아리를 바라보던 '나'는 그 항아리를 눈사람으로 만들어버릴 생각을 한다. 마침 눈은 찰기가 좋아 잘 뭉쳐졌고, 항아리를 눈사람으로 덮어버리면서 이웃집 남자에게 방학 숙제로 눈사람 만들기를 했다는 일기를 써야 한다는 거짓말까지 한다. 그리고 '나'는 가출 아닌 가출을 한다.

예기치 않은 실수로 의도치 않은 잘못을 연거푸 하게 될 때가 있다. 예를 들어, 눈 내리는 날 한밤중에 볼일이 급해진 주인공이 실수로 짠지항아리를 깬 것이 그 한 가지라면, 이어지는 거짓말과 가출은 어쩔 수 없이 저지르게 되는 또 다른 실수의 연쇄반응일 뿐이다.

항아리를 깬 아이는 가출을 한 후 일부러 더러운 곳만 골라서 돌아다녔는

1 김소진, 『눈사람 속의 검은 항아리』(도서출판 강, 2004), 작가연보.

데, 그것은 나중에 떨어질 매와 꾸지람을 이겨내고자 스스로에게 가하는 자기반성의 시간을 철저히 겪어내는 것이나 다름없다. 그래서 주인공이 마침내 큰 용기를 내어 집으로 돌아갔을 때, '나'의 예상과는 달리 아무 일도 없었던 것처럼 평온한 어른들의 반응은 이렇게 미숙하고 어리석은 실수를 거치면서 커가는 것임을 자연스럽게 보여주는 것이기도 하다.

> 아주머니들의 웃음소리 사이에서 나는 울음을 딱 그쳤다. 그러고는 어른처럼 땅을 쿵쾅거리면서 뛰쳐나와 이 골목 저 골목을 헤집으며 어딘가를 향해 가슴이 터져라 마구 달리고 또 달렸다. 그렇게 컸다.[2]

일부러 더러운 길을 골라 걷거나 하찮은 물건들을 가방에 담으며 '진짜' 가출을 상상하는 것, 또는 내가 죽으면 모두 슬퍼할 거라며 보도블록의 경계석을 따라 하염없이 길을 걷는 것 등등…. 지금 돌아보면 유치하고 미숙해서 살포시 웃음이 묻어나지만, 그 당시에는 너무도 절박하고도 절실했을 그러한 기억들이 우리를 조금은 더 단단하고 야무진 어른으로 만들어준 것이 아닐까? 너무 커버린 지금에서야 잊혀져가는 기억이 새로워지는 시간이다.

2 같은 책, 30면.

2. 기본 이해를 돕는 배경지식 활용하기

감상문 작업의 효율성을 높이려면 대상작품을 제대로 감상하는 것이 무엇보다 중요하다. 제대로 감상한다는 것은 대상자료의 특성을 제대로 파악하는 것을 의미한다. 그런 의미에서 만화나 소설, 오페라나 미술 전시품 등을 제대로 감상하기 위한 기본 용어를 미리 점검해두거나 기본 이해를 돕는 배경지식을 미리 정리해두는 작업이 유용할 수 있다.

절대적인 것은 아니지만, 이렇게 대상작품의 기본적인 이해를 바탕으로 특성을 파악하고 감상 작업을 진행하면 보다 풍부하고 충실한 감상문 과제를 수행할 수 있다. 다만, 자신의 감상과 맞물리는 지점을 찾아 배경지식을 자신의 것으로 확실히 소화시켜야 자신의 감상 작업이 보다 풍부하고 적극적이고 흥미롭게 펼쳐지게 된다.

다음의 〈예시 8〉은 박물관 답사를 가서 인상적인 유물 한 점을 발견한 후, 오로지 그것에만 집중하여 자신의 감상을 피력한 글이다. 하지만 글쓴이가 선택한 대상자료는 〈양산군 물금면 출토 청동 반가사유상〉으로, 일반인이 알고 있는 지식으로는 제대로 된 감상이 어려울 수 있다. 이에 글쓴이는 필요한 서적들을 찾아 읽으며 기본 이해를 높이고 있는데, 배경지식을 자기 것으로 소화하는 단계로까지 발전시키고 있다. 이러한 이해가 뒷받침되어서인지 피상적인 지식의 나열에서 벗어나 자신의 감상을 보다 정확하고 풍부하게 파헤치고 있다.

예시 8

어느 날, 반가 사유상을 만나다

– 〈양산군 물금면 출토 청동 반가사유상〉(길이 27.5센티미터, 국립중앙박물관 소장) –

1.

여행을 떠나더라도 산을 찾아서, 그리고 사람들이 북적이지 않는 조용한 곳을 찾아가길 즐겨하는 나로서도 왠지 그러한 곳에 자리한 절의 안쪽까지에는 차마 눈길이 가지 않았다. 기껏해야 절집이 산자락에 안긴 모양을 어렴풋이 읽어내곤 그 푸근함을 더불어 나누었을 뿐, 절집의 안쪽에 무엇이 있으리란 기대도, 상상도 하지 못했다.

아마도 종교의 차이를 떠나 불교의 미술에 대해 너무도 몰랐기에 오색이 찬란한 불당의 풍경을 일별하곤 절로 고개를 돌렸는지도 모른다. 흔들리는 촛

불 앞에 거구를 드러내며 앉아 있는 부처의 위용이나 절집의 안팎 사면으로 채워진 일견 촌스러워 보이는 그림들은 내게 어떤 메시지도 주지 못했다. 더욱이 오늘을 살아가는 우리의 풍속과 겹쳐지는 부분이 없는 듯한 그곳에서 나는 오로지 자연이 주는 바람과 나무와 산빛만을 감상하였을 뿐이다. 그럼에도 내겐 충분히 위안이 되었으니, 그곳은 얼마나 은혜로운 곳인가.

이런 나에게 몇 차례의 불교 미술 강의와, 이를 계기로 읽게 된 몇 권의 책은 어렴풋한 대로나마 어느 산자락의 어느 절집, 그리고 그곳 불당의 어느 불상 하는 식으로 알고 보는 기쁨을 갖게 하였다. 마치 잊혀진 옛 사람을 기억해 내는 것과 같이 하나씩 둘씩 불상들을 알아내면서 내 손에 든 책 속의 그것들은 결코 가볍지도 멀지도 않았다. 잘 찍힌 사진들을 통해 만질 듯 자세히 설명된 글을 보면서 어느새 나는 불상의 매력에 빠져들었고, 특별히 정해놓고 감상하게 되는 것까지 있게 되었으니, 그것이 바로 '반가사유상'이다. 그리고 어느 날 나는 책을 덮고 박물관 전시실로 향했다. – 오늘의 이 글은 이때 겪은 나의 작은 생각들을 묶어놓은 것이다.

2.

반가사유상은 보살상이다. 여타의 보살상과 마찬가지로 반가사유상 역시 나무나 돌 또는 흙과 같이 흔한 재료로, 아니면 금동과 같이 다소 귀한 재료로 만들어져 법당에 안치되었다. 하지만 그 형식에 있어서는 여타의 여래상이나 보살상과는 달리 특이한 양식적 특징을 갖고 있다.

반가사유상이 지닌 양식적 특징 중의 하나는 여래상이나 다른 보살상의 앉은 모습과는 확연히 다른 '반가(半跏)'의 자세에 있다. '반가'라는 이름에서 보다시피, 이 상은 둥근 의자에 걸터앉아 발 하나를 올려서 다른 쪽 무릎 위에 얹고 있는 모습을 나타내고 있다. 대개 오른쪽 다리를 들어 왼쪽 다리 위에 얹어놓은 이러한 반가의 자세는 우리의 일상생활에서 흔히 볼 수 있는 것이어서 친근감을 느끼게도 된다.

반가사유상의 또 다른 양식적 특징은 이 상이 취하고 있는 '사유(思惟)'의 자세에 있다. '사유'의 자세란, 오른손을 들어서 손끝을 턱에 대거나 손바닥으로 턱을 받쳐 깊은 생각에 잠긴 상태를 나타내는 자세를 말한다. 마치 로댕의 조각품 〈생각하는 사람〉과도 같이 이 불상은 오른손으로 자신의 얼굴을 지탱한 채 사색의 무아경에 빠진 듯한 표정을 짓고 있으니, 이 또한 우리의 일상생활에서 충분히 체험할 수 있는 것이기도 하다.

이렇게 양식적 특색에서 그 이름이 비롯된 '반가사유상'은 그 기원을 따질 때 인도에서 조성된 태자상을 그 원류로 삼는다. 싯다르타 태자의 사유상에서 비롯되었다고 보는 이러한 견해는 천룡산 석굴의 벽에 부조된 〈수하(樹下) 반가사유상(半跏思惟像)〉을 보면 쉽게 이해된다. 붓다의 전기(傳記) 가운데 나오는 '수하관경(樹下觀耕)'의 고사를 조각한 이 태자사유상은, 나무 아래에서 깊은 명상에 잠긴 듯 반가의 자세로 고개를 깊이 숙인 태자의 모습을 잘 나타내고 있다. 인도의 옛 풍습인 파종식에 참가한 싯달타 태자가 보습에 찍혀나온 벌레를 새가 날아와 잡아먹는 것을 보고 깨닫게 된 약육강식의 현실세계는 고통 그 자체였으니, 이로써 태자의 고뇌는 시작된 셈이고, 이러한 태자의 모습을 그려낸 것이 바로 〈수하 반가사유상〉이다. 이후 예배대상으로 조성되면서 불상의 장엄구(莊嚴具)를 갖추어 불상의 머리 위에는 광배(光背)를, 불상의 발밑에는 그를 떠받치는 좌대(座臺)를 함께 조성하기에 이르렀다.

이렇게 조성된 반가사유상이 중국을 거쳐 중앙아시아로 퍼지면서 우리 땅 한반도에 이르렀을 때는 이른바 삼국시대로, 대략 6, 7세기경이 이 불상이 유행한 시기이다. 특히 이 시기에는 미륵신앙이 크게 유행하였으므로, 이러한 신앙적 배경을 토대로 만들어진 이때의 반가사유상들은 대개 미륵 보살상이었으리라고 보는 견해가 일반적이다. '미륵'이란 중생을 제도하는 존재로, 이는 다시 나뉘어 먼 미래에 이 세상에 내려와 중생을 제도하는 존재인 미륵불과 그가 오기까지 하늘에서 수도하는 미륵보살이 있는데, 이러한 신앙관이 삼국시대에 이르러서는 반가사유상의 양식을 통해 왕성히 보급되기에 이른 것이다. 이는 우리보다 먼저 인도의 태자상이 유입된 중국에서도 시대적 변화에 따라 태자상으로 조성하는 초기의 경향을 벗어나 점차 '용수보살(龍樹菩薩)'로 불리는 나름의 신앙 대상으로 불상을 조성한 사례가 있기 때문이고, 우리의 경우 이러한 불상의 유입 경로가 다름 아닌 중국이기 때문에도 가능한 주장이다. 더구나 불상이라는 것이 신앙의 대상으로서 당대를 살아가는 사람들의 믿음과 염원에 따라 조성되어지는 것인 만큼 당대의 신앙체계와 환경을 무시할 수 없음은 당연하다. 그래서 우리의 경우에는 특별히 '반가사유 미륵보살상'이라 부르기도 한다.

3.

박물관 전시실에 도착하여 불교조각실의 왼편부터 돌기 시작한 나는 처음부터 반가사유상을 만날 수 있었는데, 나의 눈에 들어온 것은 무엇보다 그 크기의 소박함이다. 이제껏 내가 지레 겁먹었던 불상의 위용과 다르게 반가사유상들은 전시실의 환한 불빛 아래 다소곳이 모여 있었고, 눈을 크게 뜨지 않고는 스쳐 지나가버리기 알맞게 아담했기 때문이다. 그래서 더더욱 나는 불상 하나하나를 더듬고 더듬으며 눈 맞추기를 할 수밖에 없었는데, 그 중에서도 오래도록 지켜본 불상이 바로 〈양산군 물금면 출토 청동 반가사유상〉이다.

이 상은 이름이 시사하는 바대로 1970년대 경상남도 양산군 물금면에서 출토되었는데, 당시 그곳에서는 공업단지를 조성하는 공사가 한창이었다고 한다. 출토지가 확실한 만큼 이 상이 갖는 의의도 크다. 곧 출토지가 경주 서쪽이므로 불교문화가 창성했던 고신라(古新羅)의 문화적 향기를 살필 훌륭한 단서가 될 뿐만 아니라 이곳에서 낙동강이 멀지 않다는 점을 미루어볼 때 고대 불교문화의 발달을 짐작케 하는 훌륭한 예증이 되기 때문이다. 물론 이러한 견해(곧, 황수영의 입장)와 다르게 이 불상이야말로 여러 가지 조형적 특징들로 미루어 백제 특유의 불상이라고 주장하는 견해(곧, 강우방의 입장)도 있다. 출토지의 확실성에 전적으로 기대어 신라불로 단정하는 입장과 달리, 백제불로 주장하는 입장에서는 이 불상처럼 그 규모가 작아 이동이 용이한 경우에는 출토지야말로 근거로서의 효력을 상실한다고 보기 때문이다.

이 불상은 도금이 대부분 떨어져 나가 표면의 처리가 균일하지 못한 상태인데, 불상 전체를 뒤덮은 푸른 녹이 마치 오랜 역사의 때를 말해주는 듯 일견 청동의 멋을 느낄 수 있게 한다. 그래서인지 이 상을 대한 첫인상은 결코 가볍지 않았다. 게다가 그 크기가 27.5센티미터로 한 자의 길이에 약간 못 미치는 규모이지만, 보관(寶冠)이나 의문(衣紋)의 양식이 정교하여 크기보다 더한 당당한 느낌을 받을 수 있다. 이보다 더 작고 더 둔한 작품이 많은 것을 보면, 이러한 평가가 어쩌면 인색한 것일 수 있다.

이 상의 몸은 전체적으로 긴 편이지만, 빈약하지도 비대하지도 않게 적당히 살이 붙어 보기 좋다는 인상을 받을 수 있다. 이러한 인상은, 머리를 상당히 앞으로 숙이고 그와 동시에 옆으로 기울인 뒤 오른손 두 손가락 끝을 오른뺨에 살며시 댄 자세로 이어져 단아하면서도 끌리는 매력을 갖게 한다. 더욱이 이 상은 대좌가 낮고 왼발 끝을 받치고 있는 연잎의 두께나 높이가 매우 낮고 작게 새겨져, 소박함 또한 느낄 수 있다. 하지만 왼쪽다리에 걸쳐진 치마는, 겉의 것은 짧고 촘촘히 접힌 옷주름의 형태로, 속의 것은 길고 넓은 옷자락이 변화가 많게 접힌 모양으로 나타내어 겹으로 두른 치마의 모양을 화려하게 잘 살려내고 있다.

대개의 경우 대좌의 맨 아래 새겨지는 족좌(足座)는 연꽃 모양이 흔한데, 이 불상의 경우 연잎의 모양인 것도 특이하다. 마치 여느 것처럼 꽃에 발을 올려 꽃을 밟기보다는, 차라리 잎에 발을 올려 피어나는 꽃의 고결함을 다치지 않게 하려는 듯 마음을 두어 배려한 느낌이 강하다.

이러한 배려는 이 불상의 전체적인 느낌을 보듬어 그 얼굴을 찬찬히 들여다볼 때 더욱 확실해진다. 이 상의 앞모습은 겸손하면서도 자긍심이 넘친다. 머리 끝의 관에서부터 발끝의 대좌에 이르기까지 중심을 꽉 채운 이의 단단함을 느낄 수 있다. 그렇다고 결코 오만하거나 과장되지 않은 것은 연꽃이 아니라 연잎에 발을 올려놓은 여린 감성 때문이기도 하지만, 무엇보다 두 눈을 살포시 감은 듯 나의 시선을 외면한 채 조용히 묵상하고 있는 그 표정의 성숙함에 있다. 입 끝에 달린 여린 미소는 슬픔의 것은 확실히 아니지만 기쁨에서 유래한 것도 확실히 아니다. 더더욱 환희에 찬 열락(悅樂)이나 분노나 질투처럼 감정의 밀도가 강한 게 아님은, 무엇보다 그 자세의 단정함이 자연스레 말해주는 것이기도 하다. 그럼에도 얼굴 전체에 드리운 아련한 정조는 한 꺼풀 약하고 여린 원초적인 비애의 것으로, 비통한 이의 마음을 이해하는 듯도 한 것이 신기하다.

이렇게 아름다운 미소의 신비로움은 불상의 정면(正面)에서뿐만 아니라 측면(側面)에서도 드러난다. 이 상의 옆모습으로 시선을 돌리면 불상의 무게중심이 앞으로 쏠려 있음이 쉽게 확인되는데, 이런 무게중심에 대한 자각이 정면에서 느꼈던 안정감을 또한 쉽게 깨뜨리고 있다. 그래서 불상의 머리가 앞으로 치우치면서 쓰러질 것 같은 착각을 불러일으키는데, 반가의 자세로 사유하는 이 상의 경우, 안정감이 깨졌다고 생각되는 순간의 불안감은 대좌의 무게와 허리의 견고함을 느끼면서 곧바로 회복된다. 불상의 전체 크기를 볼 때 대좌는 삼분의 일이 채 못 되지만, 걸쳐진 다리의 두께가 합쳐져 삼분의 일의 높이를 채우고 있는 데다, 얼굴이 크지 않다 해도 보관이 씌워져 다소 무거워 보이는 머리의 무게감을 길지도 가늘지도 않은 목선의 처리로 덜어내 안정감을 도모하고 있다. 특히 허리 부분을 보면, 상반신의 길이가 전체적인 비례 이상으로 다소 길어진 데다 살이 적당히 붙어 있어 측면에서 확인되는 불균형을 안정적으로 보완해주는 역할을 잘 해내고 있다.

4.

아름다운 반가사유상이 흔치 않은 것은 이 상이 취하는 자세의 어려움에 있다고 한다. 반가사유상 역시 예배의 대상이므로 예배자들이 정면에서 우러를 수 있는 자세가 필요하고, 그렇기에 정면의 모습은 무엇보다 예배자의 경배를 받기에 적절해야 한다. 하지만 불상의 정면에서 요구되는 이러한 요건이 '반가'의 '사유' 자세로 드러나려면 무엇보다 조각가의 예술적 안목과 미적 감수성이 요구된다. 사유하기 위해 숙인 고개가 약간 들려야 예배자들의 시선을 외면하지 않게 되며, 그러자니 오른뺨에 댄 오른팔이 보통 이상으로 길어지게 마련이다. 더욱이 허리를 조금이라도 펴야만 오른발에 의지한 상체가 지나치게 굽는 것을 막을 수 있다. 이렇게 일상적인 사유의 자세가 갖는 자연스러움이 예배 대상으로서 갖춰야 할 요소와 결합될 때 양쪽의 조화는 여간해서 얻기 어려운 법이다. 그렇게 어려운 조화를 이 불상은, 어느 이름 모를 예술가의 고뇌와 고충을 숨긴 채, 평화로이 구현해내고 있는 듯하다.

이렇게 이 불상이 가진 아름다움의 실체가 다름 아닌 사유의 자세에 있음을 깨달으면서, 그것과 더불어 한껏 그윽한 향기로 우러나는 표정의 아름다움을 다시 한 번 생각한다. 혼자 있는 공간에서, 아니 그러한 공간이 아니더라도 혼자라고 느껴지는 공간에서 아무러한 집착 없이 그저 생각에 빠져 있을 때 ― 하지만 가라앉은 이야기들이 아무렇지도 않게 가슴 위로 떠오르면서 이유 있는 사색을 가능케 할 때 우리들의 표정 역시 그러했으리라. 감은 듯한 실눈의 숙고는 대상을 유심(唯心)으로 그려보는 자세의 발로이고, 고개를 가슴 쪽으로 끌어내린 겸양은 내면의 향기가 피워낸 사유의 자취이다. 그래서 이 상의 얼굴을 다시 들여다보면 그 얼굴에서는 비로소 일상적인 상쾌함이나 우울함이 조금씩 뒤섞여 나오고 이제서야 자연스레 그와 우리의 사유가 일치하는 기쁨을 갖는다.

균형과 불균형의 조화, 안정감과 불안감의 공존, 이러한 희비의 교차야말로 인생사의 한 면이 아닐까. 색즉시공(色卽是空) 공즉시색(空卽是色) 무념무상(無念無想)의 세계 ― 그리고 그렇게 아름답게 사유하는 자세의 아름다움은, 일상의 사소함과 종교적인 탈속의 정갈함을 아우른 데서 더욱 아름답게 드러나고 있다.

참고문헌

강우방, 『미의 순례』(예경, 1993).

강우방, 『한국 불교조각의 흐름』(대원사, 1995).

황수영, 『반가사유상』(대원사, 1996).

자신의 감상 해명에 집중하기

대상자료의 특성을 제대로 파악하는 데 배경지식에 대한 이해가 필요하기는 하지만, 그렇다고 해서 자신의 감상이나 생각이 빠진 채 전문가의 견해를 무조건 가져와 인용하는 태도는 피하는 것이 좋다. 감상문 과제에서 가장 중요한 것은 자신이 무엇을 어떻게 느꼈는가에 대한 충실한 해명이다. 멋지게 쓰려는 욕심이 지나치게 되면 스스로도 이해하지 못하는 내용이나 현학적인 표현을 남용하기 쉽기 때문이다. 이런 글일수록 무엇을 썼는지 알 수 없거나, 알 수는 있어도 재미가 없는 글이 되고 만다.

다음의 〈예시 9〉는 만화의 형식을 채용한 대상자료를 선택하여 감상문을 작성하고 있는데, 자신의 감상을 해치지 않는 선에서 만화의 특징에 대한 이해가 필요한 만큼 제시되어 있다. 글쓴이는 만화가라는 직업적 특성을 주목하여 대상작품에서 만화의 특징이 어떻게 활용되고 있는지를 흥미롭게 지켜보고 있다.

예시 9

웃음이 함께 하는 섬뜩함

– 앤디 라일리, 『자살토끼』(기획출판 거름, 2004) –

책의 저자 앤디 라일리는 영국의 유명한 만화가이다. 만화가라는 직업이 본인이 하고픈 이야기를 만화로 전달하는 것이니, 그 사람이 말하고자 하는 바는 그의 특기인 만화를 통해서 가장 잘 드러날 수 있을 것이다. 만화라는 형식은 사람들이 이 책에 쉽게 다가와 부담 없이 감상할 수 있어서 작가가 말하고자 하는 바를 많은 사람들이 접할 수 있게 된다. 그런 쉬운 접근방식뿐만 아니라 형식에 있어서도 구체적인 이미지의 제시는 내용을 사람들의 마음에 좀 더 오래도록 지속될 수 있게 한다는 장점을 가지고 있다.

작가는 이러한 자신의 능력을 이 책에서 아주 잘 활용하고 있다. 작가가 그려내는 '자살 토끼'만의 무기는 구체적 장면을 보고 기억하는 것 그 이상을 준다는 데 있다. 그것은 바로 그 장면을 통해 독자가 또다시 상상하게 한다는 점이다. 작가는 이 책에서 글로 된 부연설명이나 대사를 거의 사용하지 않았다. 간혹 사용한 곳에서는 극히 제한적으로만 허용하여 작가가 책의 이미지로부터 펼칠 수 있는 상상의 세계를 최대한 방해하지 않으려 애쓴다. 만화가 이렇게 무궁무진한 상상을 제공한다는 것, 이 책이 독자들에게 주는 신선한 서비스가 아닌가 생각된다.

필요하다면 인용과 주석의 방법을 적용하기

감상문 과제의 경우에도 필요하다면 인용과 주석의 작업을 제시할 수 있다. 대상작품의 해당 부분을 제시하거나 배경지식을 제시하는 부분에서 인용과 주석 작업을 적절히 활용하여 자신의 감상 작업을 보다 설득력 있게 뒷받침할 수 있기 때문이다.

다음은 영화 〈아라한 장풍 대작전〉을 보고 만들어진 영화 감상문의 일부분으로, '장풍(掌風)'에 초점을 맞춰 자신의 발랄한 감상을 넘치지 않게 표현하려 애쓰고 있다. 영화라는 매체가 대중적인 만큼 감상의 폭이나 표현방식에 있어서도 좀 더 자유롭고 다양한 글쓰기가 가능할 수 있다.

예시 10

아라한, 세상을 향해 장풍을 쏘다!

– 영화 〈아라한 장풍 대작전〉을 보고 –

2. 아라한, 사회에 장풍을 쏘다

영화의 주인공인 류상환(류승범 분)은 작고 볼품없고 초라한 경찰관이다. 정의의 지팡이이자 사회를 수호하는 대한민국의 경찰이지만, 지하세계에서 싸움질하는 폭력배에게 굽실거리고 급기야 얻어맞기까지 한다. 이러한 세상에 너무나 화가 나는 상환은 우연히 세상을 지키는 7명의 도인을 만나게 되고, 도인들은 상환의 숨겨진 능력을 알아본다.

상환은 장풍을 쏘겠다는 일념 하에 수련을 시작한다. 처음에는 자신의 능력을 의심하고 진실된 마음으로 수련에 임하지 않고 장풍을 빨리 쏠 수 없다는 것에 대해 불만을 가지지만, 성실하고 지속적인 훈련과 할 수 있다는 마음가짐이 결국은 그를 아라한[1]의 경지까지 이른 강한 무술인으로 변모시킨다.

아라한의 위치에 오르고 세상에 평화를 가져오기 위해서는 열쇠를 가지고 재단에 서야 한다. 7명의 도인 중 한 명인 흑운(정두홍 분)은 자신이 힘을 가지고 세상에 평화를 지배하기를 원한다. 상환은 이런 흑운과 대결을 펼치고, 결국 상환이 장풍으로 흑운을 물리치며 아라한의 자리에 오른다.

상환이 무술을 터득하여 아라한의 자리에 오르는 과정에서 감독은 전형적인 권선징악의 모습을 보여주었으며, 그 주체가 평범한 사람이라는 점에서 매우 뻔한 내용이지만 변하지 않는 대의명분이 사람들에게 쾌감을 준다고 했다.[2] 지금 이 세상은 권력을 가진 소수의 사람의 손에 의해 움직여지고 있지만, 최고의 자리는 누구에게나 열린 기회이며 노력하는 자의 것이라는 것을

---

1 소승(小乘)의 수행자들, 성문승(聲聞乘) 가운데 최고의 이상상(理想像). 아라한은 본래 부처를 가리키는 명칭이었는데, 후에 불제자들이 도달하는 최고의 계위(階位)로 바뀌었다. 수행결과에 따라서 범부(凡夫) · 현인 · 성인의 구별이 있는데, 잘 정비된 교학(敎學)에서는 성인을 예류(預流) · 일래(一來) · 불환(不還) · 아라한(阿羅漢)의 사위(四位)로 나누어 아라한을 최고의 자리에 놓고 있다.

2 류승완, 「사망 30주년, 이소룡 다시 보기: 동그란 딱지 속에서 그를 발견했다」, 『씨네 21』 통권 411호(한겨레신문사, 2003), 109면.

보여주고 있다. 이는 감독이 소수에게 권력이 집중된 사회를 비꼬면서 누구나 '장풍'을 쓸 수 있다는 것을 보여주는 것이다.

3. 인간의 이기심에 장풍을 쏘다

영화에서 악역으로 등장하는 흑운은 본래 7인의 도인 중에 하나였다. 7명의 도인들은 모두 인간세계의 평화를 바라고 있었지만, 인간들의 이기심과 욕심이 너무나도 컸기 때문에 더 이상 손을 쓸 수 없는 상태였다. 모두들 포기를 할 때 흑운은 참지 못하고 평화를 위해 아라한이 되겠다는 결심을 했다. 평화를 이룩하겠다는 이 결심은 겉으로는 숭고해 보이지만, 그 뒷면에는 욕심과 이기심이 자리잡고 있었다.

흑운은 그 욕심을 채우기 위해 아라한이 되기 위한 열쇠를 가지려 동료 도인들을 죽이고 재단에 선다. 그러나 상환을 이길 수 없었다. 상환은 바라는 것이 없었으며 모든 것을 버릴 준비가 되어 있었다. 법정 스님께서 무소유에서 아무것도 갖지 않을 때 비로소 온 세상을 갖게 된다는 것은 무소유의 역리(逆理)[3]라 했던 것처럼 아무것도 가지지 않으려 하고 모든 것을 버리려 했던 상환이 아라한의 지위를 얻었다.

아라한이 된 이후에도 상환은 자신의 실력을 헛되이 사용하지 않고 본래 일상생활로 돌아가서 평상시의 모습으로 산다. 자운(안성기 분)이 상환을 훈련시킬 때 보여준 일상생활을 살아가는 도인들처럼 아라한도 일상생활을 사는 평화의 수호자로 돌아간다. 아무것도 가지지 않을 때 모든 것을 가졌으며, 모든 것을 가졌지만 일상으로 돌아가는 아라한의 모습은 지금을 사는 현대인들과는 사뭇 달라 보인다.

〈아라한 장풍 대작전〉이 말하고자 하는 궁극적인 내용은, 인간의 이기심은 끝이 없으며 그것을 다스려 거두는 자가 모든 것을 가진다는 것이다. 영화 초반에 백풍(이외수 분)이 죽음을 맞이하는 순간에 오버랩되는 장면은 80년대 우리나라에서 벌어진 격렬한 민주화 투쟁의 폭력진압 장면을 연상시킨다. 흑운이 등장할 때는 성수대교와 삼풍백화점의 붕괴장면이 보인다. 폭력 진압이나 붕괴 사고는 특정 계층이 자신의 이익만을 추구하다가 벌어진 참사이다.

---

3 법정, 『무소유』(범우사 1998), 54면.

백풍은 그러한 이기심의 희생양의 모습을 나타낸 것이며, 흑운은 이기심의 상징으로 사고의 장면과 함께 등장한다. 사람의 이기심이 얼마나 큰 재앙을 가져오며 많은 사람의 희생을 필요로 하는가를 보여주는 장면이다.

그래서 아라한이 쏘는 장풍에 맞아 사라지는 것은 흑운이 아니라 이기심이다. 감독은 인간의 이기심을 비판하기 위해 장풍대작전을 기획하고 그 작전을 성공으로 이끌었다. 최후에 승리하는 상환은 모든 이기심과 욕심을 버린 상환이었으며, 이기심으로 가득 찼던 흑운은 최후를 맞이한다. 또, 이기심과 욕심으로 가득 찬 전쟁기념관에서 이기심이 패배함으로써 전쟁기념관이 가진 공포와 살육의 기운도 함께 패배하는 모습을 감독은 의도한 것으로 보인다.

나 역시 이기심이 가득한 인간으로서 아라한이 날리는 장풍을 정면으로 맞았다. 욕심과 이기심으로 가득 찬 내 가슴이 뻐근해진다. 중도를 지킨다는 것이 얼마나 어려운 일인가? 〈아라한 장풍대작전〉은 중도를 지키는 영화이다. 모든 것을 가지되, 아무것도 가지지 않고 자신의 위치를 지키는 아라한을 보여주었다. 또 이 영화는 유치해 보이되, 유치하지 않았으며, 아무런 의미가 없는 오락영화처럼 보이지만, 그 안에는 신랄한 사회 비판이 들어 있었다.

3. 감상문의 목차 작성에 도전해보기

5장 이상의 분량으로 작성하는 감상문 과제도 리포트인 만큼 앞선 2부에서 배운 바와 같이 목차 작성이 필요하다. 독자의 입장에서는 목차 부분을 통해 본문을 읽기 전 미리 논의의 전개과정을 파악할 수 있고, 감상의 포인트나 글의 분위기를 미리 짐작하게 되면 내용을 이해하기도 훨씬 수월해지기 때문이다.

예시 11

(1) 감상메모 정리하기

이 작품은 첫 장면에서 라면을 먹고 있는 '나'가 나오고 계속 다른 공간에 있는 어린이들의 행동을 묘사한다. 점차 시간이 지날수록 이웃나라로 공간이 이동되고 상대적으로 '나'와는 더 가난한 형편의 아이들이 계속 나오는 식으로 이야기가 진행된다. 인상적이었던 것은 마지막으로 나오는. 어디엔가 쓰러져 있는 어떤 아이의 모습이었다. 다시 첫 장면의 아이가 나지막이 내뱉는 "바람이 분다"라는 말로 마무리되는 것도 오랫동안 여운이 남았다. 타인에게 관심을 갖자는 이야기일까? 우리에게 공동체 의식을 고취시키고자 하는 교훈적 의도가 읽혀졌다.

(2) 목차를 만든다면

짧지만 굵은 이야기

–『내가 라면을 먹을 때』를 보고 –

Ⅰ. 들어가며
Ⅱ. 징검다리식 인간관계
  1. 작품에 나타난 동시 발생적 상황
  2. 먼 나라 이웃나라
  3. 협력의 중요성
Ⅲ. 멈추면 비로소 보이는 것들
  1. 가난하게 살고 있는 사람들
  2. 만족하며 살자
  3. 공동체 의식의 중요성
Ⅳ. 나오며

  참고문헌

예시 12

(1) 감상메모 정리하기

제일 처음 든 생각은 '세상은 넓다'라는 것! 그리고 후반부로 갈수록 안 좋은 상황들이 나오면서 오히려 지금 현재의 상황에 감사하게 되었다. 또 내가 라면을 먹을 때 옆집, 그 옆집으로 다른 사람들의 상황을 보여주고 있는데, 그 사람들과 하나로 연결되어 있다는 생각에 신기하게도 먼 나라의 아이들이 가깝게 느껴졌다. "~할 때 ~한다"라는 표현방식을 통해 동일한 시간에 이루어지는 상황의 대비가 분명히 된다는 점도 인상적이었다.

(2) 목차를 만든다면

같은 시간, 다른 세계

–〈내가 라면을 먹을 때〉를 읽고 –

Ⅰ. 서론
1. 이 책을 선택한 이유
2. 내용 요약

Ⅱ. 이 책의 특징 분석
1. 동일한 시간대의 설정
2. 같은 구조의 반복
3. 열린 결말

Ⅲ. 이 시간 지구촌 사회는?
1. 옆집에서 세계까지
2. 누군가가 쓰러질 때
3. 현재에 대한 감사

Ⅳ. 결론

참고문헌

물론, 감상문 과제의 경우에는 특별히 목차를 요구하지 않기도 하며, 목차 작성이 글의 분위기를 경직되게 한다고 느껴지면 목차 부분을 아예 생략하기도 한다. 다음에 제시하는 〈예시 13〉은 중년 부부의 결혼생활을 소재로 한 단편소설을 읽고 쓴 독서 감상문으로 따로 목차를 제시하지 않고 있다. 글쓴이는 중년 부부의 결혼생활을 소재로 한 이 작품에서 토끼를 기르는 일이 부부 사이에 갖는 의미와, 특히 갈등을 빚고 있는 부부간 심리 묘사에 대해 감상의 포인트를 맞추고 있다.

다만, 글의 분량이 길어지면 독자의 입장에서는 글의 흐름을 단번에 따라가기가 어려울 수 있으므로, 〈예시 13〉에서 활용한 것처럼 적절하게 내용 분단(分段)의 지점들을 표시해주는 것도 좋다.

예시 13

결혼으로 인간 본연의 온전함 찾기

– 박형서의 소설 〈토끼를 기르기 전에 알아두어야 할 것들〉을 읽고 –

1.

이 작품은 토끼의 죽음 이후 토끼의 똥, 오줌을 치우지 않았던 남편에게 핀잔을 주는 아내와 그것에 반박해 자신도 나름대로 치웠다고 주장하는 남편의 대화로 시작한다. 여기에서 우리는 남편과 아내가 생각하는 관점이나 기준이 다르다는 것을 알 수 있다. 즉, 아내가 원하는 관심과 정성을 쏟은 보살핌과 남편이 생각하는 최소한의 '편안하고 안락하게 살 만한 수준 유지'인 보살핌은 그들의 견해 차이를 여실히 보여주는 장면 중의 하나라고 볼 수 있다. 이것을 더 확장시켜 말하자면 결국 아내가 본질적으로 말하고자 했던 것은 토끼로 투영된 자신에 대한 관심과 사랑을 뜻하는 것이라고 볼 수 있다.

건강하지 못한 부부는 배우자의 '말'만 들을 뿐 그 말에 함께 묻어나온 정서나 내면의 소망, 욕구를 감지하지 못한다고 한다. 그리고 이 작품에서 그리고 있는 서로 단절된 의사소통은 단지 부부관계뿐만 아니라 인간관계에서도 큰 장애물로 작용할 것이다.

2.

서영은의 〈아름아 돌아오라〉라는 작품에서 아내는 '아름이'라는 이름을 가진 고양이에게, 남편은 '난화분'에게 관심을 쏟는 것으로 묘사되는데, 이 작품에 등장하는 부부 역시 관심사는 서로 다르다. 그 와중에 등장한 토끼 부부는 어쩌면 부부를 하나의 관심사로 이끌어줄 수 있는 하나의 매개물이 될지도 모른다. 남편에게 토끼 모양의 담배파이프를 주고 바니 티셔츠를 입히는 아내는 적어도 토끼를 통해 남편과 공유하고 싶은 무언가가 생겨서 몹시도 신이 났을 것이다. 그러나 커피만 마셔대는 남편은 마치 카페인의 환각에 사로잡힌 듯이 합리적이고 이성적인 자신의 생각만이 옳다고 생각하고 아내의 행동은 도무지 이해하지 못한다. 아니, 아내가 죽기 전까지는 이해하려는 시도조차 하지 않는다.

이 모습을 지켜보는 내내 나는 서로 나눌 수 있는 무언가를 상실한 이 시대의 부부들을 생각하면서 안타까운 생각이 들었다. 아무리 서로 다른 환경에서 삼십 년을 살았더라도 부부가 된 이래로 반평생을 함께 하는 동안에 공유할 것이 없다는 것은 그만큼 서로를 이해하려고 하지 않았다는 뜻일 것이다. 그 점에서 토끼는 중요한 존재였지만 그것 역시 남편의 협조 없는, 아내의 일방적인 노력으로는 그 존재의 가치를 제대로 발휘할 수 없었다는 점에서 더더욱 아쉬운 생각이 들었다.

작품 안에서 토끼에 대해 주인공 부부가 가지는 의미는 앞서 말했듯이 부부간의 매개물이지만, 작품 밖에서 이 소설을 읽는 독자가 느끼기에 토끼는 마치 아내를 대변하는 하나의 상징물과도 같은 존재이다. 토끼가 죽고 난 뒤 아내가 벌이는 일종의 퍼포먼스는 아내가 토끼라는 사실을 의심할 여지가 없게끔 한다. 그 밖에도 작품 마지막 부분에서 남편은 아내의 사인을 추리해나가다가 결국 아내가 일전에 했던 말– "응애, 하고 태어날 때부터 난 그랬는걸요. 매력도, 사교성도 없던 주제에 외로움만큼은 언제나 질색이었지요. 마치 토끼처럼요."–을 상기하는 장면이 있는데, 이것은 '아내=토끼'라는 공식을 성립시키는 데 중요한 단서가 된다.

그러므로 아내가 남편에게 원했던 토끼에 대한 관심과 사랑은 바로 토끼로 투영된 자신에 대한 관심과 사랑이었다고 볼 수 있다. 아내는 남편의 애정을 필요로 했던 것이다. 이 작품의 제목 '토끼를 기르기 전에 알아두어야 할 것들'이란 바로 아내와 함께 살기 전에, 즉 결혼을 하기 전에 알아두어야 할 것들이라고 해석할 수 있을 것이며 이 작품의 주제를 함축적으로 잘 표현한다고 할 수 있다.

3.

박형서의 소설 〈토끼를 기르기 전에 알아두어야 할 것들〉을 읽고 작가가 말하고자 했던 바를 나름대로 추리해가며 토끼의 의미에 대해 생각을 해보고, 주인공 부부의 삶을 조명해봄으로써 남녀 간의 사랑에 관한 좁혀질 수 없는 견해 차이에 대해서 살펴보았다.

이 작품은 다른 어떤 것보다 결혼을 통해 우리가 극복하고자 하는 외로움의 실상을 잘 표현한 작품이라고 생각한다. '나'와 30년을 함께 부부로 살아온 아내는 3주간의 토끼 사육을 통해 자신의 내면을 들여다보게 되고 자신과 같은 속성을 지닌 토끼를 소중히 여긴 나머지 3일간의 '토끼 되기'를 통해 결국 자신도 죽음을 맞이한다. 즉, 죽음을 무릅쓰고 외로움을 넘어서기 위해 '적극적인 타자 되기'를 감행한다는 도식으로 요약할 수 있겠다. 인간관계에서도 진정한 이해란 얼마나 요원한 것인가를, 어쩌면 죽음을 각오해야 하는 일임을 작가는 말하고 있는지도 모르겠다.

우리는 플라톤의 신화적 주인공들처럼 절반으로 쪼개진 채 불완전한 삶을 살아간다. 이 세상에 태어나는 순간부터 정도의 차이는 있겠지만 우리는 누구나 자기 몫의 심적 상처를 입게 마련이다. 스스로 그 상처를 치유하기 위해 온갖 방법을 다 동원해보지만 결국 우리 내부에는 늘 공허함이 자리한다. 때로는 먹고 마시고 게임하고 춤추는 식으로 이 끝없는 공허를 채우려 애쓰기도 한다.

하지만 과연 우리의 정신적 공허가 그런 것들로 채워질 수 있을까? 그럴 수 없음을 우리는 이미 잘 알고 있다. 그렇다면 우리가 진실로 갈망하고 추구하는 것은 무엇일까? 그것은 결국 인간 본연의 온전함이 아닐까? 그리고 이 인간 본연의 온전함을 우리는 '결혼'이라는 관계를 통해 회복할 수 있으리라 믿는다.

그리하여 우리는 그 믿음을 가지고 이상적이고 완벽한 배우자를 찾아 나선다. 하지만 내가 찾던 대상 또한 나와 같은 소망을 지닌 한 인간일 뿐이다. 내가 그를 원하였듯 그도 내게 그러길 원하고서 결혼한다. 실은 그것은 끊임없이 예견되던 사실이기도 하다. 그렇기에 결혼은 심리적인 과정이다. 어린 시절부터 지금까지 받아온 마음의 상처를 따뜻하게 안아주고 치유할 수 있도록 서로 돕는 기회가 바로 결혼이며 부부의 깊은 인연인 것이다.

보 충

다음은 글쓰기를 잘하고 싶은 사람들에게 전하는 조언을 모은 것이다. 차분히 살펴보면서 글쓰기 실력을 키우는 데 필요한 요소를 다시 한번 점검해보자. 이제 글쓰기 수업을 마무리하며 우리들의 글쓰기 실력도 조금은 발전하였을 것이다. 보다 즐거운 글쓰기의 세계로 여행을 떠나 보자!

(1)	내가 하고 싶은 말은 글쓰기에서도 자기가 가진 최선의 능력을 발휘하려면 연장들을 골고루 갖춰놓고 그 연장통을 들고 다닐 수 있도록 팔심을 기르는 것이 좋다는 것이다. 그렇게 해놓으면 설령 힘겨운 일이 생기더라도 김이 빠지지 않고, 냉큼 필요한 연장을 집어 들고 곧바로 일을 시작할 수 있다. *스티븐 킹, 『유혹하는 글쓰기』, 김진운 역(김영사, 2002).
(2)	우리가 개인적으로 어떤 결정을 내려야 하는 때조차도 다른 사람의 삶과 관련되어 있는 경우가 적지 않기 때문에 논리적으로 사고하고 그 과정에 실수나 오류가 없는지를 밝혀내는 능력은 반드시 필요하다. *트레이시 보웰 · 게리 켐프, 『비판적 사고, 논리를 잡아라』, 하상용 · 한상일 역(모티브북, 2006).
(3)	좋은 글쓰기는 좋은 글 읽기와 따로 떼어 생각할 수 없는 동전의 양면과 같다. '좋은 글이 좋은 글을 낳고, 나쁜 글이 나쁜 글을 낳는다.'는 말처럼 좋은 글을 읽고 그것을 본받고 익히면 자연히 좋은 글을 쓰게 마련이다. 그래서 우리 선조들은 옛날에 『명심보감(銘心寶鑑)』 같은 좋은 글을 모아 책을 읽고 배우며 글공부를 하였다. 곧, 좋은 글을 많이 읽는 것이 좋은 글쓰기의 첫걸음이다. *최기호 외 5인, 『인터넷 글쓰기의 달인』(세종서적, 2005).

(4)	좋은 글이란 어느 한 가지 재주가 뛰어나다고 해서 쓸 수 있는 것이 아니다. 자신이 겪은 체험과 지식의 총량을 가지고 삶 전체를 밀고 나가는 것과 같은 노력과 집중이 필요하다. 글은 '머리'로 하는 것이 아니고, 〈심장〉으로 하는 것도 아니고, '몸'으로 하는 것이다. '온몸'으로 밀고 나가는 것이다. 정확하게 말하자면, 온몸으로 동시에 밀고 나가는 것이다. 라는 김수영의 이 말은 단지 시인이 시를 쓸 때만 한정된 것이 아닌 것이다. 시인이나 작가가 아니더라도 한 편의 글을 쓸 때 이런 혼신의 노력을 지불하지 않고서는 좋은 글을 쓸 수 없다. *나희덕 외 3인, 『삶과 글』(조선대학교 출판부, 2002).
(5)	어떤 글이든 보통 사람들이 이해할 수 없는 글은 유식하게 보이려고 어렵게 썼거나 글쓰기가 매우 서툴기 때문이다. 그리고 가짜글을 쓰게 되는 까닭은 글은 무조건 아름답고 화려하게 꾸며 써야 한다는 생각을 가지고 있기 때문이기도 하다. 주로 시나 수필 같은 데서 그런 것들이 많다. '진짜 글'은 감동이 있는 글이다. *이호철, 「머리가 아니라 가슴으로 써라」, 『살아있는 글쓰기』(보리, 1994).
(6)	글 없이는 체계적인 사고가 불가능하다. 글쓰기 교육의 중요성에 주목한 대학교수들이 한자리에 모여 어떻게 하면 글쓰기를 잘할 수 있는지 각자의 경험에 비추어 도움말을 내놓았다. 정희모(연세대) = 글쓰기 능력은 모든 학문의 기초다. 자신의 생각을 글로 표현하지 않고 자신의 능력을 입증할 방법은 없다. 연구자료들에 따르면 중간간부가 하는 일의 반 가량은 글쓰기라고 한다. '생명의 다양성' 등으로 잘 알려진 미국 하버드대의 에드워드 윌슨 교수가 동료 교수의 글쓰기 강좌를 2학기 동안 들었다는 이야기는 유명하다. 박정하(성균관대) = 요즘 대학은 기업의 요구를 많이 반영한다. 학생들의 사회적응력을 높이려 애쓴다는 뜻이다. 예컨대 정보화 사회에서 팀별 조직 간에 가장 필요한 것이 바로 커뮤니케이션 아닌가. 그건 곧 글쓰기로 이어진다. 글 잘 쓰는 사람은 남이 갖지 못한 든든한 무기를 하나 더 갖춘 셈이다.

김경미(이화여대)= 인문, 사회과학 분야 전공자들은 누구나 평생 글로 먹고 산다고 해도 지나치지 않다. 어떤 직업을 갖든 글 잘 쓰는 사람은 경쟁력을 지닌다. 어릴 때부터 10년 정도 투자한다고 생각하고 많이 읽고 틈틈이 소감을 적어나가면 반드시 큰 보상이 따른다.

*임현동, 「글쓰기 교수 3인이 말하는 '글을 잘 쓰려면'」, 『중앙일보』 2005년 3월 5일자.

참고문헌

강미은,『논리적이면서도 매력적인 글쓰기의 기술』(원앤원북스, 2006).
강신재,『좋은 글, 잘된 문장은 이렇게 쓴다』(문학사상사. 1993).
강은교 · 이국환,『쓰기와 읽기』(동아대 출판부, 2001).
강준만,『대학생 글쓰기 특강』(인물과 사상사, 2005).
강현화 외,『창의적 사고와 효과적 표현』(경희대 출판국, 2004).
고려대 사고와 표현 편찬위원회,『새로운 논문작성법』(고려대 출판부, 2002).
교재편찬위원회,『다매체시대의 글쓰기』(세종출판사, 1998).
교양교재편찬위원회,『대학 작문』(건국대 출판부, 1992).
교양교재편찬위원회,『글과 표현』(명지대 출판부, 2000).
국어교육위원회,『글쓰기와 삶』(연세대 출판부, 1992).
권영민,『우리 문장 강의』(신구문화사, 2003).
글쓰기교재편찬위원회,『글쓰기의 이론과 실제』(경희대 출판국, 2004).
김경원 · 김철호,『국어 실력이 밥 먹여준다』(유토피아, 2005).
김경훤 외,『창조적 사고 개성적 글쓰기』(성균관대 출판부, 2005).
김두한,『실용문작성법』(학문사, 2005).
김병원,『글의 비밀』(보성사, 1988).
김수중 외,『삶과 글』(조선대 출판부, 2002).
김슬옹,『통합교육을 위한 삶쓰기 논술교육』(인간과 자연사, 2000).
김신영 · 임인재,『논문작성법』(서울대 출판부, 2006).
김열규,『어떻게 읽고 쓸 것인가』(기린원, 1988).
김영진 외,『자기표현과 글쓰기』(한올출판사, 2006).
김영채,『생각하는 독서』(박영사, 2005).
김용구,『문장의 이론과 실제』(청문각, 1996).
김용술,『손에 잡히는 구조논술』(열린교육, 2003).
김의숙 외,『경영 · 사회과학도를 위한 글쓰기』(북스힐, 2005).
김재욱,『논술의 기본, 한글 맞춤법과 띄어쓰기』(북피아, 2006).
김종구,『언어와 생활』(보고사, 2005).

김종하, 『대학생활의 길잡이-리포트 · 논문쓰기 편』(아침이슬, 2001).
김 훈 외, 『인문학 글쓰기』(북스힐, 2005).
김희보, 『논술 리포트 논문 바로쓰기』(가람기획, 2000).
박동규, 『글쓰기를 두려워 말라』(문학사상사, 1997).
박아르마 · 이찬규, 『글쓰기란 무엇인가』(여름언덕, 2004).
배상복, 『문장 기술』(랜덤하우스 중앙, 2004).
배순자, 『교수님 따라 논문, 리포트 바로 쓰기』(전주대 출판부, 1999).
서강대 교양국어 교재편찬위원회, 『이공계열 움직이는 글쓰기』(서강대 출판부, 2006).
서울시립대 교양도서편찬위원회, 『新 대학인의 글쓰기』(새문사, 2005).
서정곤 외, 『글쓰기 여행, 토막글에서 통글까지』(역락, 2005).
서정수, 『작문의 이론과 방법 단락과 논술법을 중심으로』(새문사, 1985).
———, 『생각하는 힘을 기르는 문장력 향상의 길잡이』(사닥다리, 1994).
성지기, 『생활속의 맞춤법 이야기』(역락, 2003).
송재희, 『논술의 바이블』(경당, 2005).
송준호, 『문장부터 바로 쓰자』(태학사, 1996).
숙명여대 의사소통능력개발센터, 『세상을 바꾸는 글 읽기와 쓰기』(숙명여대 출판국, 2005).
심윤종, 『바른말 좋은글』(성균관대 출판부, 2001).
안기수, 『글쓰기의 멋과 표현』(보고사, 2005).
안상헌, 『어느 독서광의 생산적 책읽기 50』(북포스, 2005).
안정효, 『글쓰기 만보』(모멘토, 2006).
유종국, 『도대체 무엇을 어떻게 쓸 것인가』(형설출판사, 1998).
육재용, 『실용문 작법』(학문사, 2003).
이강룡, 『인터넷 시대의 글읽기 블로그시대의 글쓰기』(KT 문화재단, 2005).
이기문, 『당신의 우리말 실력은?』(태학사, 2001).
이병모, 『글짓기, 이렇게 하자』(박이정, 2006).
이성복, 『쉬운 문장 좋은 글』(한국경제서적, 1999).

이오덕, 『글쓰기 어떻게 가르칠까』(보리, 1993).
이외수, 『글쓰기의 공중 부양』(동방미디어, 2006).
이재성, 『4천만의 국어책』(들녘. 2006).
이정자, 『논술문과 논문 작성법』(새미, 2004).
———, 『글쓰기의 길잡이』(국학자료원, 2006).
이지호, 『글쓰기와 글쓰기 교육』(서울대 출판부, 2001).
임영환 외, 『작문의 이론과 실제』(집문당, 1998).
임인재 · 김신영, 『논문 작성법』(서울대 출판부, 2006).
임재춘, 『한국의 이공계는 글쓰기가 두렵다』(마이넌, 2003).
장하늘, 『글 고치기 전략』(다산초당, 2006).
전남대 교육발전연구센터, 『글쓰기』(전남대 출판부, 2005).
정기철, 『문장의 기초』(도서출판 역락, 2001).
정호경, 『좋은 글 쓰기의 힘』(도서출판 운디네, 2006).
정희모 · 이재성, 『글쓰기의 전략』(들녘, 2005).
최규수, 『대학생을 위한 학술적 글쓰기의 실제』(보고사, 2006).
———, 『대학에서 글쓰기를 어떻게 할 것인가』(명지대 출판부, 2008).
———, 『대학시절의 글쓰기 1』(명지대 출판부, 2014).
최기호 외, 『인터넷 글쓰기의 달인』(세종서적, 2005).
최덕성, 『빛나는 논지 신나는 논문쓰기』(본문과 현장사이, 2000).
최미숙 외, 『사회계열 직업세계와 맞춤형 글쓰기』(영남대 출판부, 2004).
최병선, 『말하기로 배우는 글쓰기』(차림, 2004).
최상규, 『글, 어떻게 쓸 것인가』(예림기획, 1999).
최재완, 『신문, 좋은 문장 나쁜 문장: 신문 글쓰기의 이론과 훈련』(커뮤니케이션북스, 2006).
최현섭, 『(자기주도 쓰기 학습을 위한)과정 중심의 글쓰기 워크숍』(역락, 2000).
최현섭 외, 『삶과 글쓰기』(삼영사, 2000).
탁석산, 『탁석산의 글짓는 도서관』(김영사, 2005).
편찬위원회, 『우리 시대의 글쓰기』(국민대 출판부, 2006).
한국외대 한국어교육과, 『글쓰기의 이론과 실제』(한국외대 출판부, 2007).
한기호, 『글쓰기의 힘』(한국출판마케팅 연구소. 2005).

한성우, 『경계를 넘는 글쓰기』(월인, 2006).
한양대학교 국어교육위원회, 『글과 생각』(한양대 출판부, 2002).
한효석, 『이렇게 해야 바로 쓴다』(한겨레신문사, 1996).
허병두, 『글쓰기 열두 마당』(고려원미디어, 1996).
허재영, 『교양인과 글쓰기 기술』(박이정, 2000).
홍순성, 『문장 표현론』(계명대 출판부, 2004).
황성근, 『미디어 글쓰기』(박이정, 2005).
———, 『(너무나도 쉬운)비즈니스 글쓰기』(한겨레출판, 2006).
황소웅, 『바른 글 좋은 글』(랜덤하우스 중앙, 2005).

골드버그 나탈리, 『뼛속까지 내려가서 써라』, 권진욱 옮김(한문화, 2000).
로버타 진 브라이언트, 『누구나 글을 잘 쓸 수 있다』, 승영조 옮김(예담, 2004).
루츠 폰 베르더 외, 『즐거운 글쓰기』, 김동희 역(도서출판 들녘, 2004).
모티머 애들러 · 찰스반 도렌, 『논리적 독서법』, 오연희 옮김(예림기획, 1997).
몬티 슐츠 · 바나비 콘라드, 『스누피의 글쓰기 완전 정복』, 김연수 옮김(한문화, 2006).
민토 바바라, 『민토 피라미드로 배우는 논리적 글쓰기』, 이진원 옮김(더난, 2005).
번즈 마리린, 『생각에도 연습이 필요해』, 홍윤기 옮김(예림당, 1994).
빌렘 플루서, 『디지털시대의 글쓰기』, 윤종석 옮김(문예출판사, 1998).
사와다 아키오, 『논문과 리포트 잘 쓰는 법』, 이명실 옮김(들린 아침, 2005).
사이토 다카시, 『원고지 10장을 쓰는 힘』, 황혜숙 옮김(루비박스, 2005).
스티븐 킹, 『유혹하는 글쓰기』, 김진준 옮김(김영사, 2002).
앤 라모트, 『글쓰기 잘쓰기』, 송정희 옮김(중앙일보사, 1996).
올리비에 르불, 『수사학』, 박인철 옮김(한길사, 1999).
움베르토 에코, 『논문 잘 쓰는 방법』, 김운찬 옮김(열린책들, 2006).
트레이시 보웰 · 게리 켐프, 『비판적 사고, 논리를 잡아라』, 하상용 · 한성일 옮김(모티브북, 2006).
케슬린 설리번, 『작문 · 단문 쓰기로 익히기』, 최현섭 · 위정호 옮김(삼영사, 2000).
패트릭 하트웰, 『글을 어떻게 쓸 것인가: 최신 작문이론』, 이을환 외 5인 편역(경문사, 1985).

필리스 크림 · 메리 리, 『작문신공 : 나의 생각을 디자인하는 글쓰기』, 강주헌 옮김(효형출판, 2006).
헤르만 헤세, 『헤르만 헤세의 독서의 기술』, 김지선 옮김(뜨인돌, 2006).

고치고 더한 **학술적 글쓰기와 친해지기 편**

대학시절의 글쓰기 1

초판 1쇄 2017년 8월 21일
초판 2쇄 2017년 12월 27일
초판 3쇄 2019년 4월 30일
초판 4쇄 2023년 11월 27일
초판 5쇄 2025년 7월 5일
저 자 최규수
발 행 인 임연수
펴 낸 곳 명지대학교 출판부

주소 서울특별시 서대문구 거북골로 34
전화 (02)300-1740
팩스 (02)300-1723
홈페이지 http;//press.mju.ac.kr
등록 제 1969-000001호, 1969. 10. 15
제작 (주)피알앤북스

ISBN 978-89-7335-398-9 (94800)
978-89-7335-397-2 (세트)

정가 18,000원

- 이 도서의 국립중앙도서관 출판예정도서목록(CIP)은 서지정보유통지원시스템 홈페이지(http://seoji.nl.go.kr)와 국가자료공동목록시스템(http://www.nl.go.kr/kolisnet)에서 이용하실 수 있습니다.(CIP제어번호: CIP2017020412)